本书 系国家社会科学基金教育学一般课题"专业
质量评估 研究"（课题批准号：BIA180162）的研究

主 编 ┃ 杨 玉 侯月明 于 翔
副主编 ┃ 景晓娜 李作章 张德诚 邹 凡

专业学位研究生教育实践基地
质量评估研究

知识产权出版社
全国百佳图书出版单位
—北京—

图书在版编目（CIP）数据

专业学位研究生教育实践基地质量评估研究 / 杨玉，侯月明，于翔主编 . -- 北京：知识产权出版社，2023.8

ISBN 978-7-5130-8857-2

Ⅰ.①专… Ⅱ.①杨… ②侯… ③于… Ⅲ.①研究生教育—教育质量—教育评估—研究—中国 Ⅳ.① G643

中国国家版本馆 CIP 数据核字（2023）第 147380 号

内容提要

本书基于专业学位研究生教育实践基地质量评估的理论基础与现实动因的分析，在借鉴国外专业学位研究生教育实践基地基本模式与经验的基础上，立足于专业学位研究生教育发展需求与基地建设紧迫现状，构建由基地条件、管理体制、人才培养及合作效果四个维度组成的专业学位研究生教育实践基地质量评估指标体系，为全面评估基地质量提供了参考与借鉴。

本书可供教育学领域学者及与教育相关的部门、行业、企业工作人员阅读。

责任编辑：高　源　　　　　　　　　责任印制：孙婷婷

专业学位研究生教育实践基地质量评估研究

ZHUANYE XUEWEI YANJIUSHENG JIAOYU SHIJIAN JIDI ZHILIANG PINGGU YANJIU

杨　玉　侯月明　于　翔　主编

景晓娜　李作章　张德诚　邹　凡　副主编

出版发行：知识产权出版社 有限责任公司		网　　址：http：//www.ipph.cn	
电　　话：010-82004826		http：//www.laichushu.com	
社　　址：北京市海淀区气象路 50 号院		邮　　编：100081	
责编电话：010-82000860 转 8701		责编邮箱：laichushu@cnipr.com	
发行电话：010-82000860 转 8101		发行传真：010-82000893	
印　　刷：北京中献拓方科技发展有限公司		经　　销：新华书店、各大网上书店及相关专业书店	
开　　本：787mm×1092mm　1/16		印　　张：17.25	
版　　次：2023 年 8 月第 1 版		印　　次：2023 年 8 月第 1 次印刷	
字　　数：252 千字		定　　价：78.00 元	

ISBN 978-7-5130-8857-2

　　习近平总书记强调，建设教育强国，龙头是高等教育。切实发挥好高等教育的龙头作用，对于教育强国建设意义重大。研究生教育肩负着高层次人才培养和创新创造的重要使命，是提升核心竞争力、建设教育强国的关键，是国家发展、社会进步的重要基石，而专业学位研究生教育是培养高层次应用型专门人才的主渠道。国家政策重视发展专业学位研究生教育，而教育实践基地是专业学位研究生进行专业实践的主要场所。2015 年，教育部印发了《教育部关于加强专业学位研究生案例教学和联合培养基地建设的意见》（以下简称《意见》），《意见》指出教育实践基地是深化专业学位研究生培养模式改革、提高培养质量的重要途径，强调加强基地建设，推进产学结合，为基地的建设指明了方向。2020 年 9 月，教育部等三部门联合印发的《关于加快新时代研究生教育改革发展的意见》和国务院学位委员会、教育部印发的《专业学位研究生教育发展方案（2020—2025）》均强调，要实施"国家产教融合研究生联合培养基地"建设计划，着力提升实践基地的育人质量。研究生实践教学培养的主要载体是研究生实践基地（一般为政府、企业、科研院所等机构和研究生培养单位联合设置），其建设质量的优劣在很大程度上制约着人才培养质量的高低。然而，目前我国专业学位研究生教育实践基地缺乏明确统一的评估标准，导致基地质量管理与评估工作流于形式，基地创新育人质量不高。构建科学的专业学位研究生教育实践基地已成为专业学位研究生教育发展改革的紧迫任务。在专业学位研究生教育备受关注的今天，为了推动专业学位研究生教育实践基地的进一步发展，本书遵循"为什么评—评什么—如何评"这一逻辑线索，使用文献研究法、案例分析法及调查研究法对专业学位研究生教育实践基地质量评价开展研究。研究发现，专业学位研究生教育实践基地建设在合作积极性、合作机制、管理制度，以及评估工作等方面仍存在着诸多问题。究其原因，在于人才培养的路径依赖、各主体合作动机的差异化，以及政策体系的不完善等。为了获得有效的国际经验，本书对美国、英国、澳大利亚、法国及韩国在专业学位研究生教育及实践基地建设领域进行了研究并总结了对我国的有益启示。在前述研究结果的基础上及在分析政策依据、理论依据与事实依据的前提下，本书利用德尔菲法和层次分析法，最终构建由基地条件、管理体制、人才培养及合作效果四个维度组成的专业学位研究生教育实践基地质量评估指标体系。就专业学位研究生教育实践基地建设方向，本书提出：在建设策略上，应坚持协同治理模式，明确互利共赢的产教融合目标，形成多元利益主体协商共治合力促进信息交流与资源融合的新局面；在建设条件上，应完善基地准入机制，健全组织机构与管理制度，完善"双师型"导师制度和基地考核制度，完善政策扶持体系。

本书各章执笔人分别为：第一章由杨玉、景晓娜、于翔、邹凡撰写；第二章由杨玉、张德诚、侯月明、倪晓丰撰写；第三章由侯月明、李作章、于翔、邹凡撰写；第四章由李作章、侯月明、于翔、邹凡撰写；第五章由杨玉、黄丽静、景晓娜、张德诚撰写；第六章由黄丽静、杨玉、李作章、张德诚撰写；第七章由黄丽静、于翔、景晓娜、侯月明撰写。

本书参阅和借鉴了国内外专家学者的相关研究成果，在此谨向原作者表示衷心的谢意。本书还只是基于材料基础上的初步研究，由于主客观条件的限制，研究还不够深入。我们将结合具体工作，在理论与实践相结合的基础上继续探索，也希望得到领导、专家和同行们的批评指正。

2023 年 6 月 20 日

目　录

第一章　专业学位研究生教育实践基地
质量评估研究总论

　　研究生教育作为国民教育体系的顶端，是培养高层次人才的主要途径。2020 年 7 月，习近平总书记对研究生教育工作作出重要指示，他强调，"研究生教育在培养创新人才、提高创新能力、服务经济社会发展、推进国家治理体系和治理能力现代化方面具有重要作用"。由此可见，研究生教育在整个教育系统的地位举足轻重。为了适应国家经济建设、科技进步和社会发展需要，我国研究生培养政策也是在不断的调整之中，目前我国的研究生教育主要包括学术研究生教育和专业学位研究生教育两个部分。专业学位，也称"职业学位"，其主要是培养适应社会特定职业或岗位的实际工作需要的应用型高层次专门人才。专业学位研究生教育是研究生教育体系的重要组成部分，是培养高层次应用型专门人才的主要途径。1991 年，我国开始实行研究生专业学位教育，经过 30 多年的努力和建设，专业学位教育发展迅速，取得了显著成绩。专业学位研究生教育的发展培养了大量应用型的高层次人才，为我国经济发展做出重要贡献。

第一节　专业学位研究生教育实践基地
质量评估研究背景与意义

　　研究生教育肩负着高层次人才培养和创新创造的重要使命，而专业学位研究生教育是培养高层次应用型专门人才的主渠道。自 1991 年开始实行专业学位教育制度以来，我国专业学位研究生教育培养规模不断扩大，2020年招生规模已超过研究生招生总量的一半，专业学位研究生已成为我国研究生教育的主体。2020年9月印发的《专业学位研究生教育发展方案（2020—2025）》指出，随着中国特色社会主义进入新时代，我国专业学位研究生教育进入了新的发展阶段，并提出到2025年专业学位研究生教育"进一步创新专业学位研究生培养模式，产教融合培养机制更加健全"的发展目标。国家政策重视发展专业学位研究生教育，而教育实践基地是专业学位研究生进行专业实践的主要场所，是加强专业学位研究生实践能力培养的重要途径，是专业学位研究生教育高质量发展的抓手和突破口，对达成专业学位研究生创新特色培养目标和保证培养质量至关重要。● 因此，加强对专业学位研究生教育实践基地治理评估的研究，是时代境遇之必然，亦是现实困境之诉求，具有重要的理论意义和实践意义。

一、专业学位研究生教育实践基地质量评估研究背景

党的十八大以来，我国逐步深化研究生教育改革，大力推进专业学位研究生教育发展。2013年，教育部、国家发展改革委、财政部联合下发了《关于深化研究生教育改革的意见》，要求建立以提升职业能力为导向的专业学位研究生培养模式。从教育理论层面来看，实践能力成为专业学位研究生教育培养的重要内容。

近年来，专业学位研究生教育获得了"跨越式"发展，其规模已趋近于学术型学位研究生教育。硕士专业学位教育是专业学位研究生教育的主体。2009年，专业硕士招生占硕士研究生招生人数的15.9%。到了2016年，共招收专业学位硕士研究生28.0万人，占硕士研究生招生人数的47.4%；招收专业学位博士研究生2509人，占博士研究生招生人数的3.2%。2017年，招收专业学位硕

● 顾洁，等. 药学硕士专业学位研究生实践基地建设模式研究——基于中国药科大学实践基地建设的探索[J]. 学位与研究生教育，2019（3）：19-23.

士研究生 40.2 万人，占硕士研究生招生总数的 55.7%；招收专业学位博士研究生 2700 人，占博士研究生招生人数的 3.2%。2018 年，专业硕士招生人数占比近 58%。2019 年，我国专业学位在学研究生 149.7 万人，占研究生在校生总数的 52.3%，比上年增加 8.5 万人，增长 6.0%。《学位与研究生教育发展"十三五"规划》指出，到 2020 年，我国"专业学位硕士招生占比达到 60% 左右"。专业学位教育发展已经占据高层次人才培养的半壁江山。毋庸置疑，专业实践是培养此类高层次应用型人才的关键环节，而承载专业实践的实践基地建设及其良性运转则至关重要。

为了保证专业学位研究生教育实践基地的不断发展，国家层面也出台了一系列政策文件对其发展予以保障。如 2013 年 11 月，教育部、人力资源社会保障部《关于深入推进专业学位研究生培养模式改革的意见》明确指出，要加强实践基地建设，培养单位应积极联合相关行（企）业，建立稳定的专业学位研究生培养实践基地；2015 年 5 月，《教育部关于加强专业学位研究生案例教学和联合培养基地建设的意见》颁布，提出对实践基地模式进一步探索和深化，大力推动改革、稳步提升质量成为专业学位研究生培养的主旋律；2020 年 9 月，教育部、国家发展改革委、财政部《关于加快新时代研究生教育改革发展的意见》强调要加强实践基地建设，强化专业学位研究生的实践能力和创业能力培养。这些政策文件的出台，不仅创新了专业学位研究生培养模式，还在全面提升专业学位研究生培养能力、确保研究生培养质量方面具有引领作用，从制度上保障了专业学位研究生教育实践基地的发展。我们对 1996—2020 年涉及专业学位研究生教育的国家政策文件进行了梳理，详细内容见表 1-1。

表 1-1　专业学位研究生教育的相关政策（1996—2020 年）

年份	文件名称	相关内容
1996	《专业学位设置审批暂行办法》	是为完善我国学位制度制定的办法。规定了专业学位设置目的、内涵、依据和高校办学条件等

续表

年份	文件名称	相关内容
2002	《关于加强和改进专业学位教育工作的若干意见》	提出建立和完善专业学位教育评估制度、建立既具有我国特色又符合国际发展趋势的专业学位教育制度
2009	《教育部关于做好全日制硕士专业学位研究生培养工作的若干意见》	确定了专业学位研究生教育的培养目标
2010	《硕士、博士专业学位研究生教育发展总体方案》《硕士、博士专业学位设置与授权审核办法》	对我国硕士、博士专业学位教育十年的发展作出战略性规划，建立起中国特色专业学位教育制度
2010	《教育部办公厅关于构建全日制专业学位硕士研究生就业服务体系有关工作的通知》	积极构建制度完善的就业服务体系
2010	《教育部办公厅关于切实做好普通高校全日制硕士专业学位研究生资助工作的通知》	切实做好普通高校全日制硕士专业学位研究生资助工作
2012	《教育部关于全面提高高等教育质量的若干意见》	优化人才培养结构，促进专业学位和学术学位协调发展
2013	《关于深化研究生教育改革的意见》	提出积极发展硕士专业学位研究生教育
2013	《教育部、人力资源社会保障部关于深入推进专业学位研究生培养模式改革的意见》	提出深入推进培养模式改革，加快完善体制机制，不断提高教育质量
2015	《教育部关于加强专业学位研究生案例教学和联合培养基地建设的意见》	就加强专业学位研究生案例教学和联合培养基地建设提出相关意见
2020	《关于加快新时代研究生教育改革发展的意见》	优化培养类型结构，大力发展专业学位研究生教育；以国家重大战略、关键领域和社会重大需求为重点，增设一批硕士、博士专业学位类别。新增硕士学位授予单位原则上只开展专业学位研究生教育，新增硕士学位授权点以专业学位授权点为主。强化产教融合育人机制，加强专业学位研究生实践创新能力培养
2020	《专业学位研究生教育发展方案（2020—2025）》	深化产教融合专业学位研究生培养模式改革；实施"国家产教融合研究生联合培养基地"建设计划，重点依托产教融合型企业和产教融合型城市，大力开展研究生联合培养基地建设；鼓励行业产业、培养单位探索建立产教融合育人联盟，制定标准，交流经验，分享资源

注：资料来源于教育部网站。

2020 年 7 月 29 日召开的全国研究生教育会议提出：研究生教育在培养创新人才、提高创新能力、服务经济社会发展、推进国家治理体系和治理能力现代化方面具有重要作用；各级党委和政府要高度重视研究生教育，推动研究生教育适应党和国家事业发展需要，坚持"四为"方针，瞄准科技前沿和关键领域，深入推进学科专业调整，提升导师队伍水平，完善人才培养体系，加快培养国家急需的高层次人才。习近平总书记对研究生教育工作作出重要指示：研究生教育肩负着高层次人才培养和创新创造的重要使命，是国家发展、社会进步的重要基石。研究生教育在推进我国教育现代化、建设高等教育强国、夯实建设创新型国家的人才基石中具有重要的地位，作为已经撑起高层次人才培养和供应的半壁江山的专业学位研究生教育将起着更重要的作用。而实践基地建设将是专业学位研究生教育发展的突破口，实践基地评估可以作为专业学位研究生教育发展的抓手和切入点。

二、专业学位研究生教育实践基地质量评估研究意义

第一，本书研究内容是在"双一流"大学和"双一流"学科建设的时代背景下展开的：其一，专业学位研究生教育是世界各国培养高层次应用型人才及提高人力资源质量的有效方式，专业学位研究生教育实践基地质量评估研究具有鲜明的问题导向和实践价值取向；其二，我国专业学位研究生教育实践基地自建立之日起，就发挥着重要作用，但在发展过程中面临许多困难和问题，亟须评估鉴定和引导；其三，面对"双一流"建设的挑战，我国专业学位研究生教育实践基地建设必须发挥其应有的作用；其四，国内外专业学位研究生教育实践基地建设提供了成功范例和有益借鉴。

第二，本书研究内容具有重大的理论价值和实践指导价值，研究对象明确，技术路线清晰，逻辑体系严谨，研究方法合理，研究成员结构合理，能按时高质量完成课题任务。另外，本书课题组对国内外部分专业学位研究生教育实践基地相关资料进行了初步搜集和整理，为研究的开展提供了重要资料支持。

第三，本书研究内容力求突破以往大多数专业学位研究生教育的研究者从教育学和教育管理学等学科视角研究教育的定势，创新利用大数据的理念和技术开展研究，使研究视角更为广阔与独特。

第二节　专业学位研究生教育实践基地质量评估研究相关概念的界定

专业学位研究生教育实践基地近年来形成了理论与实践相结合的创新人才培养体系，专业学位研究生教育实践基地建设已初具规模、取得成效。随着专业学位研究生教育实践基地的发展，实践基地质量评估研究和实践提上日程。为了进一步提高专业学位研究生教育实践基地建设质量，首先要厘清专业学位研究生教育实践基地质量评估研究的相关概念。

一、专业学位研究生教育

专业学位与学术性学位培养目标和教育方式不同，是为了相区别而采用的一种学位类型称谓。专业学位的教育目标是培养在掌握基础理论和专业知识的基础上还具备实践能力、创新能力的应用型综合高级人才。专业学位教育如果按照层级划分，本科阶段被称为专业学位学士教育，研究生教育阶段就是专业学位研究生教育，在研究生教育阶段根据硕士和博士层级划分为专业硕士教育和专业博士教育。它和学术型研究生教育相对比，都是学位研究生教育的一部分，不同的是两者的教育目标、教育对象、教育方式和考核方式存在差异性。专业学位研究生教育在起步时期，教育对象主要是企业的在职员工，针对专业技能和理论知识进行培养和提高。后来随着经济高速发展，社会对高等人才的需求日益增大，所以专业学位研究生教育也开始面向本科毕业生招生了。

专业学位研究生教育和学术学位研究生教育是现代高等教育系统的两个组成部分，尽管两个学位的教育基础相同，但这两类学位之间存在明显差异。学术学位研究生教育要求研究生具备相应专业领域的扎实理论知识，而专业学位研究生教育的人才培养目标主要是为了满足特定社会职业所要求的专业技能和素养，它的目的是让研究生毕业后成为具有扎实的理论基础和丰富的实践工作经验的高层次专业人才。因此，专业学位研究生教育是在社会相关职业标准的基础上，建立与此职业相关的专业学位，并培养从事该专业领域的高级应用型人才。

（一）专业学位研究生教育与学术学位研究生教育的区别

专业学位研究生与学术学位研究生属于同一层次的不同类型，是同级水平的学位，这两类学位的区别主要表现在以下三个方面。

1. 培养目标不同

学术学位研究生教育主要培养科研后备力量及以科学研究为职业方向的人才；专业学位研究生的培养目标是培养具有扎实理论基础并适应行业或职业实际工作需要的应用型高层次专门人才。因此，专业学位研究生教育对学生知识结构和能力结构、培养要求等各方面都着重突出"应用型、复合型、高层次"的人才培养特色。

2. 培养过程不同

由于二者培养目标的不同，直接导致了培养过程的差异。学术型研究生教育培养过程从课程设置、导师指导、教学组织到论文评价整个培养过程都是从知识探究角度来展开的，更加注重基础教育和理论教育，注重理论原创性研究，体现出理论研究的探究性特点；而专业学位研究生的培养过程则在课程设置、教学方式、导师指导、论文研究等方面都表现出明显的专业性和务实性，更加注重实行双导师制、安排案例教学和课堂讨论等教学活动形式，突出实践环节，注重应用性、开发性研究与设计，以及增长学生的实际工作经验，提高学生的专业素养及就业创业能力。实践环节的增设是与学术型研究生教育培养环节最明显的区别，加大了对人才应用能力和实际工作能力的培养力度，也成为学校培养和企业实践要求的重要衔接点。专业学位研究生培养过程中会有专门的企业实习或者基地实习培养环节。

3. 评价方式不同

与学术学位研究生教育相比，专业学位研究生教育的质量观和评价主体、评价标准都发生了明显的变化。其质量观是毕业生是否为市场急需的应用型、复合型、高层次专门人才，能够直接从事某种职业，掌握某种工作技术与方法，适应市场和用人单位的职业需求；评价主体也实现了多元化，以社会、市场及企业单位作为质量评估的主体并以社会、市场及企业单位对人才的现实要求作为评价的客观标准。

除此以外，专业学位研究生教育与学术学位研究生教育的区别还体现在报考条件、招生专业、学制、导师制度、学位论文等方面，详见表1-2。

表1-2　专业学位与学术学位硕士研究生教育的区别

类别	专业学位硕士教育	学术学位硕士教育
培养目标	明显职业背景	学术研究为导向
培养方式	注重实践性，至少半年实践环节	加强基础理论学习
报考条件	部分专业有工作经验要求	应届本科或同等学历
招生专业	针对性强，共计40个专硕专业	涵盖13大学科下所有专业方向
调剂难度	考试难度决定专业学位硕士很难调剂到学术学位硕士	学术学位硕士研究生可以调剂到专业学位硕士研究生
入学难度	专业学位硕士研究生考公共英语二，不考数学三，难度小	难度较大
学费标准	按不高于本校现行普通专业学术型自筹经费研究生收费标准确定	硕士生每年不超过8000元，博士生不超过1万元
学制	一般2~3年	一般为3年

续表

类别	专业学位硕士教育	学术学位硕士教育
导师制度	双导师制	单导师制
学位论文	应用导向，多种形式呈现	理论研究，学术性论文形式

注：资料来源于《2019 考研早知道：专业硕士与学术硕士的 11 个区别》，中国研究生招生信息网，https：//yz.chsi.com.cn/kyzx/zyss/201809/20180926/1724279432.html。

部分专业硕士报考要求和学术硕士相同，但工商管理、公共管理、工程管理、旅游管理硕士和工程硕士中的项目管理、教育硕士中的教育管理、体育硕士中的竞赛组织专业报考条件不同：大学本科毕业后有 3 年以上工作经验的人员；或获得国家承认的高职高专毕业学历后，有 5 年以上工作经验，达到与大学本科毕业生同等学力的人员；或已获硕士学位或博士学位并有 2 年以上工作经验的人员。

（二）专业学位研究生教育的类别与特征

当前，我国专业学位研究生教育基本形成了以硕士学位为主，博士、硕士、学士三级并存的专业学位教育体系。发展专业学位教育不仅是对我国研究生教育体系的优化与完善，也顺应了经济建设和社会发展对高层次应用型人才的迫切需求。专业硕士学位点多契合 1996 年《专业学位设置审批暂行办法》中的规定，即"专业学位分为学士、硕士和博士三级，但一般只设置硕士一级"。

作为一种能够和学术学位并列存在的学位类型，专业学位具有特殊的内在属性。尽管对专业学位的概念已经基本达成共识，但关于专业学位特性的认识，依然是"仁者见仁，智者见智"。归纳起来，主要有三种观点：第一种，单一特性说。袁广林认为，专业学位研究生教育的本质属性是"应用研究性"。第二种，双重特性说。王菲菲认为，专业学位的特点有两个，即精英性（包括选择性和探究性）、专业性（职业导向和应用性）；史雯婷认为，专业学位研究生教育的基本属性集中体现在两个方面，即"知识发展的本质属性、特殊的职业性"。第三种，三大特性说。这是大多数学者的看法，但表述各有不同。邹碧金和陈子辰认为，专业学位的特性表现为实践性、职业性和综合性；刘国瑜认为专业学位的基本特征是职业性、学术性和研究性；别敦荣等认为，专业学位的特征表现在"职业性与学术性的统一、职业指向具有特殊性、教育具有实践依赖性"；靳培培认为，专业学位的特性是职业性、实践性、学术性的有机结合。以上观点各有侧重，既有认识的一致性，也存在差异性。

通过对以上专业学位特性不同观点的比较分析，我们发现，职业性、专业性（职业性与学术性的统一）、实践性（应用性）是多数学者的共同认识，而"知识发展性"和"学术性"则没有将专业学位与学术学位区别开来，不能视为专业学位的固有特性。对以上各家观点进行综合，再结合专业学位的定义及专业学位教育实践，我们认为，专业学位的特性主要表现为三个方面：专业与职业的紧密衔接性、理论与实践的高度渗透性、知识与技术的集成创新性。

1. 专业与职业的紧密衔接性

专业学位的"专业"（profession）具有特殊的内涵，它既不同于一般意义上高校设置的具有相当独立学科知识体系的专业（major 或 specialty），也与日益分化、强调具体操作技能的普通职业细类（vocation 或 career）有别，它是一种知识和技术含量极高的特殊职业。"专业是一个正式的职业；为了从事这一职业，必要的上岗前的训练是以智能为特质，卷入知识和某些扩充的学问，它们不同于纯粹的技能；专业主要是为他人提供服务而并不是从业者单纯的谋生工具，因此，衡量专业成功的主要标准并不是从业者获得的经济回报。"❶专业学位的"专业"既有学科专业的知识系统性，又有专门的职业指向性，它是二者交叉融合的产物。只有少数与经济社会行业领域紧密结合的学科专业有可能转

---

❶ 赵康.专业、专业属性及判断成熟专业的六条标准[J].社会研究，2000（5）：30-39.

化发展为相应的专业学位类别，也只有极少数的特殊职业才能演化、上升为成熟的"专业"。根据 1948 年美国教育协会的定义，一种职业要想成为专业需要符合以下八条标准：①含有基本的心智活动；②拥有一套专门化的知识体系；③需要长时间的专门训练；④需要持续地在职成长；⑤提供终身从事的职业生涯和永远的成员资格；⑥有自身的专业标准；⑦置专业服务于个人利益之上；⑧拥有坚强的、团结的专业团队。

由此可见，专业学位的"专业"具有独特的学科专业领域，以及独立的科学知识和技术体系，是专业技术层次较高、需经系统的专业化训练、具有较高社会声望和较宽行业适应面的特殊社会职业，是一种"专门化的职业"，是知识和技能含量更高的职业，是一种"有学问的职业"。专业学位不仅有较为成熟的学科知识、技术体系和操作规范，也与特定的职业门类紧密衔接（有些专业学位甚至与对应的职业资格证书直接挂钩，或是获得职业资格证书的前提条件），是一种"专业化的职业"或者"职业化的专业"。正因为如此，专业学位教育对入学者的要求和培养过程的设计与学术学位有很大的不同。在入学要求上，专业学位教育更强调工作经历和基本学历。有些专业学位类别明确要求考生应有一定年限的工作经验。在学习方式上，学术学位教育一般采用全日制方式，而专业学位教育具有更强的弹性和更大的适应性，既有全日制方式，又有非全日制方式，为在职人员提升能力和综合素质提供便利。在培养过程中，专业学位教育在专业课程教学的基础上渗透了大量职业技能性内容，强调将课程学习、课题研究与工作实务紧密结合，针对特定职业（行业）培养急需的高层次应用型人才。

2. 理论与实践的高度渗透性

专业学位建立在一定的学科知识体系之上，在教育过程中需要安排一些基础理论和前沿知识课程，通过系统的课程学习，以便使学习者开阔视野，夯实基础，形成较为完善的知识结构。这是专业学位教育与一般的职业培训最大的区别，专业学位教育的高层次、高起点和专业化决定了课程教学的理论性是必不可少的。但是，专业学位教育毕竟是以特定职业为导向，学习者具备相应的专业技能和实践能力是衡量专业学位教育培养质量的主要指标。

"专业学位的内在规定性显示，获得者已经具备了特定社会职业所要求的专业能力和素养，也具备了从业所需要的基本条件，已经能够运用在专业领域所学到的理论、知识和技术来有效地从事与其专业相关的工作，合理解决所遇到的专业问题。"❶ 因此，专业学位教育特别强调实践教学和应用能力培养，强调理论与实践的紧密结合和高度渗透。即使在基础课程教学中，专业学位教育的教学内容、教学方法和考核标准也与学术学位教育大相径庭。

专业学位课程内容更注重知识和技术的前沿性和广博性，以及理论的成熟性和应用性，而不像学术学位课程内容追求理论的"专""深""精"。除了少部分基础理论课程之外，专业学位教育还开设了大量的专业实务课程，让学习者直面现实问题，培养他们解决实际问题的思维和能力。在教学方式上，专业学位教育推崇案例教学法和模拟教学法，通过对经典案例的学习和现实环境的模拟，提升学习者的"实战"意识和能力。在指导方式上，专业学位一般实行复合导师制，也就是校内和校外导师相结合的方式，对校内导师的专业水平、行业工作经验、开展应用课题研究的能力等有特殊要求，校外导师也广泛参与到专业学位研究生的学习、课题研究、实习实践等培养活动中。此外，专业学位教育特别重视实习实践环节，要求学习者到相关单位或实践基地进行为期半年以上的专业实习，在实际工作中运用所学的理论和相关的专业技能，提升处理复杂问题的能力。专业学位教育的整个流程自始至终都体现了理论与实践的高度渗透性和融通性。

3. 知识与技术的集成创新性

从总体上来说，专业学位教育主要属于研究生教育层次，这也就决定了专

---

❶ 罗建国.制度困境和政策创新：我国学位授权政策改革研究 [J].湖南师范大学教育科学学报，2010，9（1）：61-65.

业学位教育不是低层次的熟练工种、重复性劳作的职业技能性教育，而是面向工作实践中的具体问题将知识与技术综合运用，创造性地提出解决方案或优化工作流程与机制的教育，是高层次的创新性教育。无论是硕士专业学位教育，还是博士专业学位教育，都要求毕业生能够创造性地从事实际工作或进行专业技术、工程实践的发明创造，这种要求无疑是高起点、高要求的，也是契合专业学位教育内在品格的。当然，专业学位的创新性与学术学位的创新性指向不同，学术学位的创新性更多强调理论、方法、技术、观点等的原创性，是对科学未知世界的纵深探索，并不必然与现实生活相勾连。而专业学位的创新性主要是将知识与技术熔为一炉的集成式创新或消化吸收再创新，以解决行业领域现存的实际问题。因此，在专业学位教育过程中并不过分强调理论的深入钻研，而是重视理论的活学活用。对专业学位学生没有发表论文的硬性要求，毕业论文选题不是理论性选题，而是与实际工作、工程技术实践领域紧密结合的应用性选题。很多专业学位培养单位都对专业学位毕业论文形式的多样化进行积极倡导，文献综述、发明专利技术革新成果、问题解决方案调查报告、案例分析设计或艺术作品等都可以作为毕业论文提交审核。在国外，不少专业学位教育甚至取消了毕业论文的要求，让学生有更多的时间和精力进行实践训练，培养和提高创新应用能力。

综上所述，专业学位教育所培养的人才除了具有宽厚的专业理论知识和系统的专门知识外，还具有将这些知识应用到工作中的实践能力，能够进行相应的科研能力和单独负责研究的专门工作。同时，专业学位教育不仅要有立足实践的教育内容，还要有知识理论方面的教育内容，强调在实践中探索知识运用的方法并同时对学生进行知识运用能力的培养，还要求在探索过程中创造新知识，以此体现知识发展的内涵和价值。由此可见，专业学位研究生教育所显现的新知识发展的属性即评价属性和知识的属性，印证了其学位教育的本质属性，从而能使专业学位教育成为一种专门的学位教育。

作为一项培养高层次创新人才的特殊活动，专业学位研究生教育及其培养必然要始终遵循高层次专门人才成长的规律，并时刻将高层次专门人才成长的规律作为主线贯穿培养活动的全程，同时要顺应经济社会发展对高层次应用型人才规格的要求。而结合专业学位研究生教育的特性，专业学位研究生的培养必须坚持实践性与理论性的结合。专业学位研究生培养有两种路径：一种是从实践到模式再到理论；另一种是从理论到模式再到实践。无论哪一种路径，都离不开理论的指导和具体社会实践工作的检验。而教育实践基地作为培养单位为加强专业学位研究生实践能力培养与行业、企业、社会组织等共同建立的人才培养平台，是专业学位研究生进行专业实践的主要场所，是产学结合的重要载体。加强基地建设，是专业学位研究生实践能力培养的基本要求，是推动教育理念转变、深化培养模式改革、提高培养质量的重要保证。加强对基地的评估亦是加强基地建设的重要保障。

二、专业学位研究生教育实践基地

专业学位研究生教育实践基地是培养高层次应用型专门人才的平台，主要目的是培养专业硕士生的创新精神与实践能力。专业学位研究生教育实践基地的建设是以推进产业变革和提高生产能力为导向，以具有硕士、博士学位授予权的高等学校为主体，依托研发能力较强的高新企业和科研院所等单位共同建立的人才培养平台。专业学位研究生教育实践基地建设所需要的基础条件、管理模式、实践教学培养模式、研究生实践管理与考核、师资队伍建设、实践教学基地的权利和义务等各个方面都会影响到专业学位研究生教育实践基地的目标实现和实现效果。

专业学位研究生教育实践基地具备以下主要职能：一是增强学生发现问题和解决问题的实践能力，提升学生的职业性；二是开展科研合作，积极申请国家和省部级有关研究课题，满足区域经济发展的需求；三是定期组织各高校的学术交流和实践交流活动，加强理论和实践的相互融合。

第三节　专业学位研究生教育实践
基地质量评估研究综述

伴随高校的规模化发展，研究生数量与日俱增，研究生教育质量面临挑战，同时经济结构的调整衍生了培养规格与实际需要不匹配的供需矛盾，应届毕业生缺乏实践经验与相关技能，严重制约了其发展空间。"学位研究生教育的经验表明，专业学位研究生教育是世界各国培养高层次应用型人才及提高人力资源质量的有效方式。"❶在这样的背景下，为满足社会发展的实际需要，国家有机调整了研究生教育结构，重视专业学位研究生教育的改革与发展，注重培养高层次的应用型人才。下面将对专业学位研究生培养模式和教育实践基地相关研究进行文献综述。

一、专业学位研究生培养模式

专业学位研究生教育实践基地的建设是专业学位研究生培养的重要平台与载体，也是培养的重要模式之一。因此，研究专业学位研究生教育实践基地建设质量评估体系，有必要对专业学位研究生培养模式相关研究进行梳理分析，从而为评估体系的建构与质量提升策略提供分析依据。

（一）专业学位研究生培养模式概念研究

学者们对"培养模式"概念的界定可谓众说纷纭，尚未有统一定论，目前主要有"系统说""模型说""规范说"等几种观点。持"系统说"观点的学者认为培养模式是一个系统，至少应包括创新人才的培养模式和人才成长环境两大部分，是在一定的教学组织管理下实施的，包括培养目标、专业结构、课程

---

❶ 谢治菊，郭宇.研究生教育质量保障机制研究 [M].北京：科学出版社，2017：55.

体系、教学制度、教学模式和日常教学管理;❶持"模型说"的学者认为培养模式是指培养主体为了实现特定的人才培养目标,在一定的教育理念指导和一定的培养制度保障下设计的,由培养目标、培养主体、培养内容、培养方式和培养质量评价等要素构成的有关人才培养过程的理论模型与操作模式;❷❸持"规范说"的学者认为培养模式是一定教育机构或教育工作者群体普遍认同和遵从的关于人才培养活动的实践规范和操作模式,它以教育目的为导向、以教育内容为依托、以教育方法为具体实现形式。❹

(二)我国专业学位研究生培养模式的历史变革

有研究者对我国专业学位研究生培养模式发展历程进行了梳理分析。邓光平通过对政策的分析,将我国专业学位研究生培养模式改革历程划分为三个阶段。第一阶段为初创期(1990—1995年),该阶段的专业学位研究生教育处于试办摸索期,其仍以学科为取向,只是在课程设置上略微强调实践性,采用的是缩小版的"课程学习+学位论文"的传统学术型人才培养模式。第二阶段为规范期(1996—2008年),这一阶段对人才培养的重要性进一步提升,人才培养目标更加明确,对人才培养全程进行了整体制度设计与改革。第三阶段为创新期(2009年至今),这一阶段的改革强调了培养院校与企业、行业组织之间要广泛开展多种形式的联合办学,加大了专业实践环节的学时数和学分比例,突出了课程设置与教学方法的实际应用性,强化了学位论文的应用性导向,论文形式可多样化。❺王莉从政策分析视角出发,认为我国专业学位研究生教育政策演进可划分为孕育、创建、规范、改革四个阶段,并呈现政策

❶ 朱宏.高校创新人才培养模式的探索与实践[J].高校教育管理,2008(3):6-11.

❷ 董泽芳.高校人才培养模式的概念界定与要素解析[J].大学教育科学,2012(3):30-36.

❸ 邓光平.我国专业学位研究生培养模式改革的历史变迁与现实思考[J].高等教育研究,2019,40(5):64-69.

❹ 魏所康.培养模式论学生创新精神培养与人才培养模式改革[M].南京:东南大学出版社,2004:24.

❺ 同❸.

过程从探索走向规范、政策价值从"需求优先"转向"质量优先"、政策内容体系逐步完善的发展逻辑。未来我国专业学位研究生教育政策应在遵循专业学位研究生教育规律的基础上，进一步明确专业学位研究生教育的培养标准，丰富专业学位研究生教育结构，提升行业企业参与专业学位研究生培养的积极性，强化专业学位研究生教育政策落实。❶杨茜等则纵观改革开放 40 年，基于政策分析指出，我国专业学位研究生政策不断变迁，从模糊质量走向高质量培养，认为其变迁和发展动力深受市场需求、国家政策、社会文化等深层结构影响。随着我国进入新时代，专业学位研究生教育会向着服务国家战略、适应产业转型、深化社会合作的方向高质量发展，进而满足我国创新创业、人民追求美好生活、中国创造等新时代需求，成为有国际影响力的中国研究生教育品牌。❷

（三）专业学位研究生培养模式的构成要素

关于专业学位研究生培养模式的构成要素，我国学者基于研究生培养模式的构成要素的基础，对专业学位研究生培养模式构成要素的特征进行分析。而关于研究生培养模式的构成要素，学者们一直在讨论，虽未能最终达成统一标准，但已达成一定的共识。胡玲琳❸、徐程❹等提出了培养模式四要素，即培养目标、入学形式、培养方式、质量评价。许玉清❺的研究更加重视教学因素，认为培养模式要素应包括专业设置模式、课程体系状态、知识发展方式、教学计划模式、教学组织形式、非教学或跨教学培养形式、淘汰模式。李志义❻从项目管理的视角提出培养模式包含目的性要素（培养目标）、计划性要素（培养制

❶ 王莉 . 我国专业学位研究生教育政策的演进与发展趋势 [J]. 高等教育研究，2021，42（7）：78-84.

❷ 杨茜，汪霞 . 改革开放 40 年我国专业学位研究生教育政策变迁与发展逻辑 [J]. 高教探索，2021（3）：60-65.

❸ 胡玲琳 . 我国高校研究生培养模式研究从单一走向双元模式 [M]. 上海：复旦大学出版社，2010：46.

❹ 徐程 . 中外合作办学研究生培养模式研究 [D]. 厦门：厦门大学，2014：67.

❺ 许玉清 . 改革人才培养模式的实践与探索 [J]. 教育与职业，2005（2）：31-33.

❻ 李志义 . 谈高水平大学如何构建本科培养模式 [J]. 中国高等教育，2007（15-16）：34-36.

度）、实施性要素（培养过程）和评价性要素（培养评价）四个方面，具体包括培养目标、培养方案、培养途径、培养方式、管理制度、评价体系等。何振雄[1] 将培养目标、课程体系、教学内容、导师指导视为培养模式的要素。李硕豪等[2] 在关注培养环节的同时，比较重视校园文化和教学管理的影响，提出培养目标、选拔制度、专业结构、课程结构与学科设置、教学制度、教学模式、校园文化、日常教学管理八个要素。蒲洁[3] 不再局限于只研究培养环节，把思想观念、制度机制、物质环境视为培养模式的要素。陈新忠等[4] 将培养理念、培养目标、培养组织、培养制度、导师队伍、平台建设、方案实施、培养评价作为培养模式的要素。秦发兰等[5] 基于学术型和应用型两种目标导向对研究生培养模式进行研究，提出培养目标与理念、培养过程、培养主体、运行方式、运行机制等培养模式组成要素。徐和清等[6] 侧重于对保障机制的研究，认为教师教书育人能力、专业教学条件与设施、实践教学环节、校园文化、学生主体地位及学生培养质量评价考核制度是培养模式的要素。瞿海东[7] 认为研究生培养应该存在一套完整的体系，故而从体系建设的角度提出管理体系、课程体系、组织体系、保障体系作为培养模式的要素。郑群[8] 的观点比较传统，认为培养目标、培养过程、培养制度、培养评价是培养模式的要素。曾诚等[9] 认为建立科学合理的淘汰机制有利于保障研究生培养的质量，并提出以培养目标、专业设置、课程结构、培养途径、教学运行和组织机制、淘汰机制为要素的观点。

❶ 何振雄. 整合不同类型研究生培养模式，满足社会发展对各类人才的需求 [J]. 学位与研究生教育，2007（10）：52-55.

❷ 李硕豪，阎月勤. 高校培养模式刍议 [J]. 吉林教育科学，2000（2）：43-44.

❸ 蒲洁. 高校创新人才培养模式初探 [J]. 中国成人教育，2006（9）：46-47.

❹ 陈新忠，董泽芳. 研究生培养模式的构成要素探析 [J]. 学位与研究生教育，2009（11）：4-7.

❺ 秦发兰，胡承孝. 目标导向的研究生培养模式研究 [J]. 学位与研究生教育，2014（1）：50-54.

❻ 徐和清，胡祖光. 人才培养模式及其绩效的实证研究 [J]. 高等工程教育研究，2007（5）：72-77.

❼ 瞿海东. 创新能力与研究生培养模式 [J]. 高等工程教育研究，2002（5）：58-59.

❽ 郑群. 关于人才培养模式的概念与构成 [J]. 河南师范大学学报（哲学社会科学版），2004（1）：187-188.

❾ 曾诚，张伟，向东，等. 关于研究型大学人才培养模式的构建 [J]. 教育评论，2002（4）：56-58.

赵丽❶、刘惠玲❷、肖国芳❸、范秋明❹比较一致地将培养模式的要素定为培养目标、培养过程、培养质量（培养评价）。路萍❺更加强调导师的作用和科研与实践的结合，提出把培养目标、招生及学制、课程设置、科学研究、导师指导、培养考核作为培养模式的要素。以胡玲琳提出的"培养目标、入学形式、培养方式、质量评价"的分法，以及与其相似的"培养目标、培养过程、培养质量（培养评价）"分法比较普遍被接受和引用。

而关于专业学位研究生培养模式构成要素的研究，萧琳❻从强调培养入口的把关，将培养目标、入学形式、培养过程、质量评估作为培养模式的要素。廖文婕❼采用定量分析的方法对大量的文献进行分析后，提出目标、管理、师资、课程、教学、学科、质量、资源、文化九个专业学位研究生培养模式要素。刘亚敏等❽在比较、鉴别和筛选的基础上，认为专业学位研究生培养模式的构成要素有七个，分别是培养目标、入学方式、课程教学、导师指导、组织管理、专业实践、毕业及学位授予。胡艺玲❾结合我国专业学位研究生培养模式政策的特征，选取培养目标、招生考试、课程教学、师资队伍与质量评价五个方面作为培养模式构成要素进行分析。

（四）专业学位研究生培养模式运行问题研究

由于专业学位研究生教育的发展在我国起步较晚，并且专业学位主要依托

---

❶ 赵丽.关于我国研究生培养模式多样化的探讨 [D].曲阜：曲阜师范大学，2002：87.

❷ 刘惠玲.我国重点理工科大学研究生培养模式比较研究 [D].大连：大连理工大学，2004：79.

❸ 肖国芳.产学研结合的研究生培养模式研究——以"交大宝钢"模式为例 [D].上海：上海交通大学，2007：74.

❹ 范秋明.我国研究生培养模式发展研究 [D].武汉：中国地质大学，2008：98.

❺ 路萍.我国硕士研究生培养模式研究 [D].武汉：武汉理工大学，2006：59.

❻ 萧琳.高等教育学专业研究生培养模式探究 [D].长沙：湖南农业大学，2006：68.

❼ 廖文婕.我国专业学位研究生培养模式的系统结构研究 [D].广州：华南理工大学，2010：77.

❽ 刘亚敏，姜秀勤.专业学位研究生培养模式的系统分析 [J].研究生教育研究，2016（6）：80-85.

❾ 胡艺玲.我国专业学位研究生培养模式政策文本量化分析——基于政策工具视角 [J].研究生教育研究，2021（1）：90-97.

研究型高等院校开展人才培养活动，因此在培养过程中不可避免地存在认知上的误区与实践中的障碍。有学者从专业学位研究生培养模式运行的整体情况出发研究了其存在问题。国务院学位委员会、教育部在《专业学位研究生教育发展方案（2020—2025）》中明确指出，专业学位研究生教育中重学术学位、轻专业学位的观念仍需扭转，简单套用学术学位发展理念、思路、措施的现象仍不同程度存在。耿有权等对全国 14 所重点高校 1400 位全日制专业学位研究生进行培养模式运行情况的专题调研发现，理论课比重大于实践课，双导师和导师指导小组比例很低，以学术性课题研究代替社会实践者居多，配套环境建设急需加强。❶张秀峰等指出我国专业学位教育在其"专业性"实践和保障方面仍存在不足。在实践上具体表现为我国专业学位教育在招生录取、课程体系、教学模式、师资队伍等环节仍存在照搬学术学位教育的问题，趋同化依旧比较突出；在保障机制上表现为专业学位教育人才培养标准与行业用人标准对接的错位、专业学位教育与专业人员执业准入资格协同对接的松散、专业协（行）会指导和介入专业学位教育的缺失等。❷夏露等通过调研和专家咨询，总结归纳了我国资源与环境专业学位研究生培养体系中存在的主要问题，具体体现在教学课程体系设置不够完善、专业实践教学环节薄弱、专业学位论文质量把控机制不完善、缺失职业生涯规划的教育培养四个方面。❸李伟等在对专业学位研究生培养模式的相关研究进行梳理时发现，研究型高等院校开展专业学位研究生培养活动时确实存在着"惯性"现象，其路径依赖问题主要表现在人才培养的定位、内容、过程、评价和条件五个方面。具体而言，在培养定位方面：培养理念主要参照学术型研究生的培养方案，职业特色不突出；培养目标以科研培养为主，应用于实践能力培养不突出；培养方向上专业归属不清晰，专业

❶ 耿有权，彭维娜，彭志越，等.全日制专业学位研究生培养模式运行状况的调查研究——基于全国 14 所重点高校问卷数据 [J]. 现代教育管理，2012（1）：103-108.

❷ 张秀峰，白晓煌 . 专业学位教育"专业性"实践与保障机制探究——来自美国的经验与反思 [J]. 中国高教研究，2020（7）：54-59，92.

❸ 夏露，王旭升，郭华明 . 我国资源与环境专业学位研究生培养模式的优化建设 [J]. 安全与环境工程，2021，28（4）：110-114.

方向不具体。在培养内容方面：课程体系上，总体应用型不强，与学术型研究生同质；课程设置上，公共基础课、理论课过多，专业实践课过少；教学内容上，注重复合型知识结构，忽视专业知识训练。在培养过程方面：招生模式上，缺乏选拔性与针对性，未能体现差异化尺度；教学方式上，具有封闭性，小组合作流于形式，案例教学质量较低；实践环节上，学生的企业实践机会少，缺乏社会需求的精准性。在培养评价方面：评价理念上，不太关注行业的实际需求，忽视毕业考核的多元化；评价方式上，以学术论文为主，将学术观点及规范作为评价指标；评价标准上，专业技能考核标准缺乏具体规定，与职业资格认证脱节。在培养条件方面：教师队伍建设上，专业师资力量薄弱，校外指导教师资源匮乏，缺乏"双师型"导师队伍；实践基地建设上，基地数量与质量有待提高，社会资源亟待挖掘；企业参与方面，缺乏业界支持，开放式培养体系无法建立。❶

（五）专业学位研究生培养模式变革逻辑与路径研究

针对我国专业学位研究生培养模式运行存在的问题，学者们从多维度多方面探讨并提出了变革的逻辑与具体路径。

第一，专业学位研究生培养模式变革逻辑研究。吕静认为，职业教育与专业学位研究生教育的同质化发展，有助于两者之间的衔接与沟通，有助于发挥职业教育的终身教育作用，有助于实现职业教育与国际社会接轨。因此，通过完善职业教育学位体系，完善职业教育与专业学位研究生教育发展布局，推进专业学位研究生教育与职业资格认证的对接，可实现两者的深度融合。❷徐东波亦认为，专业学位研究生教育的本质属性是职业性，学术性是其固有属性；它应遵循职业性的本质要求，同时重视学术性的固有要求。在明确专业学位研

❶ 李伟，闫广芬.专业学位研究生培养模式的理论探析与实践转向——基于分类观的视角 [J].研究生教育研究，2021（5）：51-57.

❷ 吕静.职业教育与专业学位研究生教育同质性的逻辑及深化路径 [J].中国职业技术教育，2021（1）：22-27.

究生教育自身属性和发展误区的基础上，其认为政府部门应避免过度管控，突出职业导向；社会多元主体应积极参与办学，增强育人的实践性；高校应侧重应用性的学术标准，培养学生创新能力。❶胡艺玲在对其政策工具分析的基础上，指出未来我国应增强专业学位研究生培养模式政策的稳定性和系统性，调整专业学位研究生培养模式政策工具使用结构，改革专业学位研究生培养模式的各个构成要素，改善政策工具与培养模式构成要素间的匹配性。❷姚志友等基于整体性教育的视角，分析了专业学位研究生教育的本质，提出了改革专业学位研究生教育的路径，即打破政府、社会与高校的碎片化治理现状，构建专业学位研究生教育场域协同治理分析框架，建立"纵横内外"协同发展机制，探索"科教协同、产教融合"教育模式与"集体培养、导师团队指导"培养方式。❸吴莹等指出，专业学位研究生培养模式应转变观念，合理定位双元学位研究生培养思路；兼顾双元学位培养模式相通之处，同时彰显自身特质；符合学科特性，主动适应我国产业发展的时代要求。❹刘亚敏强调在专业学位研究生培养模式改革过程中，必须紧紧把握专业学位研究生教育的定位、特点和要求，坚持职业导向、分类培养和开放协同的价值取向，并且在推进专业学位研究生培养模式改革的过程中要以统筹兼顾、循序渐进、因地制宜为价值取向。❺周险峰根据全国教育专业学位研究生教育指导委员对全国24所培养院校进行的调研，指出教育硕士专业学位研究生培养中存在分类培养没有得到切实保障，对无师范教育背景或跨专业的研究生没有采取有效的针对性措施，存在校外实践基地稳

❶ 徐东波.我国专业学位研究生教育的本质属性、发展误区与变革路径[J].现代教育管理，2020（10）：100-105.

❷ 胡艺玲.我国专业学位研究生培养模式政策文本量化分析——基于政策工具视角[J].研究生教育研究，2021（1）：90-97.

❸ 姚志友，董维春.我国专业学位研究生教育改革路径探索——一个整体性教育的视角[J].学位与研究生教育，2019（11）：7-13.

❹ 吴莹，袁新华，敬小军，等.学术型与专业学位研究生培养模式创新——以农科为例[J].中国高校科技，2017（3）：49-51.

❺ 刘亚敏.我国专业学位研究生培养模式改革的价值取向[J].研究生教育研究，2016（2）：1-5.

定性差、作用发挥有限以及学科课程教学论教师队伍萎缩等问题。❶

第二，专业学位研究生培养模式变革路径研究。笔者从培养定位、培养内容、培养过程、培养条件以及培养评价方面，梳理专业学位研究生培养模式变革的现实路径的相关研究。其一，培养定位。在培养目标和培养理念方面，武晋等指出以应用型人才培养为目标，坚持知识和技术应用与创新理念：一是高校应将"知识和技术应用与创新"的理念作为校园文化的重要部分进行宣传和弘扬；二是高校应将"知识和技术应用与创新"的理念作为教师评聘的重要标准；三是高校应将"知识和技术应用与创新"的理念作为课程与教学改革的重要基础。❷曹雷等强调，针对我国专业学位研究生教育中存在的各类问题，高校应根据国家相关文件精神，树立以同等化、专业化和科学化为主的培养理念。❸魏峻等则指出应以精准、前瞻的培养目标定位来匹配多元化的工程人才需求，各培养单位应根据自身在学科专业、工程型师资队伍、实践教学体系及实践平台等方面的特色和优势，对行业人才需求进行前瞻性预测，以实现培养目标的精准定位，且要重视培养资源与差异化培养目标之间的对接。❹其二，培养内容。张晓艳等运用全面质量管理理论，对全日制专业学位研究生课程建设内部质量保障体系进行探究，构建了"五系统、四机构"管理机制下"四位一体"的课程建设内部质量保障体系，从教育理念、质量标准、管理制度、信息化建设四方面深化落实全日制专业学位研究生课程建设全过程工作，提升全日制专业学位研究生课程建设内部质量。❺刘颂迪以云南省高校专业学位研究生培养为例，指出课程教学应突出灵活性、多样性、区分度，具体而言

❶ 周险峰.教育硕士专业学位研究生培养的进展、问题及对策——基于二十四所培养高校的调查分析 [J].学位与研究生教育，2015（2）：36-40.

❷ 武晋，张宇，黄利非.应用型高校专业学位研究生培养质量的提升 [J].教育与职业，2020（3）：34-41.

❸ 曹雷，才德昊，张泰居.基于全过程与系统化思想的专业学位研究生培养研究 [J].黑龙江高教研究，2018（1）：99-102.

❹ 魏峻，姬红兵，高晓斌.关于工程类硕士专业学位研究生培养方案改革的思考和建议 [J].研究生教育研究，2018（3）：30-35.

❺ 张晓艳，彭芃，张金玉，等.基于全面质量管理的全日制专业学位研究生课程建设内部质量保障体系构建 [J].职业技术教育，2022，43（2）：53-57.

可实施专业学位研究生核心课程建设计划，建成一批涵盖研究生公共课、学位基础课、特色方向课三种类型，加强课程设置和教学内容的实用性，并注重课程内容的前沿性。❶武晋等提出要以实践性教育教学活动为核心，形成实践导向的人才培养模式，一方面是加强实践性教育教学活动的情景性和体验性，另一方面是强化案例教学模式。❷王亮等通过对某综合性高校教育博士专业学位研究生就读体验的实证调查，提出要提高专业学位研究生的教育质量，应探索线上与线下相结合的授课形式，整合跨学科、跨院系、跨校、跨地区、线上与线下优质课程资源，以拓宽教育博士研究生的课程选择渠道。❸魏峻等提出课程体系要具有系统性、专业性和模块化的特点，鼓励学生跨学科、跨专业、跨层次选择课程，并加强在线课程、案例课程和校企联合课程的建设。❹张乐平等强调增强实践性是课程体系建设的关键。认识影响实践性的根源，并以解决实践性问题为突破口，是科学构建全日制硕士专业学位研究生教育课程体系的前提。解决实践性问题，需要厘清其所蕴含的实践要素，按照实践要素的规律和要求组织这些实践要素和所有的课程要素。❺其三，培养过程。学者们提出了协同育人机制的设想。武晋等提出了以实践育人共同体为桥梁，构建多主体协同育人机制。一方面，需要加强与行业企业、科研机构等的深度合作与协商，充分调动政府和各利益主体资源。另一方面，要增进与政府等相关部门的交流与沟通，建立起共建、共育、共担、共享的多元主体共赢机制。❻刘冰等基于协同治理力量提出通过顶层设计实现"三个转变"：由传统管理向协同治

---

❶ 刘颂迪.云南省高校专业学位研究生培养模式分析及改革途径 [J].上海教育评估研究，2021，10（4）：52-56，62.

❷ 武晋，张宇，黄利非.应用型高校专业学位研究生培养质量的提升 [J].教育与职业，2020（3）：34-41.

❸ 王亮，郭丛斌.教育博士专业学位研究生培养质量满意度研究——基于某综合性高校教育博士研究生就读体验调查的实证分析 [J].学位与研究生教育，2020（4）：52-59.

❹ 魏峻，姬红兵，高晓莉.关于工程类硕士专业学位研究生培养方案改革的思考和建议 [J].研究生教育研究，2018（3）：30-35.

❺ 张乐平，付晨晨，朱敏，等.全日制硕士专业学位研究生教育课程体系的独立性与实践性问题 [J].高等工程教育研究，2015（1）：161-167.

❻ 同❷.

理转变，赋予社会组织相应的权力；法律制度要由政策主导转向依法治理，以优化治理网络结构；要以提高人才培养质量为根本，以质量控制为核心，以持续改进为目标，构建"决策、执行、控制、反馈、改进""五位一体"的专业学位研究生质量治理体系，同时在专业学位研究生教育质量的保障机制中，还必须有政府、社会和第三方质量保障机构对高校教育质量的外部保障机制，才能达到以内为主、以外促内、内外并举的融合效果。❶李伟等从分类观视角提出专业学位研究生培养模式的应然转向：未来专业学位研究生教育一方面要关注外部分类，即在贯通现代职业教育体系的过程中实现与学术型学位研究生教育的分类培养，具体包括分类实施招生选拔、分类设计培养内容及培养方式、分类评价学位论文；另一方面要关注内部分类，即不同类别的专业学位需要根据自身发展情况分类选择合适的人才培养路径，由此形成分类选择产教融合育人模式和分类选择与职业资格培训的衔接模式。❷也有学者强调要加强专业学位研究生培养的实践性。曹雷等指出，专业学位研究生教学场所应该从传统的教学课堂向实践基地教学课堂延伸，向专业学位研究生的实践领域延伸，有效地增加课堂外实践学习的机会，加强理论学习与实践应用的结合。❸刘国靖等则从横向课题视角出发，认为专业学位研究生的培养应聚焦实践问题，以横向课题牵引提高专业学位研究生培养质量。具体而言有四条路径：一是应有组织地指导专业学位研究生积极申请与专业密切相关的各级各类横向课题；二是应着力提高专业学位研究生围绕横向课题开展实务问题研究的创新能力；三是应以高标准课程论文写作指导为基础，全程跟踪指导专业学位研究生围绕横向课题研究的学位论文写作；四是应在横向课题研究中指导专业学位研究生准确把握

❶ 刘冰，闫智勇，潘海生.基于协同治理的专业学位研究生教育质量治理体系构建[J].学位与研究生教育，2019，314（1）：56-63.

❷ 李伟，闫广芬.专业学位研究生培养模式的理论探析与实践转向——基于分类观的视角[J].研究生教育研究，2021（5）：51-57.

❸ 曹雷，才德昊，张泰居.基于全过程与系统化思想的专业学位研究生培养研究[J].黑龙江高教研究，2018（1）：99-102.

应用性实务问题研究的特点规律。❶亦有学者从学位论文出发，认为要有效提升专业学位研究生论文质量，加强学位论文的研究训练，端正学位论文写作的态度，并落实学位论文指导过程。❷也有学者从招生角度出发，认为在招生阶段，一方面学校向学生和社会宣传两种学位的定位区别；另一方面学校严把生源关，在保证同等录取平台的前提下，在考试科目、录取制度等环节体现出定位差异，尽力选拔实践能力强、综合素质高的学生。❸其四，培养条件。培养条件主要集中在教师队伍建设和实践基地建设两方面。王筱静强调应建立师资分类制度，构建适应全日制专业学位研究生教育的师资队伍。具体而言：一是要建立分类选聘制度，选聘应用型教师；二是要建立分类培训与开发制度，多渠道培养应用型教师；三是要建立分类评价制度，制定适应应用型教师的评价体系。❹曹雷等提出要构建"理论—实践"系统化、多元化的高质量专业学位研究生导师队伍。首先，鼓励和支持高校教师走出去学习先进的教育理念与教学方法。其次，聘请和引进行业领域实践专家来校任教，推动高校专业学位研究生导师队伍的多元化建设。最后，建立高校教师和行业领域专家互动提升机制。魏峻等提出要构建以校外联合培养基地为主要方式，以校内重点实验室、工程中心和研究生创新实践基地为依托的多层次实践体系。❺王亮等认为培养单位应重视实践研修基地建设。一方面，高校可以与教育博士研究生工作单位签订联合培养教育博士研究生的协议，将具有理论研究价值且工作单位亟须解决的教育实践难题作为教育博士研究生的毕业论文选题，实现培养单位的理论科研

❶ 刘国靖，胡亚男.聚焦实践问题以横向课题牵引提升专业学位研究生培养质量 [J].研究生教育研究，2019（5）：65-69.

❷ 刘颂迪.云南省高校专业学位研究生培养模式分析及改革途径 [J].上海教育评估研究，2021，10（4）：52-56，62.

❸ 黄卫华，刘斌，章政.全日制专业学位研究生培养模式的调查研究——以就业需求为导向 [J].研究生教育研究，2014（5）：63-67.

❹ 王筱静.全日制专业学位研究生教育对师资队伍结构的挑战及对策研究 [J].学位与研究生教育，2014（3）：9-13.

❺ 魏峻，姬红兵，高晓莉.关于工程类硕士专业学位研究生培养方案改革的思考和建议 [J].研究生教育研究，2018（3）：30-35.

优势与工作单位的实践优势有机结合。另一方面，培养单位应结合自身学科优势，积极与教育行业企业、各级各类学校联合建立教育博士研究生实践研修基地，再现教育实践中的难题，以现场模拟的形式帮助教育博士研究生解决实际工作中的可能难题，以确保实践教学真正落到实处。❶ 其五，培养评价。武晋等提出以多维评价为手段，彰显多元价值与效果。一方面，应用型高校专业学位研究生培养质量评价需将政府、行业企业、高校、学生及第三方评价机构等多元主体纳入评价主体范围之内。另一方面，应用型高校专业学位研究生培养质量评价维度需涉及学术研究能力维度、实践应用能力维度、社会服务能力维度和可持续发展能力维度等。❷ 曹雷等认为对专业学位研究生的评价既要体现对其研究能力的考量，也要体现对其职业性和实践应用能力的考量，对此应将评价贯穿专业学位研究生教育的全过程，同时评价方式的延伸既要突出过程性和结果性评价，又要突出评价方式对导师指导的教育和指导功能；评价方式既要实现定性与定量评价的相互结合，也要推动教师评价和研究生评价及二者互评等多样化的评价方式。❸ 黄卫华等提倡改变以论文作为研究生培养的评价和毕业依据，鼓励学生的科研实践成果与市场需求接轨，重视以实践性为主要特征的科研成果，如专利、软件著作权和产品设计等。❹ 刘克非等构建了土木工程专业学位研究生培养质量评估指标体系，包括目标与标准、师资队伍、科学研究、人才培养、质量保证与教学支撑、社会认同 6 个一级指标、21 个二级指标和 61 个三级指标。❺ 陈昊珏以审计硕士专业学位研究生培养为例，认为由于各学校自身情况的特殊性，因此必须建立以高校自我评价为主体的审计硕士

❶ 王亮，郭丛斌.教育博士专业学位研究生培养质量满意度研究——基于某综合性高校教育博士研究生就读体验调查的实证分析 [J].学位与研究生教育，2020（4）：52-59.

❷ 武晋，张宇，黄利非.应用型高校专业学位研究生培养质量的提升 [J].教育与职业，2020（3）：34-41.

❸ 曹雷，才德昊，张泰居.基于全过程与系统化思想的专业学位研究生培养研究 [J].黑龙江高教研究，2018（1）：99-102.

❹ 黄卫华，刘斌，章政.全日制专业学位研究生培养模式的调查研究——以就业需求为导向 [J].研究生教育研究，2014（5）：63-67.

❺ 刘克非，肖宏彬，易锦，等.校企合作模式下土木工程专业学位研究生培养评估研究 [J].教育与教学研究，2017，31（3）：25-30.

专业学位研究生培养质量动态评估体系，以确保审计硕士专业学位研究生培养质量。❶

二、专业学位研究生教育实践基地研究

加强专业学位研究生教育实践基地建设对于巩固研究生理论知识和掌握实践技能具有非常重要的意义。目前，学者们对于专业学位研究生教育实践基地的研究仍相对薄弱，且主要集中在实践基地建设模式面临的困境、发展策略及其评价维度研究等方面。

（一）专业学位研究生教育实践基地的建设模式研究

专业学位研究生实践基地建设模式的探索对于实践基地的高水平建设具有十分重要的意义。周德红等则依据戴明 PDCA 循环管理模式，采用问卷调查方法从计划、实际操作、评估绩效及持续改进四个阶段构建了实践基地的管理模型，这对于优化专业学位研究生教育实践基地的管理模式有较大的示范意义。❷对基地建设模式的研究，学者主要结合了所在高校基地建设经验，从合作对象、实践内容等角度，对建设模式提出了不同的构想或分类方法。赵丁选等对燕山大学专业学位研究生教育实践基地建设模式进行了分析，具体包括高校—政府协同、高校—企业协同、高校校际协同和高校校内协同等模式，多主体协同共建省—校—院三级校外实践基地，为研究生专业实践提供科研场地、实验设备、实验设施及经费支持。❸顾洁等基于中国药科大学六年多来对实践基地建设的探索，形成了具有特色的基地建设规划和运行机制，即通过"一条主线、

---

❶ 陈昊珏. 审计硕士专业学位研究生培养体系研究——以南京审计大学为例 [J]. 扬州大学学报（高教研究版），2016，20（3）：67-70.

❷ 周德红，龚爱蓉. 全日制专业学位研究生实践基地管理模式 [J]. 价值工程，2018，37（12）：52-54.

❸ 赵丁选，王敏，卢辉斌. 多主体协同的工程专业学位研究生培养模式探索与实践 [J]. 学位与研究生教育，2021（12）：9-19.

二个场所、三方责任、四级培育"的"四维"定位，规划立体式实践基地建设模式。❶花向红等根据合作对象的不同，认为实践基地的建设可以分为"高校—企业—项目""高校—科研机构—课题"和"高校—事业单位—服务"等多种或交叉建设方式。❷徐伟等在分析工业设计工程专业学位研究生的学科特性基础上探索出实践基地建设的有效机制，形成了工业设计专业学位研究生"产学协同"培养模式，这为工科类的专业学位研究生实践基地建设提供了针对性的借鉴。❸杨坪等在总结工程硕士培养模式及主要问题的基础上，从制度建设与运行方式等维度阐释了实践基地联盟建设模式构想：制度建设包含企业导师遴选机制、学生考核评价机制、校企责权机制等；运行方式包括围绕课题建立长效滚动机制、随机抽查基地运行效果等；通过实践基地联盟建设模式，提高学校、企业、工程硕士的参与积极性，促进三者的互利共赢，实现基地的长效运行。❹马永红等分析研究了28个工程硕士示范培养基地的现状和特色，提炼出示范基地的人才培养模式，分别是本硕贯通培养模式、理论与实践并行培养模式、大工程团队集成模式，这些探索经验对我国专业学位硕士研究生实践基地建设具有启示和借鉴作用。❺曾冬梅等以广西大学为例，具体介绍了广西大学专业学位研究生教育实践基地的合作模式，分为"高校＋企业＋项目"合作形式、"高校＋科研院所＋课题"合作形式、"高校＋政府＋事业单位"合作形式，而在培养模式方面则主要采取的是两段式和双导师制。❻赵东介绍了北京林业大

❶ 顾洁，等.药学硕士专业学位研究生实践基地建设模式研究——基于中国药科大学实践基地建设的探索 [J].学位与研究生教育，2019（3）：19-23.

❷ 花向红，许才军，邹进贵，等.测绘工程专业硕士产学研实践基地建设模式 [J].测绘地理信息，2017，42（6）：117-119.

❸ 徐伟，吴智慧，关惠元，等.工业设计工程专业学位研究生校企联合培养基地建设与实践——以南京林业大学为例 [J].高教学刊，2017（23）：76-79.

❹ 杨坪，姜涛，黄雨，等.基于三方共赢的专业学位基地联盟建设探索 [J].教育教学论坛，2017（10）：27-28.

❺ 马永红，张乐，高彦芳，等.我国工程硕士联合培养实践基地状况分析——基于28个工程硕士示范基地 [J].学位与研究生教育，2016，（4）：7-11.

❻ 曾冬梅，薛文.专业学位研究生联合培养基地运作模式研究——以广西大学为例 [J].广西大学学报（哲学社会科学版），2015，37（5）：110-114.

学在机械工程领域专业学位研究生实践基地建设方面，探索了基于校企合作开展科学研究建设实践基地、基于产学研结合建设实践基地、基于校企研究所（室）建设实践基地、基于订单式人才培养建设实践基地等模式。❶陈小平等阐述了其所在高校全日制工程硕士研究生培养基地建设的三种模式，分别是领域类模式——依托大型企业建设、区域类模式——依托专业镇建设，以及行业类模式——依托行业协会建设。❷林桂娟等根据学校建设经验，提出了专业学位研究生建立实践基地的四种模式，分别为校企联合建立研究生工作站、校企合作开展课题研究、通过企业委培或校企联合办班培养研究生、订单式为企业培养研究生。❸胡喜生等探讨了研究生创新践基地的建设模式，认为可将其划分为认知实践、顶岗实习、技术咨询和挂职锻炼这四种模式。❹

（二）专业学位研究生教育实践基地的发展困境研究

刘莉等以东北师范大学为例，通过调查发现，目前联合培养基地的功能被弱化为实习基地，合作单位的主动性并未充分发挥；并且基地培养教师以学术导师为主，学术导师培养学生的思路和模式需要转变，"以学带专"很难突破；"双导师"制流于形式，实践导师参与培养过程并不多，有的实践导师甚至没有参与学生的任何培养工作。❺于立梅等认为目前基地存在高校与企业双方合作不深入、教育资源紧缺、部分专业学位研究生所学的课程与实际脱节、研究生

❶ 赵东.林业院校全日制工程硕士实践基地建设模式的探讨[J].中国林业教育，2013，31（4）：37-39.
❷ 陈小平，罗文标，曹蔚，等.全日制工程硕士研究生培养基地建设的思考与实践[J].学位与研究生教育，2012（2）：46-49.
❸ 林桂娟，於朝梅，王恬.专业学位研究生实践基地建设模式研究[J].中国农业教育，2012（1）：50-52，96.
❹ 胡喜生，邱荣祖，张正雄.研究生创新实践基地建设模式探讨[J].长春理工大学学报，2012，7（5）：106-107.
❺ 刘莉，黄颖，邹云龙，等.图书情报专业学位研究生联合培养基地建设探析——以东北师范大学为例[J].图书情报工作，2022，66（1）：83-88.

考核评价方式单一、实践环节未落实到位等问题❶。陈翱等基于 SWOT-PEST 模型分析了实践基地现状，从不同主体层面提出了实践基地存在的问题：就学校层面而言，存在运行体制不健全、管理制度不完善、课程教学无特色、培养内容与企业需求不匹配、评价不合理等问题；就合作单位层面而言，存在动力不足、投入较少、技术创新项目缺乏等问题；就导师层面而言，存在导师积极性不足、校内导师与基地导师权责不明等问题。❷李静茹等总结了目前专业学位研究生联合培养基地建设存在的问题，主要有四个方面：一是联合培养基地数量和质量难以满足现有专业学位研究生需求；二是研究生参与项目研究少，研究生的实践创新能力提升不明显；三是校外指导教师与研究生的关系不紧密，联合培养的效果不明显；四是联合培养基地建设的评价机制缺失。❸邹玲和华小梅通过分析 W 大学实践基地整体建设情况，归纳出当前实践基地建设普遍存在发展水平差异较大、供需矛盾突出、高校重学术的观念导致专业实践与论文撰写严重脱节等问题，另外校内外导师如何高效联合指导研究生实践能力水平的提升也是亟须解决的难题。❹哈书菊从实践教育基地的模式出发，分析法律硕士实践教育基地当前存在的主要问题和建设困境。❺付德波和牟龙华在利益相关者理论的基础上，介绍了同济大学专业实践基地面临的一些实际困境，包括高校和合作单位不同的利益主体如何制定统一的专业实践标准、校内导师要求学生参与自身课题研究致使学生实践时间被主观压缩、企业追求经济效益忽略对学生实践技能的培训等问题。❻张弛等根据全国教育专业学位研究生教育

❶ 于立梅，谭敏华，冯卫华，等 . 校企联合培养研究生实践基地建设的探索 [J]. 河南化工，2020，37（6）：65-67.

❷ 陈翱，黄丽 . 基于 SWOT-PEST 分析的研究生联合培养基地运行现状及对策研究 [J]. 黑龙江畜牧兽医，2017（11）：255-258.

❸ 李静茹，胡玉才 . 专业学位研究生联合培养基地建设有效性探析 [J]. 教育教学论坛，2017（32）：49-51.

❹ 邹玲，华小梅 . 研究型大学全日制工程硕士研究生实践基地建设的研究——基于 W 大学案例的总结与探索 [J]. 今日财富，2017（17）：194-196.

❺ 哈书菊 . 法律硕士实践基地建设研究 [J]. 黑龙江教育（高教研究与评估），2017（5）：51-53.

❻ 付德波，牟龙华 . 电气工程学科全日制专业学位研究生实践基地建设的改革与探索 [J]. 高教论坛，2016（2）：106-108.

指导委员会以及有关学者的调研，总结出目前专业学位研究生联合培养基地建设的实际过程中存在着企业的动力机制不足、管理体制机制不健全、知识产权保护机制缺失等困境，由此导致基地难以形成稳定可持续的长效机制。❶

（三）专业学位研究生教育实践基地建设的对策研究

根据实践基地存在问题及发展需要，学者们对基地的发展提出了对策建议。朱晓英提出进一步加强专业学位研究生教育实践基地建设，包括建立全方位实践管理体系，完善基地运行机制；建立多元化投入机制，建设高标准实践基地；建立激励约束机制，明晰指导教师责权利；建立实践成果考核机制，促进成果转化。❷杨玉强调工程硕士生教育实践基地建设需要政府、企业、学校共同发挥作用：一是要构建政策扶持保障体系，支持教育实践基地的建设，并厘清基地的运行机制，完善相关法律法规；二是强化"工程类"双导师队伍建设，加强校内外导师队伍的遴选与组建；三是构建立体多元的校企一体化建设机制，校企双方共同制定人才培养方案与课程体系，并联合构建基地考核评价机制；四是构建以实践案例为导向的专业教学体系。❸赖天恩结合目前全日制工程硕士校外实践基地开展现状，提出了建设策略：一是根据自身优势资源选择建设模式；二是搭建信息交流平台宣传优势资源；三是结合建设模式开展优势资源建设；四是建立资源相互依赖的规范性合作；五是用合并来处理资源相互依赖关系。❹李明磊等基于2013—2017年专业学位研究生调查的实证分析，强调各研究生培养单位应高度重视、切实行动，吸引企业行业实质性参与校外导师和实践基地建设，共同加强资源投入，进而继续积极完善"双导师"制度；

❶ 张弛，孙富强.全日制教育硕士专业学位研究生实践教学问题及对策研究 [J].学位与研究生教育，2014（10）：5-8.

❷ 朱晓英.专业学位研究生教育实践基地评估指标体系构建及实证研究 [D].保定：河北大学，2020.

❸ 杨玉.专业学位研究生教育实践基地建设的逻辑与出路——基于工程硕士生教育实践基地的研究 [J].教育科学，2019，35（5）：92-96.

❹ 赖天恩.全日制工程硕士校外实践基地建设研究 [D].广州：华南理工大学，2018.

同时，教育管理部门应统筹使用制度、政策等改革举措加强校外导师和实践基地建设。❶初旭新等基于对成功的实践基地的分析，提出了基地建设的关键点，认为制度建设是重要保障，资源投入是关键基础，师资队伍是纽带。❷张东海认为，可以通过多样化的合作方式，如长期合作、签约合作、短期合作、项目合作等，加强与行业单位的联系与合作建设实践基地，以满足学生的实习需求；同时，实践基地要规范管理，保障研究生实习过程中的工作权利与工作保障。❸陈小平等则从利益相关者视角出发，强调基地应加强治理，提出基地应构建包括利益相关者协同联动的管理与运行机制、强化利益相关者诉求的激励机制及内外部治理相结合的治理机制。❹李献斌、刘晓光从国家层面和学校层面建议国家出台政策支持地方政府、企业与高校合作共建实践基地，构建高层次人才的评价体系等；并建议学校要创新培养模式，强化实践教学，推动协同创新。❺而郑金海、苏青基于学校视角和合作单位视角，建议构建"双导师制"培养模式，建立合理的考核管理制度，完善学生安全保障、基地培养经费等基地体系。❻

（四）专业学位研究生教育实践基地的评价研究

当前，关于专业学位研究生教育实践基地评价指标的研究相对较少。朱晓英运用文献分析和政策文本分析及实地调研等研究方法提炼出评估专业学位研

❶ 李明磊，黄雨恒，周文辉，等 . 校外导师、实践基地与培养成效——基于 2013—2017 年专业学位硕士生调查的实证分析 [J]. 中国高教研究，2019（11）：97-102.

❷ 初旭新，黄玉容，杨庆 . 产学研联合培养研究生基地建设模式研究——基于北京工业大学污水处理研究生联合培养实践基地的分析 [J]. 学位与研究生教育，2018（10）：31-35.

❸ 张东海 . 专业学位研究生实践能力培养体系及其成效研究——基于传统研究生院高校的调查 [J]. 中国高教研究，2017（6）：82-89.

❹ 陈小平，孙延明，曹蒟，等 . 全日制硕士专业学位研究生联合培养基地治理机制探析——基于利益相关者的视角 [J]. 学位与研究生教育，2015（8）：15-20.

❺ 李献斌，刘晓光 . 全日制专业学位研究生实践基地建设研究 [J]. 中国农业教育，2012（5）：22-25.

❻ 郑金海，苏青 . 研究生联合培养基地建设的实践与思考 [J]. 江苏高教，2011（6）：90-91.

究生教育实践基地的主要维度和具体指标，通过专家咨询方法，最终构建出包含组织管理、基础条件、人才培养、合作成果4个一级指标，包含组织机构、师资条件、实践指导、科研成果4个二级指标和35个三级指标构成的专业学位研究生教育实践基地的评估指标体系，形成了解释影响实践基地建设水平的关键要素。● 初庆东和王殿君通过分析专业学位研究生教育实践基地建设中存在的问题，把实践基地建设的评价分为基地功能多元性、教育资源完善性及科研和实践能力水平三个主要方面。● 杨亚娟则针对实践基地建设的绩效情况，初步构建了包含基地条件、管理制度、人才培养、合作成果四个维度的广东省专业学位研究生联合培养基地绩效评价指标体系；通过专家咨询法，对指标进行筛选和修改，确定最终指标，并运用层次分析法（AHP）对指标进行赋权；最终建立了由基地条件、管理制度、人才培养、合作成果4个一级指标，人员配备、基础设施、资金投入等12个二级指标，导师队伍、管理队伍、研发团队等29个三级指标构成的专业学位研究生联合培养基地的绩效评价指标体系。● 杨玉在分析实践基地建设需求和建设条件的基础上，认为实践基地的评估主要从实践基地功能的层次性与多元性、实践基地联合培养的数量与程度、实践基地师资储备情况、科研水平、硬件条件和制度保障情况五大方面进行。● 李鹏认为在评价指标体系建立的过程中，要全面考虑各种相关因素的影响，突出应用型、创新型产学研联合培养模式的特点，充分发挥评价体系的导向作用。●

三、文献述评

综观前述专业学位研究生培养模式的已有研究，不难看出，专业学位研究

● 朱晓英.专业学位研究生教育实践基地评估指标体系构建及实证研究 [D].保定：河北大学，2020：85.

● 初庆东，王殿君.试论专业学位研究生教育实践基地的评价及建设对策 [J].教育现代化，2018（21）：87-88，93.

● 杨亚娟.专业学位研究生联合培养基地绩效评价指标体系研究 [D].广州：华南理工大学，2016：101.

● 杨玉.专业学位研究生教育实践基地建设及评价研究 [J].高等农业教育，2016（6）：98-101.

● 李鹏.产学研联合培养研究生模式与策略 [J].继续教育研究，2015（10）：86-87.

生培养模式的研究成果较为丰富，尤其是在构成因素和存在问题及改革路径等方面得到了研究者的高度关注。对专业学位研究生培养模式相关文献的梳理，使我们对专业学位研究生本质特征及其培养定位有了明确的把握，为教育实践基地的建设定位提供了方向；同时，对培养模式构成要素和存在问题相关文献的梳理，为教育实践基地质量评估具体指标提供了相关理论基础与依据。

此外，关于专业学位研究生教育实践基地质量评估的相关研究亦为本书提供了一定的理论基础与建议，但从以上对高校专业学位研究生教育实践基地质量评估的总结、分析来看，目前相关研究还存在很多不足之处，主要有以下几点。

一是成果数量少，针对性弱，且具有滞后性。以"实践基地建设""评估""专业学位研究生教育"为主题词在中国知网上进行精确检索时，仅仅查找到54篇相关文献，并且这54篇文献的内容也不切合专业学位研究生教育实践基地建设。以"专业学位研究生教育实践基地"为主题词，仅查找到44篇论文，其中仅有1篇为核心期刊。以"专业学位研究生联合培养基地"为主题词，能查找到101篇论文，其中仅有2篇核心论文。总体而言，相对于实践基地建设的实际发展情况，相关研究具有滞后性。

二是研究角度单一，交叉研究有待加强。专业学位研究生教育所涉及的专业、行业与产业非常广泛，相对于学术型研究生教育，具有实践性、应用性强的特征。仅仅从教育学和管理学的狭窄视角，研究还不能满足现实需求，需要综合化、多元化的研究视角、研究方法、研究主体，这样才能提升研究水平和质量。此外，目前关于高校专业学位研究生教育实践基地质量评估的研究成果有限，研究视角多以某个领域专业学位研究生教育实践基地建设及教师的评价体系为主，并没有提出较为系统和完整的高校专业学位研究生教育实践基地建设质量评估的机制。

三是定性研究多，定量研究少；经验总结法多，调查法和文献法少。从学者所用的研究方法来看，大部分学者进行定性研究，定量研究则运用较少。通过经验总结进行研究的学者相对比使用调查法和文献法的多。在进行专业学位研究生教育相关问题研究时，不能单纯总结经验、采用定性和思辨的方法。要想进行深入研究，必须考虑到专业学位研究生教育的独特性，剖开问题表象才能真正了解其内在实质问题，从而解决发展中所遇到的难题。

四是科学评价研究欠缺，直接导致科学指标的匮乏。从学者主要的研究内容来看，有些学者的研究多为在专业学位研究生教育实践基地建设过程中的探索收获，还没有形成科学的系统的理论研究成果。科学评价研究较少，也直接导致了科学指标的缺乏。

总体而言，专业学位研究生教育实践基地质量评估的现有研究成果还存在诸多缺陷。基于以上分析，我们提出以下研究展望。

一是强化实证调查研究，开展多层次、宽领域的深度探索。在专业学位研究生教育研究问题上，若要获得理性判断和新的价值取向，必须获取到真实的各类相关统计数据。但就目前来看，大多数统计资料并不明晰，并且与学术学位研究生数据混合呈现。因此，需要我们强化实证调查研究，并且运用多样化的方法获取信息与数据。除此之外，还要拓宽、加深专业学位研究生教育的研究领域。在宏观层面上，加强相关法律法规、政策和保障体系的研究；在中观层面上，对于区域内专业学位研究生教育的整体布局、特色学科和典型高校案例要进行深入剖析，同时还需预测市场需求；在微观层面上，要基于实证方法从培养目标、教学方法、教学内容、授予学位标准等方面将专业学位与学术学位进行分类、对比研究，构建具有逻辑性的专业学位研究生教育研究体系。

二是从多学科角度进行研究。专业学位研究生教育的研究内容、维度相对复杂多样，具有理论与实践相结合的特点。为了得到更为科学、理性的研究结果，一定要避免单一性和片面性，采用多学科的角度来审视问题。无论是同一领域还是不同领域的专业学位研究生教育，都应从多学科视角进行研究，从而有效地将专业学位研究生教育的理论研究成果应用于实践中。随着学术研究的繁荣发展，学科不再是单纯的某一领域的知识，而是形成了你中有我、我中有你的局面，多学科角度的研究方法已成为大势所趋。在专业学位研究生教育的研究中也是如此，应从不同学科的角度解释教育现象、揭示教育规律、解决教育问题，力图规避偷换概念（以一种理念代替另一种理论）、以偏概全（以一种理论解释全部教育问题）的现象发生。

同时，通过分析现有的相关研究，我们可以发现，高校专业学位研究生教育实践基地质量评估的理论依然有很大发展空间。从实践研究的角度来说，高校专业学位研究生教育实践基地的良好建设有赖于加强评价研究，更为重要的是建立科学的评估指标。要想切实提高学生的实践能力，就必须大力推进专业学位研究生教育实践基地的建设，从而才能达成专业学位研究生的培养方案目标，培养出合格的应用型人才。从理论研究的角度来说，专业学位研究生教育实践基地质量评估需要调整研究方法、拓展研究视角。经验总结法固然有利于将自身模式发扬光大，但也应该在研究的过程中注意到其存在的问题，在交流中不断改进评估体系和评估指标。

第四节　专业学位研究生教育实践基地质量评估研究思路、内容、框架与方法

一、研究思路

本书遵循"为什么评—评什么—如何评"这一逻辑线索，以专业学位研究生教育实践基地建设评估为目标和方向，通过强烈的现实选题立意、系统的历史梳理、深入的问题分析、鲜活的案例解读、适切的对策指引，系统而又深入地探讨我国专业学位研究生教育实践基地建设的现状、存在的问题和发展困境，找准质量评估的相关因素，构建实践基地质量评估体系及质量评估的保障措施。主要包括五个方面：第一，在深入调查研究的基础上，厘清我国专业学位研究生教育实践基地的发展现状，充分掌握第一手的真实情况；第二，根据我国专业学位研究生教育实践基地的发展现状，深入剖析我国专业学位研究生教育实践基地建设目前存在的问题、现实挑战与发展困境，从而引出为什么要进行实

践基地质量评估；第三，根据国内外专业学位研究生教育实践基地的典型案例，总结出专业学位研究生教育实践基地建设的经验与教训，梳理出实践基地质量评估的相关因素，即我们应该评什么；第四，构建我国专业学位研究生教育实践基地质量评估体系，也就是回答如何评；第五，在建立质量评估体系的基础上，提出我国专业学位研究生教育实践基地的具体建设策略。

二、研究的主要内容及框架

本书以全国专业学位研究生教育实践基地为研究对象。研究内容主要包括：第一，厘清我国专业学位研究生教育实践基地的发展现状；第二，剖析我国专业学位研究生教育实践基地建设存在的问题、现实挑战与发展困境；第三，对国内外专业学位研究生教育实践基地建设的典型案例进行研究；第四，找出我国专业学位研究生教育实践基地质量评估相关因素及构建评估体系；第五，提出我国专业学位研究生教育实践基地的建设路径。本书遵循"为什么评—评什么—如何评"三个递进式问题进行研究，总体框架如图 1-1 所示。

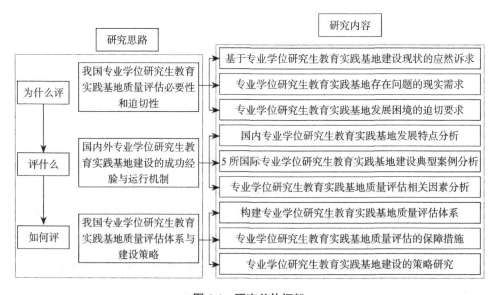

图 1-1　研究总体框架

第一，专业学位研究生教育已经有二十多年的历史，但实践基地建设是近几年的事情，虽然国家政策要求建立，但由于没有硬性要求，各校甚至各个二级学院执行的情况都不尽相同，不但需要详细梳理相关文献并实地考察我国不同省份、不同区域、不同学校甚至校内不同二级学院的具体情况，而且要梳理出国内外专业学位研究生教育实践基地建设的典型案例等，这既是本书的重点，也是拟突破的创新点。

第二，专业学位研究生教育实践基地质量评估，必然要找出相关评估要素，实践基地建设涉及人、财、物等方方面面，如何在相关因素中确定评估要素，既要定量分析，又要有针对性。因此，我国专业学位研究生教育实践基地质量评估是一项复杂的系统工作，除了建立一套评估指标体系外，还必须在师资团队、资源支持、组织运行、评价机制等方面采取一系列保障性策略。如何更好地提出具有操作性和针对性的策略，将是本书的研究难点。

本书的主要目标包括五个方面：第一，在深入调查研究的基础上，厘清专业学位研究生教育实践基地的发展现状；第二，根据我国专业学位研究生教育实践基地的发展现状，深入剖析我国专业学位研究生教育实践基地建设存在的问题、现实挑战与发展困境；第三，根据国内外专业学位研究生教育实践基地的典型案例，总结出专业学位研究生教育基地建设的经验与教训；第四，确定主要评估因素，构建我国专业学位研究生教育实践基地质量评估体系；第五，提出我国专业学位研究生教育实践基地的建设策略。

三、研究方法

本书综合运用文献研究法、案例研究法、比较研究法、调查研究法等方法进行研究。

（一）文献研究法

文献研究法主要指搜集、鉴别、整理文献，并通过对文献的研究形成对事实的科学认识。具体而言，笔者通过 CNKI、万方书库、维普资讯、EBSCO 等数据库查找大量与本书相关的文献。一是通过对国内外相关研究的回顾与分析，归纳专业学位研究生培养模式的基本构成要素与存在问题，概括专业学位研究生教育实践基地的建设与评价指标研究情况，为本书指标体系的构建提供理论依据；二是在系统梳理相关文献的基础上明确界定"专业学位研究生教育"和"专业学位研究生教育实践基地"的概念。

（二）案例研究法

立足我国专业研究生教育发展实际，积极借鉴国外有益的经验和做法。高质量建设的专业学位研究生教育实践基地对于提升专业学位育人水平有重要的推动作用。因此，本书选择了在专业学位研究生教育实践基地具有典型示范作用的美国、英国、澳大利亚等国作为具体案例，从相关政策发布、基地建设的基本状况及主要经验三大方面进行梳理分析，为我国专业学位研究生教育实践基地质量评估提供依据和有益借鉴。

（三）调查研究法

调查研究法是一种采用访谈、观察、问卷等方式搜集研究资料、了解事实并进行分析的研究方法。本书通过对全国 10 个专业学位研究生教育实践基地的实地考察，直观感知专业学位研究生教育实践基地建设基本情况；通过线上线下相结合的方式，对实践基地专业学位研究生进行问卷调查，分析其对教育实践基地的满意度；此外，还对教育实践基地的管理人员、导师及学生进行访谈，以了解专业学位研究生教育实践基地建设现状、存在困境及影响因素。

第二章 专业学位研究生教育实践基地 质量评估的理论基础与现实动因

　　专业学位研究生教育实践基地质量评估需要遵循专业学位研究生教育实践基地的本质特征和教育质量评估的本质特征，以保障评估的科学性与合理性。专业学位研究生教育实践基地的建设需要调动内外部关联要素，以开放系统的形式激活因子集群，保障基地各子系统各要素相互协调合作，实现跨界的对话与协商决策，确保基地建设的高质量。而专业学位研究生教育实践基地质量评估本质上属于教育评估的一个子系统，具有教育评估的本质特征与要求。基于此，本书将以协同理论和教育评价理论作为理论基础，通过分析协同的概念和内容，以及教育评价的概念、特点和功能，为专业学位研究生教育实践基地质量评估的研究提供理论支撑。

　　专业学位研究生教育实践基地质量评估具有其独特的现实动因。当前，科学技术突飞猛进，新知识、新理论、新技术日新月异，职业分化越来越细，职业的技术含量和专业化程度越来越高，对专门人才的需求呈现大批量、多规格、高层次的特点。而专业学位研究生教育实践基地是专业学位研究生教育教学过程中突破自身瓶颈、提高人才培养质量的一项重要举措。基于时代的变化与发展，对专业学位研究生教育培养模式的改革必然要求加强专业学位研究生教育实践基地建设，保障其质量。而为进一步推进研究生教育改革与发展，鼓励专业学位研究生培养单位积极探索和创新符合专业学位教育特点、具有鲜明特色的研究生专业学位教育培养模式，我国出台了一系列政策进行规范与指导。

第一节 专业学位研究生教育实践基地 质量评估的理论基础

对专业学位研究生教育实践基地质量评估的研究，需要有一定的理论支撑。专业学位研究生教育实践基地，是以推进产业变革和提高生产能力为导向，以具有硕博学位授予权的高等学校为主体，依托研发能力较强的高新企业和科研院所等单位共同建立的人才培养平台。专业学位研究生教育实践基地建设所需要的基础条件、管理模式、实践教学培养模式、研究生实践管理与考核、师资队伍建设、实践教学基地的权利和义务等各个方面都会影响专业学位研究生教育实践基地的目标实现和效果。因此，专业学位研究生教育实践基地的建设需要协同共治以保障基地质量。同时，专业学位研究生教育实践基地质量的评估亦需相关教育评价理论为基础，坚持教育评价原则与一般程序。

一、协同理论

引入协同理论框架，对专业学位研究生教育实践基地质量进行分析，以期为教育实践基地质量评估指标的提出提供理论依据。

（一）"协同"概念的提出

联邦德国斯图加特大学心理学和理论物理学教授赫尔曼·哈肯（Hermann Haken）于1971年最早提出"协同"的概念。"协同"一词在英文中有 synergy、collaborate、cooperate、coordinate、associate、teamwork 等多种表述，意为协作、合作、配合、协调等。哈肯认为，所谓协同，"是指系统中各子系统的相互协调、合作或同步的联合作用及集体行为，结果是产生宏观尺度上的结构和功能"。❶ "协同学"（synergetics）源自希腊文，意为"协调合作之学"，又称"协和学""协同论"。哈肯在 20 世纪 60 年代主要致力于激光研究，受激光非线性作用现象的启发而逐渐转向协同学研究。1970 年，他在斯图加特大学冬季学期讲课中首次提出"协同学"这一概念。1971 年，他与自己的学生兼合作者格拉哈姆（R.Graham）合作撰文《协同学：一门协作的科学》，第一次正式介绍"协同学"的主要概念和基本思想。1972 年，在联邦德国埃尔姆召开了第一届国际协同学会议。次年，该次国际会议的论文集《协同学》出版。1977 年，哈肯出版了《协同学导论》一书，建构了协同学的基本理论框架。1983 年，《高等协同学》著作问世，协同学理论趋于成熟。哈肯认为，"我们可以把协同学看成是一门在普遍规律支配下有序的、自组织的集体行为的科学"❷。此后，哈肯相继出版了近 20 本关于协同学的专著，协同学作为一门专门研究不同事物结构共性与融合机理的横断学科，获得了不断的创新发展。

（二）协同理论的主要内容

协同理论旨在发现系统结构赖以形成的普遍规律，它的主要内容可以概括为协同效应、伺服原理、自组织原理三个方面。❸ 本书按照这一分类，也分三个方面进行阐述。

1. 协同效应

协同效应（synergy effects）是指由系统的协同作用而激发的整体效应或集体效应。简单地说，协同效应就是"1+1>2"的增效效应，在经营、管理、财务协同方面运用广泛。协同效应主要有内部与外部两种情况。内部协同效应主要指由系统内部子系统的序参量有机协同而产生的结构效应；外部协同效应主要指由系统与外部特定环境的参量交互共享而产生的集群效应。协同作用是系

❶ H. 哈肯 . 协同学 [M]. 凌复华，译 . 上海：上海译文出版社，1995：7.
❷ H. 哈肯 . 协同学：自然成功的奥秘 [M]. 戴鸣钟，译 . 上海：上海科普出版社，1988：9.
❸ 白列湖 . 协同论与管理协同理论 [J]. 甘肃社会科学，2007（5）：228-230.

统有序结构形成的内驱力。协同理论认为，系统协同效应发挥的程度与系统内部各子系统或组成部分的协同作用呈正相关关系。如果一个创新系统内部各要素能够围绕目标齐心协力、相互协调配合，那么就能产生较强的协同效应；反之，若创新系统内部相互掣肘，彼此离散，整个系统将陷入混乱无序的内耗状态，协同效应也就无从谈起。

2. 伺服原理

"伺服"（servo）一词源于希腊语，是"奴隶"的意思。伺服原理，即快变量服从慢变量，序参量支配子系统行为。"序参量"是协同理论的核心概念，为协同创新系统提供了新的理论视角，能够解释系统如何在临界点上发生相变以及序参量如何主导系统产生新的时间、空间与功能结构。伺服原理从系统内部稳定因素和不稳定因素间的相互作用方面描述了系统的自组织过程。其实质在于规定了自组织临界状态上系统的进化原则——"快速衰减组态被迫跟随于缓慢增长的组态"，即系统在接近不稳定点或临界点时，系统的动力学和突现结构通常由少数几个集体变量即序参量决定，而系统其他变量的行为也由这些序参量支配或规定。

3. 自组织原理

"自组织"是相对于"他组织"而言的，指系统内的有序结构或这种有序结构的形成过程。自组织是指无须外界特定指令就能自行组织、自行创生、自行演化，能够自主地从无序走向有序，形成有结构的系统。这种无须外界驱动、通过系统自身的调节和演化就能实现有序状态的特性称为自组织性。一个系统的自组织性越强，其产生新功能的创造潜力就越强。哈肯根据自组织运动的不同方式把自组织分为三种类型：改变控制参量引起的自组织、改变组分数引起的自组织和瞬间引起的自组织。自组织原理旨在解释系统从无序状态向有序状态相变的过程，其实质在于探寻系统内部实现自组织的机制。协同理论认为，系统开放、远离平衡、非线性作用、自由涨落是自组织产生的基本条件；协同则是自组织的形式与手段，能够促进分散的、自组织的创新活动在竞争与合作的框架下实现有序化，形成整体的协同发展优势。

专业学位研究生教育实践基地的建设亦需要在坚持协同理念的原则下，各主体、各要素协调一致，相互配合，唯有如此才能实现其育人目标。首先，就实践基地建设主体而言，企业和高校是基地建设的中心主体，实现目标需要二者的相互配合、共同治理。企业作为以营利为目的的经济组织，进行基地建设的目标在于通过基地人才培养，一方面获得更高层次的应用型人才、降低企业人才培养成本、提高企业经济效益；另一方面利用科学技术成果的转化获得企业经济效益。高校作为非营利机构，进行基地建设的目标在于提高专业学位研究生的培养质量，为社会发展输送高层次人才。由于高校资源有限，因此需要寻找合作对象，共同对专业学位研究生的创新实践能力进行培养。可见对于教育实践基地的建设，企业与高校均从各自的利益视角出发，具有不同的培养目的，但我们要明确的是，这两大主体目标需通过教育实践基地的人才培养来实现。因此，基地建设过程中，企业和高校要明确其建设目标在于育人，要为实现这一目标而齐心协力、相互配合。其次，就基地建设要素而言，教育实践基地的建设需要基地条件、课程教学、导师指导、组织管理等培养要素的协调一致、相互配合。基地人才培养需要科研场所、科研设备等实践条件，亦需生活保障等基本条件；需要合理的课程结构、教学方法等课程教学条件，亦需人才培养方案、课程考核等课程管理条件；需要校内导师与基地实践导师的共同指导，亦需基地科研团队的指导；需要规章制度的保障，亦需组织机构的组织管理。专业学位研究生教育实践基地需在坚持协同理念下，构建涉及基地建设方方面面要素与要求的质量评估指标体系。

二、教育评价理论

（一）教育评价的概念

我们把教育评价界定为：教育评价是评价者根据一定社会确定的教育目标

和价值标准，对教育活动满足社会需求与受教育者需要的程度作出判断的活动。把握这一界定，要重点理解以下四点。

第一，评价依据。任何教育都是一定社会的教育，教育目标是一定社会所规定的，它不仅决定教育方向和人才培养目标，也决定着教育行为的具体取向，因而，教育评价必须以教育目标为基本依据。从根本上说，教育评价就是评判教育目标是否实现及实现的程度。价值标准是一定价值观的具体化，它既体现在教育目标中，也规定着教育评价的价值取向。没有价值标准，就无法对教育活动做出价值判断。每一个具体的、特定时空的评价，都有自己的具体评价标准。但这些标准都是基本的价值标准的具体化和细化，归根到底都是基本价值标准决定的。我国是一个多元经济结构的社会，价值观也是多元的。在多元价值观存在的社会里，教育评价要以主流的价值观及由此而制定的价值标准为依据，只有坚持这一点，才能保证教育评价的正确方向，也才能促进教育活动价值增值。

第二，评价界阈。界定中的教育或教育活动的外延是其活动的全部。从参与者或载体来说，包括学生、教师和管理者等；从活动类别来看，有学习活动、教育教学活动、管理活动等；从每一项活动的内容来看，更是五彩纷呈。教育评价的界阈是教育活动的全部，包括对一切教育活动和与教育活动有关的一切人员、机构、方案等的评价。

第三，评价本质。教育评价的本质是价值判断。教育是人类有意识的、自觉的社会活动，它受制于社会的政治、经济、文化，又能动地满足社会的政治、经济、文化发展的需要。而教育满足于社会政治、经济、文化发展的需要又是通过人才培养实现的，这就是教育的价值，也是教育存在和发展的根源。教育的价值不是被动的，而是能动地为社会和个人发展的需要服务。教育评价就是要对教育活动提供给社会和个人发展的价值作出判断，以增进教育活动的价值，推动社会和个人的发展。

第四，教育评价要关注社会发展的需要，也要关注受教育者个人发展的需要。教育活动的主体，既包括社会，也包括受教育者个人。教育活动既要满足社会的需要，也要满足受教育者个人的需要。教育评价不仅要对教育活动满足社会需要的程度作出判断，也要对其满足受教育者个人需要的程度作出判断，两者不能偏废，不能扬一抑一，更不能取一舍一。教育满足社会需要的关系是教育的社会价值（外在价值），这是教育的重要价值；教育满足受教育者个人需要的关系是教育的个人价值（内在价值），这也是教育的重要价值，甚至是更重要的价值，因为教育满足社会的需要，主要是通过具体人才培养来实现的。因此，衡量教育价值，既要看其是否满足社会发展的需要，也要看其是否满足个人发展的需要。

（二）教育评价的特点

1. 教育评价是以事实判断为基础的价值判断

价值判断是评价者根据价值主体的需要，判断价值客体是否满足价值主体的需要及在多大程度上满足价值主体的需要。这一判断是建立在对价值客体事实状况了解的基础之上的，也就是建立在对客体的事实判断的基础之上的。事实判断要回答客体本身是什么、怎么样的问题，而价值判断必须以事实判断为基础，回答客体对主体有什么意义，在多大程度上满足价值主体的需要或达到价值主体的要求。事实判断和价值判断是人们认识外界和自我的两种最基本的方式。

教育评价的本质是价值判断，是对教育现象的价值作出判断。这一判断当然也必须以教育现象的事实判断为基础，否则，对教育现象的价值判断就会成为毫无根据的主观臆断。科学研究重在事实判断，即揭示事物的客观规律；评价重在价值判断，即揭示事物的价值、意义。教育评价必须在充分获得教育现象现状和结果信息的基础上进行价值判断，才能真实、准确地认识教育现状，自觉主动地改革教育现状，从而实现教育的价值目标。

2. 教育评价的基本标准是国家的教育目标

任何评价都离不开标准，没有标准就无法判断事物的优劣高低。教育评价是对教育活动的判断，当然也离不开标准。虽然每一个特定的评价都有其具体的评价目标、标准，但各种教育评价共同的基本标准是教育目标。教育目标是根据人与社会发展的需要，对教育活动的目的、方向和要求的规定，是教育活动的结果所应达到的标准、规格和状态，它是教育工作的出发点和归宿，是评价教育活动成效的依据。教育目标可以分为总目标和具体目标，国家教育方针规定的是国家教育的总目标，各级各类学校、各学科教学、各种教育活动都有自己的具体目标。总目标和具体目标是相对的，它们都可以分解为不同层级的子目标，子目标是更为具体的目标，是评价教育活动最直接的依据。

3. 教育评价具有连续性和系统性

教育是一种有目的、有计划、有步骤的实践活动。教育现象的发展变化、受教育者的发展变化，要在一定的时空中反映出来。从纵向看，任何教育现象都是在原有的基础上发展变化来的，因此，评价教育现象要有连续性，不能只看教育现象在某一时刻的点值，例如，不能以学生的某一次考试分数论其优劣，而要看他的学习基础和努力程度等。同时，从横向看，教育现象的发展、学生的成长等是受多方面因素制约的，因此，评价教育现象要具有系统性、全面性，教育评价活动必须通过各种测验、调查、访谈等方式，全面、系统地而不是零碎地获取教育活动或评价对象的信息资料，这是教育评价活动赖以进行的基础。不调查就评价，只能是主观臆断。信息资料的系统性、可靠性直接影响评价结果的可靠性、有效性。例如，对学生的评价，不能仅凭学科考试成绩，而是要全面收集学生多方面的表现，进行全面评价，才能符合客观事实。

4. 教育评价过程是主客体互动、评价与指导统一的过程

教育评价作为教育管理的重要手段，是为了改进工作和学习，提高工作和学习质量，这是评价者和被评者共同的目标。所以评价中评价者和被评者应是相互协商的，尽量促使被评者参与并取得评价者的支持，重视被评者的自我评价。对于发现的被评者的不足之处，评价者应与被评者相互沟通，取得被评

者的认可，并有责任帮助被评者分析原因，提供或创造条件帮助、指导被评者改进工作和学习。如果只评价而不指导，那么评价就不是手段，而成了目的。做到主客体互动、评价和指导统一，才能达到改进工作、提高质量的目的。

5. 教育评价是一种心理特征鲜明的主体性活动

评价者对客观事物作价值判断时，一方面要以事实为基础；另一方面又受评价者价值观的影响，可以说价值判断是客观性与主体性高度统一的一种活动。教育评价活动中，评价者的认知水平和心理因素会影响评价结果的可靠性；同时，评价对象是活生生的人，且教育评价的主客体双方都是有感情的认知主体，个人的情感、兴趣、爱好、倾向等，会强烈影响对教育活动的价值判断，这是价值观主体性的必然反映。对于同一教育现象或活动，由于评价者的价值标准不同、需要不同，其评价过程和结果都可能不同。在进行或接受教育评价活动时，主客体双方都必然会引发一些心理效应，或是积极的，或是消极的。因此，要使教育评价达到纠正不足、促进发展的目的，就必须了解双方的需要，弄清楚评价过程中评价者和被评者双方可能产生的心理现象，并进行有效调控。

（三）教育评价的功能

教育评价的功能是多方面的，这里概括如下。

1. 导向的功能

在教育评价活动中一般要根据评价目标设计评价指标和标准，然后依据评价标准进行评价。评价指标、标准与评价结果存在内在联系，不同的评价内容、标准会得出不同的评价结果，因此，评价内容和标准就像一个指挥棒引导人们活动的方向。在实际的教育活动中，教育评价的导向作用十分明显。例如，教育评价评什么，教育活动的实施者就趋向于重点抓什么；教育评价给予怎样的教育行为以高的评价，教育活动的实施者就趋向于采用怎样的教育行为，教育评价能控制教育行为的方向和侧重点。同时，评价目标对于社会或个人都是有意义的，所以人们在实现目标的过程中，又会根据自己对目标价值的判断来决定努力的程度。如果目标价值大，就会表现出高度的积极性；如果目标价值不大，就会表现出较低的积极性。可见，评价对象的积极性受目标价值的影响。

发挥教育评价的导向功能，要求在制定教育评价方案时，既要考虑到社会的需要，又要注意满足被评者的需要，把人们引导到既符合社会发展规律又能满足个体需要的目标上去。发挥教育评价的导向功能，主要是通过建立以评价指标和标准为核心的评价体系实现的。例如，为了更好地实现课程改革的目标，我国就提出要建立发展性的学生评价体系、教师评价体系和教学评价体系，确定以促进学生的自主全面发展、促进教师提高和改进教学实践为目标的教育质量评价标准，强化了教育评价的导向功能，引导教育行政部门、学校、教师调节教育方向、教育教学目标和教学行为等。

2. 诊断的功能

教育评价通过获取教育活动的实际状态、影响教育活动过程和发展方向的各种因素及教育活动对参与者的影响等方面的信息，对其进行整理、分析，能够发现教育活动或被评对象哪些地方欠缺或偏离目标的要求，使被评对象发挥长处、改进不足。教育是一种有目的的活动，为了达到预定的教育目标，我们必须对教育者和被教育者进行有效的指导，正确有效的指导来自准确的诊断。教育评价能帮助人们找出关键问题所在。准确的诊断有利于教育活动的改进和教育教学质量的提高。发挥教育评价的诊断功能，要求评价者既要熟悉教育活动，又要摆脱经验的框架，每一次评价，都要实地了解教育活动的各种信息，并认真分析，才能作出对这一具体的、特定的教育活动全面的、切合实际的诊断。

3. 鉴定的功能

在教育评价中，鉴定可以归为三种类型。一是水平鉴定，根据一定的标准，鉴定评价对象达到标准的程度。例如，鉴定学生的发展水平、教师的教学水平、学校的管理水平等。二是评优鉴定，即通过对评价对象相互之间的比较，评定优者。三是资格鉴定，即对评价对象是否具有从事某种活动的资格进行鉴定，如教师资格、管理人员资格的鉴定等。早期的教育评价，以发挥评价的鉴定功能为主要特征，如泰勒的"行为目标模式"。现代教育评价要全面实现评价的功能。教育评价鉴定功能的发挥，有赖于教育评价内容和标准的科学性及评价结果的可靠性和有效性程度。

4. 改进的功能

教育评价的改进功能与形成性评价、诊断性评价密切相连。教育过程是一个不断发展变化的过程，需要不断完善和改进才能保证和提高教育教学质量。教育评价作为教育活动的重要环节、教育管理的重要手段，本身就是改进教育活动的具体体现。伴随教育活动过程的评价，通过收集、筛选、分析加工教育活动或评价对象的有关信息，能够真实地将评价对象的状况显示出来，帮助我们发现教育活动或评价对象存在的主要问题，及时将信息反馈给评价的有关当事人，为他们分析问题原因、及时解决问题提供重要依据。评价的改进功能的实现，要求评价者深入教育活动的实际，了解真实情况，与被评者相互沟通，协商讨论评价中提出的问题，取得被评者的认可，并帮助被评者研究改进提高的途径和办法。

5. 激励的功能

激励就是激发动力或调动积极性。合理的、适时的评价，有利于公平竞争，能调动多方面的积极性。通过科学评价、明辨是非、区分优劣，既可以为管理者提供决策服务，也可以为被评者或被评单位提供反馈信息，使管理者、教育者、受教育者明确自己的优点与不足。知道自己工作、学习好在什么地方，能给人以发扬成绩的动力和某种精神上的满足，能较好地促进人们工作、学习的积极性和热情，让人们自觉全力投入工作或学习；清楚自己工作、学习的具体欠缺，能使被评者或单位有针对性地、自觉地改进不足之处，提高工作和学习效率。

激励功能的实现，要求评价者必须严肃、认真、负责地组织评价活动，使评价科学、公正、公平、合理，要及时、灵活反馈信息。同时，要让被评者积极参与评价过程，要充分利用自我评价，重视自我激励。

6.监控的功能

教育评价是教育管理的一种手段，每一次具体的评价活动，都是对教育系统的具体环节和评价对象工作的一次调控。管理者通过评价，监督、促使被评者或被评单位按标准做好工作，同时通过评价结果也可使社会了解并监督教育活动的开展，从而有效促进教育目标的实现。教育评价监控功能的发挥，是建立在一系列严密操作程序基础上的，要求我们必须有组织地、有计划地、连续地、系统地搜集信息、分析信息、利用信息。同时，教育评价应成为教育管理的一项常规性的活动。教育评价各种功能的发挥，是通过评价的实践活动体现出来的。但评价的功能和评价活动并不是一一对应的关系，而是在评价活动过程中综合产生影响，只不过由于评价的目的不同，某一特定的评价会侧重某种评价功能的发挥。

综上所述，专业学位研究生教育实践基地建设质量评估指标体系需以教育评价理论为指导，正确认识教育评价的内涵、特点，结合专业学位研究生教育实践基地建设的实际情况，构建科学合理的评价指标体系，充分发挥教育评价的导向、诊断、鉴定、改进、激励及监督功能，进而推动基地健康有序的建设与发展，提高基地育人质量，实现育人目标。

第二节　专业学位研究生教育实践基地
质量评估的现实动因

世界各国高等教育都主动适应变化，积极进行人才培养目标和培养模式的调整，大力提高人才培养的适应性和竞争力。随着我国经济社会的快速发展，迫切需要大批具有创新能力、创业能力和实践能力的高层次专门人才。研究生教育必须增强服务于国家和社会发展的能力，加快结构调整的步伐，加大应用型人才培养的力度，促进人才培养与经济社会发展实际需求的紧密联系。而为进一步推进研究生教育改革与发展，鼓励专业学位研究生培养单位积极探索和创新符合专业学位教育特点、具有鲜明特色的研究生专业学位教育培养模式，我国出台了一系列政策进行规范与指导。

一、专业学位研究生教育培养模式改革的必然要求

专业学位研究生教育不但具有普通研究生教育的基本特征——专业性、研究性和创新性，同时还有自己的特殊性，即职业性。研究生教育是一种典型的社会实践活动，它的目标是为社会培养拥有专业理论知识和优秀应用实践能力、科研能力的高级人才。研究生教育具有实践属性、研究属性和创新属性三大重要属性。长久以来，创新属性被认为是学术型研究生教育需要具备的基本和重要属性，职业属性被认为是专业学位研究生教育需要重视的内容，学位研究生教育只重视了单一属性，没有重视学术型研究生教育过程中的职业属性和专业学位研究生教育的创造属性。当下社会对于研究生教育的培养要求已经上升到对复合型高层次人才的需求，仅仅注重一项属性无法满足职业应用实践的需求，所以我们需在教育阶段重视理论和实践相结合、教学目标和职业要求相结合、基础锻炼和创新能力培养相结合的新型研究生教育方式。按照创新规律的要求，首先要对某项工作或者事物有深入的了解，对于其内在规律和相关知识有清楚的思考和理解，在此基础上通过改进或者突破固有模式而产生创新，这种创新规律也符合研究生教育的创新属性。专业学位研究生教育是具有职业背景的一种学位教育，专业学位会逐渐成为相应职业岗位（职位）任职资格优先考虑的条件之一，因此专业学位研究生教育的另一个基本属性——职业性，是其区别于学术型研究生教育最主要的特征。专业学位研究生教育过程中所坚持的职业性就是某种职业所特需的知识或者能力，这样的知识和能力是具备实用性和某

些创新性的。❶

　　国家在政策上极为重视专业学位研究生教育的培养与发展，尤其制订了对专业学位研究生的培养方案，要求学生在修业期间至少有不少于半年的实践学习经历，可采用集中与分段相结合的方式，扎实推进专业学位研究生的实践教学工作。随着我国"一带一路"倡议的实施，亟须培养适应国家战略的高层次人才。同时，随着经济结构的调整与经济发展方式的转变，我国对制造类产业急需的"大国工匠"与管理类人才尤为注重，这便引发了对专业学位研究生教育的极大关注。❷在经济社会迅速发展的今天，社会对于应用型人才的需求也越来越迫切，专业学位研究生教育是高层次应用型人才培养中的关键一环。与学术型研究生培养目标不同，专业学位研究生教育培养的是适应特定行业或职业实际工作需要的应用型高层次专门人才。因此，加强实践基地建设，从宏观层面讲是国家注重专业学位研究生教育的战略所需，致力于为国家输送更多的高层次实践型人才。从微观层面讲，高校拥有丰富的人力资源，能够依托优势学科与特色专业，形成富足的系统的科技成果，服务于社会发展。同时，通过研究生实践平台的有效搭建，能进一步同社会企业进行对接，构建协同创新的发展模式。但是高校缺乏生产实践经验，缺少人才孵化场所，在科技成果转化方面缺少有效的指导与帮助。在高校专业学位研究生教育中，应强化同企业进行协同创新，然而合作平台的缺失及固有关系的僵化成为主要阻力。因此，加强专业学位研究生教育实践基地的建设，既是高校所需也是企业所需，是连接高校与企业的重要桥梁，奠定了校企协同创新发展的基础。❸

　　由于近年来扩招政策的实施，研究生就业空间逐步压缩，社会对于研究生实践能力提出了新的要求。越来越多的研究生毕业以后没有足够的科研岗位供给，面临跨行业就业。社会上亟须的高层次应用型与技能型人才处于短缺局面，因而需要适当调整培养目标，提高研究生的实践应用能力。为此，国家大力发

❶ 李海莲.校企合作模式下专业学位研究生的培养路径研究 [M].沈阳：辽宁大学出版社，2019：11-12.
❷ 杨玉.专业学位研究生教育实践基地建设及评价研究 [J].高等农业教育，2016（6）：98-101.
❸ 同❷.

展专业学位研究生教育，有效调整了研究生结构，将全日制研究生分为两种类型，即学术型研究生和专业学位研究生，并对其培养标准进行了明确划分，更好地体现了研究生教育对于社会发展需求的适应性。但是，专业学位研究生培养并没有达到预期的效果。专业学位研究生的实践水平难以达到社会需求标准，培养体系与岗位需求脱钩，缺少实践模块，以及提升研究生实践能力的平台或载体。从这个意义上讲，加强实践基地建设是提升专业学位研究生实践能力的硬性要求。❶

综上所述，要提高专业学位研究生的整体实践能力，重要的一环是加强专业实践教学。实现高质量专业实践教学是实现专业学位研究生培养目标、促进专业学位研究生培养模式改革的关键。专业学位研究生教育实践基地是专业学位研究生教育教学过程中突破自身瓶颈、提高人才培养质量的一项重要举措。教育实践基地是开展专业实践教学的重要平台，加强实践基地的建设受到各培养单位和教育行政管理部门的高度重视。教育专业实践基地作为产学研合作教育的桥梁和纽带，是一种把理论学习和实践活动结合起来提高学生综合能力的教育模式，符合教育发展的内在规律，对我国人才培养所作的贡献已受到社会越来越广泛的关注。教育实践基地的建设，不仅是当前深化教育改革和促进教育事业发展的必然趋势，也是我国高等教育改革及高校自身发展的迫切需要，更是我国经济长期、持续、稳定增长的必然选择。在新形势下积极探索研究生联合培养基地模式，对我国高层次创新型人才的培养有十分重要的作用。

二、专业学位研究生培养模式改革的政策导向

自我国第一个专业学位设立以来，我国专业学位研究生培养模式改革可谓是在探索中前行、在改革中完善、在突破中发展，改革的总体趋势呈现从学术

---

❶ 杨玉.专业学位研究生教育实践基地建设及评价研究 [J].高等农业教育，2016（6）：98-101.

性浓郁、产学研分离、培养主体单一、相对封闭的人才培养模式，逐渐向应用性鲜明、政校企协作、培养主体多元、愈益开放的人才培养模式转变。❶

1990 年，国务院学位委员会第 9 次会议审议通过了《关于设置和试办工商管理硕士学位的几点意见》，这是我国研究生教育史上第一个专业学位。该意见指出，专业学位研究生的培养应坚持课程内容密切联系实际，加强实践环节，采用培养过程与企业密切联系或与企业联合培养、毕业后回到企业中去的培养模式。1991 年，国务院学位委员会和国家教委研究生工作办公室出台了《工商管理硕士试行培养方案（征求意见稿）》，提倡高等学校和经济产业部门、厂矿企业、工程建设等单位联合培养工商管理硕士；并强调加强实践环节，实习形式要按照学生的实际情况作多种安排，可以采用深入调查研究企业的管理经验与问题的形式，也可以采用案例编写与分析和实习相结合的形式，时间一般不少于 3 个月。之后，国务院学位委员会于 1992 年通过了《建筑学专业学位设置方案》，于 1995 年通过了《关于设置法律专业硕士学位的报告》，分别批准了建筑学硕士专业学位和法律专业硕士学位的设立申请，并强调课程设置的实践性。

1996 年，国务院学位委员会审议通过了《专业学位设置审批暂行办法》，第七条规定授予专业学位的高等学校要有长期稳定的专业实践场所。之后，对我国专业学位研究生教育发展过程中存在的对专业学位教育重要性的认识有待进一步提高、专业学位教育规模偏小、优秀教材与案例比较缺乏、师资总体水平有待提高、专业学位与职业或岗位任职资格之间的衔接不够紧密、专业学位教育质量保证措施尚需完善等问题，国务院学位委员会、教育部于 2002 年联合出台了《关于加强和改进专业学位教育工作的若干意见》，强调优化培养方案和课程体系，更新教学内容；课程设计要体现基础性、实践性、选择性及先进性；强调加强实践环节，创造条件建立较稳定的实践基地，把理论学习与实际应用紧密结合。这对于纠正当时专业学位研究生教育实践中普遍存在的套用学术型培养模式的倾向，具有重要意义。

---

❶ 邓光平 . 我国专业学位研究生培养模式改革的历史变迁与现实思考 [J]. 高等教育研究，2019，40（5）：64-69.

2009 年教育部颁发了《关于做好全日制硕士学位研究生培养工作的若干意见》，强调加强专业学位研究生教育的专业实践环节。专业实践是重要的教学环节，充分的、高质量的专业实践是提高专业学位教育质量的重要保证。专业学位研究生在学期间，必须保证不少于半年的实践教学，可采用集中实践与分段实践相结合的方式；应届本科毕业生的实践教学时间原则上不少于 1 年；同时要求提供和保障开展实践的条件，建立多种形式的实践基地，增加实践环节的学时数和学分比例；并建议注重吸纳和使用社会资源，合作建立联合培养基地，联合培养专业学位研究生，改革创新实践性教学模式。2010 年，教育部印发了《关于开展研究生专业学位教育综合改革试点工作的通知》，决定从 2010 年起，在部分高等学校开展专业学位研究生教育综合改革试点。试点的基本内容之一为创新培养模式，重点在硕士专业学位研究生教育的课程体系设置、师资队伍建设、教学内容与方式、研究课题和专业技能训练、实验室和实习实践基地建设、考核评价标准和方式等方面有实质性的创新。2013 年教育部、人力资源社会保障部联合发布了《关于深入推进专业学位研究生培养模式改革的意见》（以下简称《培养模式改革意见》），提出了"以职业需求为导向，以实践能力培养为重点，以产学结合为途径，建立与经济社会发展相适应、具有中国特色的专业学位研究生培养模式"的改革目标。围绕该目标，《培养模式改革意见》强调培养单位应积极联合相关行（企）业，建立稳定的专业学位研究生培养实践基地；共同建立健全实践基地管理体系和运行机制，明晰各方责任权利；明确研究生实践内容和要求，健全实践管理办法，加强实践考核评价，保证实践质量；促进实践与课程教学和学位论文工作的紧密结合，注重在实践中培养研究生解决实际问题的意识和能力。2015 年 5 月教育部出台了《关于加强专业学位研究生案例教学和联合培养基地建设的意见》（以下简称《基地建设意见》）。《基地建设意见》强调，要加强基地建设，推进产学结合，创新建设模式，构建长效机制；健全标准体系，规范基地管理；严格培养过程，创新培养模式；加强导师队伍建设，构建"双师型"团队以及建立激励机制，加强示范引领。文件指出，要加大投入，完善政策配套和条件保障，促进基地的建设与发展，要求将基地建设情况作为专业学位授权点合格评估的重要内容。《基地建设意见》的颁布，代表着国家对专业学位研究生培养模式、实践基地模式的进一步探索和深化，大力推动改革、稳步提升质量成为专业学位研究生培养的主旋律。2020 年，教育部、国家发展改革委、财政部联合发布了《关于加快新时代研究生教育改革发展的意见》，强调要深化体制机制改革，创新招生培养模式，而加强产教融合建设是其提出的一大改革举措。该文件指出，我们要与国家发展改革委联合打造国家产教融合研究生联合培养基地，带动国家、地方、学校三级基地建设；推进专业学位研究生培养模式改革，鼓励各地、各培养单位设立"产业（行业）导师"，推动行业企业全方位参与人才培养；完善产教融合联合培养质量评价机制，加强人才培养与行业企业用人需求对接，提升研究生实践创新能力。同年，在总结我国专业学位研究生教育发展的经验、问题基础上，结合经济社会发展新要求、职业变化新趋势，通过对国内外相关情况的比较分析，国务院学位委员会、教育部发布了《专业学位研究生教育发展方案（2020—2025）》，提出要大力提升专业学位研究生教育质量，推进培养单位与行业产业共同制定培养方案、共同开设实践课程、共同编写精品教材；实施"国家产教融合研究生联合培养基地"建设计划，重点依托产教融合型企业和产教融合型城市，大力开展研究生联合培养基地建设；同时支持培养单位联合行业产业探索实施"专业学位＋能力拓展"育人模式，使专业学位研究生在获得学历学位的同时，获得相关行业从业资质或实践经验，提升职业胜任能力。

可见，强调培养院校与企业、行业组织之间广泛开展多种形式的联合办学已成为我国专业学位研究生培养模式改革的重要特点。政府通过制定相关政策，引导并鼓励高校与实践部门"建立长期、稳定、实质性的联合培养机制，搭建高水平的合作培养平台，积极构建专业学位研究生教育新的办学模式"❶，以切实提升专业学位研究生的实践应用能力。

专业学位研究生教育实践基地是培养单位为加强专业学位研究生实践能力，

---

❶ 王征.工程博士教育试点办学的基本探索与改革建议——基于浙江大学的案例分析[J].学位与研究生教育，2016（2）：7-11.

与行业、企业、社会组织等共同建立的人才培养平台，是专业学位研究生进行专业实践的主要场所，是产学结合的重要载体。加强实践基地建设，是专业学位研究生实践能力培养的基本要求，是推动教育理念转变、深化培养模式改革、提高培养质量的重要保证。而要保障专业学位研究生教育实践基地建设质量，必须构建以能力提升为核心的基地质量评价体系。质量评价体系的功能在于诊断与改进实践教学活动❶，教育实践基地以质量评价为实践指向，这实际上是以研究生实践能力的提升为主要着力点，也是将抽象的概念以实际指标的形式具体化，进一步明确实践环节是专业学位研究生实践能力培养重要途径的价值导向，在教育实践基地的建设标准、内容、模式上起到一定的引导作用。评价体系的建立不仅可以帮助我们总结实践能力培养工作的成果，诊断实践环节中存在的问题，还能反过来指导研究生的实践和培养工作。质量评价在教育教学过程中是不可缺少的重要环节，全面、科学的诊断是教育教学进行改进与完善的前提。专业学位研究生教育实践基地，注重研究生实践能力的培养评价，并以实践导师、校外实践负责人等构成的评价小组为评价主体，以实践能力考核为评价的主要内容，避免考核报告的形式主义，构建有效的质量评价体系。专业学位研究生教育实践基地的建设要以注重研究生实践能力培养的质量评价体系为指向，注重专业的实践形式，明确实践基地所提供实践工位与任务包的有效性和引导性，参考评价的具体指标，注重研究生实践能力的提升，培养学生处理问题与解决问题的能力，凝聚专业实践成果，让实践基地成为专业学位研究生提升实践能力的有效平台。❷

---

❶ 张萍，温恒福.大学生学习质量四维管理模型的建构 [J].教育科学，2015（6）：41-46.

❷ 杨玉.专业学位研究生教育实践基地建设的逻辑与出路——基于工程硕士生教育实践基地的研究 [J].教育科学，2019，35（5）：92-96.

第三章　我国专业学位研究生
教育实践基地的发展

专业学位研究生培养最大的特点在于注重实践性。专业实践是培养专业学位研究生最重要的教学环节，充分、高质量的专业实践是专业学位教育质量的重要保证。专业学位研究生教育实践基地是培养专业学位研究生的重要物质载体，也是培养高层次应用型专门人才的平台。从教育理论层面来看，实践能力是专业学位研究生教育培养的重要内容。从教育实践层面来看，教育实践基地的建设可以满足专业学位研究生实践培养环节的层次性、教育性与实效性的需求。加强研究生教育实践基地建设，发挥多元主体共建的实践平台功能❶，是专业学位研究生教育的应然出路。本章主要阐述四个问题：一是从专业学位研究生教育实践地建设的重要性入手，通过梳理专业学位研究生教育实践地建设主要政策，阐述目前我国专业学位研究生教育实践基地建设的现状；二是从我国专业学位研究生教育实践基地建设的现状中归纳其发展的特点；三是分析目前我国专业学位研究生教育实践基地建设中存在的问题和原因；四是从外部因素和内部因素两个方面提出影响我国专业学位研究生教育实践基地建设绩效的主要因素。

第一节　专业学位研究生教育实践基地建设现状

2020 年 7 月 29 日，习近平总书记在全国研究生教育会议上指出，中国特

❶ 杨玉 . 专业学位研究生教育实践基地建设的逻辑与出路——基于工程硕士教育实践基地的研究 [J]. 教育科学，2019（5）：92-96.

色社会主义进入新时代，即将在决胜全面建成小康社会、决战脱贫攻坚的基础上迈向建设社会主义现代化国家新征程，党和国家事业发展迫切需要培养造就大批德才兼备的高层次人才。❶全国研究生教育会议明确了新时代研究生教育的主要任务，在全球人才竞争新格局下，为进一步建设创新型国家奠定了基础。专业学位研究生教育是我国研究生教育体系的重要组成部分，在推进我国教育现代化、建设高等教育强国、夯实建设创新型国家人才的基石方面具有重要的地位。

一、专业学位研究生实践基地建设的重要意义

加强专业学位研究生实践培训是提升专业学位研究生职业能力的一个重要方面，而建设专业学位研究生实践基地则是加强专业学位研究生实践培训的重要途径。实践基地是培养单位为加强专业学位研究生实践能力而建立的主要场所，是高校与行业、企业、社会组织等共同建立的人才培养平台，是产学结合的重要载体。加强实践基地建设，是专业学位研究生实践能力培养的基本要求，是提高人才培养质量的重要保证，意义重大。

（一）专业学位研究生实践基地实施双导师培养模式有利于提高专业学位研究生的培养质量

建立专业学位研究生教育实践基地既是高校学位与研究生教育工作的重要组成部分，也是培养高层次复合型应用型人才的必备条件。建设专业学位研究生教育实践基地，就需要高校联合科研机构与企事业单位组建专业化的导师团队，并聘任一批具有实践经验和较高业务水平的实践导师，形成实践基地导师与校内导师共同指导研究生的双导师培养模式，以校内导师指导为主，实践导

---

❶ 习近平对研究生教育工作作出重要指示 [EB/OL].（2020-07-29）[2021-03-04]. http：//www.gov.cn/xinwen/2020-07/29/content_5531011.htm.

师参与专业学位研究生培养的实践过程、项目研究、课程学习及论文答辩等多个环节的指导工作，目标是培养符合国家需求的高层次应用型人才，不仅要求专业学位研究生具有扎实的理论知识，而且还要求其具备较强的实践、应用及创新能力。因此，专业学位研究生实践基地的建设有利于提高专业学位研究生的培养质量。

（二）专业学位研究生实践基地"产、学、研"合作育人模式有利于提高人才培养与社会需求的契合度

专业学位研究生实践基地培养模式主要以提升研究生职业能力为导向，利用"产、学、研"结合的培养模式，培养研究生形成符合特定职业领域专业岗位需求的综合素质。"产、学、研"结合的培养模式要以学生的全面素质、综合能力及就业竞争力的提升为培养重点，利用高校不同于科研机构与企事业单位的教育环境和教育资源，采取理论教学与实践训练相结合的方法形成的培养具有全面素质和创新能力人才且满足不同用人需求的教育模式。❶实践证明这种合作育人的培养模式能够更好地满足社会发展对于人才类型的多样化要求。学生能够在实践基地将理论知识用于社会实践工作，不仅积累了实践经验，而且获得了接触和了解社会的机会，进而端正求职心态并及时调整职业规划。同时，合作可以加强高校和科研机构对企事业单位的深入了解，从而根据企业的人才需求和市场导向不断调整研究生培养方案，培养社会需要的人才，提高人才培养与社会需求的契合度。

二、专业学位研究生教育实践基地建设的必要性和模式

（一）专项政策推动专业学位研究生教育实践基地建设

专业学位研究生教育是研究生教育体系的重要组成部分，是培养高层次应

---

❶ 张炼. 产学研合作教育的理论问题及在我国的实践 [J]. 职业技术教育，2002（34）：21-25.

用型专门人才的主要途径。积极发展专业学位研究生教育，是全面建成小康社会、建设创新型国家的必然要求，也是研究生教育服务国家经济建设和社会发展的必然选择。自 1991 年开始实行专业学位教育制度以来，我国逐步构建了具有中国特色的高层次应用型专门人才培养体系，为经济社会发展作出了重要贡献。国家和社会越来越关注专业学位研究生教育的建设与发展，创新专业学位研究生培养模式，全面提升培养单位的培养能力，确保专业学位研究生培养质量。有关促进专业学位研究生实践基地发展的政策文件见表 3-1。

表 3-1　有关专业学位研究生实践教育基地建设的主要文件

颁布时间	文件名称	相关内容
2013 年	《关于深化研究生教育改革的意见》	引导和鼓励行业企业全方位参与人才培养，充分发挥行业和专业组织在培养标准制定、教学改革等方面的指导作用，建立培养单位与行业企业相结合的专业化教师团队和联合培养基地。加强实践基地建设，强化专业学位研究生的实践能力和创业能力培养
2013 年	《教育部、人力资源社会保障部关于深入推进专业学位研究生培养模式改革的意见》	培养单位应积极联合相关行（企）业，建立稳定的专业学位研究生培养实践基地。共同建立健全实践基地管理体系和运行机制，明晰各方责任权利。明确研究生实践内容和要求，健全实践管理办法，加强实践考核评价，保证实践质量
2015 年	《教育部关于加强专业学位研究生案例教学和联合培养基地建设的意见》	各培养单位要高度重视案例教学和基地建设，科学规划、创造条件，加大经费和政策支持力度。设立案例教学和基地建设专项经费，为案例教学和基地建设提供必要的条件保障。通过人才培养项目、实验室建设、联合科研攻关等途径加大对案例教学和基地建设等方面的投入
2020 年	《关于加快新时代研究生教育改革发展的意见》	大力开展研究生联合培养基地建设，着力提升实践创新能力
2020 年	《专业学位研究生教育发展方案（2020—2025）》	将产教融合、联合培养基地建设作为硕士专业学位授权点申请基本条件的重要内容。……实施"国家产教融合研究生联合培养基地"建设计划，重点依托产教融合型企业和产教融合型城市，大力开展研究生联合培养基地建设

　　关于专业学位研究生教育基地建设，国家层面已经建立了比较完备的政策体系，地方层面也出台了相应的专项文件。以辽宁省为例，为推动专业学位研

究生培养单位更好地适应辽宁老工业基地全面振兴对高层次应用型人才的需求，鼓励行业、企事业单位等社会力量积极参与专业学位研究生培养，2018 年 2 月，辽宁省教育厅专门制定了《辽宁省专业学位研究生联合培养基地建设与管理办法》。该办法对实践基地的建立、运行、管理、保障等进行了详细说明，对加强研究生教育供给侧结构性改革，推进专业学位教育实践基地建设营造了良好的政策环境。该办法强调，培养单位要根据不同专业学位类别特点和培养目标定位，紧密围绕行业和区域人才需求制定基地遴选和建设标准，以满足专业学位研究生实践教学要求为根本，坚持创新、讲求实效，建立一批满足高层次人才培养需求的规范化基地。遵循优势互补、资源共享、互利共赢、协同创新的原则，联合建立、共同管理。充分发挥合作单位在专业学位研究生培养过程中的积极性、主动性和创造性，共同制定培养目标、建设相关课程、参与培养过程、评价培养质量，建立产学有机融合的协同育人模式。

根据课题组的走访调研，一些高校也依据国家关于专业学位研究生实践教育基地的政策，结合本校的实际情况制定了建设专业学位研究生教育实践基地的具体措施，并取得了较好的成效。例如，武汉大学制定的《专业学位研究生校外实践基地管理办法》，从怎样选取实践基地、怎样建设和管理实践基地等相关问题入手，提出要将专业学位研究生教育实践基地建在有行业代表性的大、中型企事业单位，并且实践基地要具备一定的软、硬件条件（如食宿条件、实践场地、实践项目、指导人员等），实践基地的建设与管理应依托行业企业开展。正是由于对国家专项政策的深刻把握与领会，武汉大学结合自身实际对国家政策迅速反馈、落地执行，已经探索出一条"以质量为核心，以学生为根本、以教师为主导，理论联系实际，重视应用、重视工程实践，开放办学"❶的专业学位研究生教育实践路径，为社会、行业培养了大批高层次应用型人才。

---

❶ 高文波. 全日制工程硕士研究生培养实践与探索 [J]. 中国电力教育，2012（34）：15-16.

（二）专业学位研究生教育高质量发展亟须加快实践基地建设

国家开展全日制专业学位研究生教育，是为更好地适应经济社会发展对高层次、多类型人才的需要，增强研究生教育服务经济社会发展的能力，加快研究生教育结构调整优化的步伐，积极为国家经济社会发展培养应用型、紧缺型人才。专业学位研究生培养不应该仅体现在招生人数的增多，更应该体现在培养的质量上，呼唤高质量的发展。专业学位高质量发展依赖于专业学位研究生实践能力的提高，而专业学位研究生提升实践能力的关键在于加快实践教育基地的建设。经过近十几年的快速发展，专业学位研究生实践基地的建设取得了很大的成绩，主要体现在数量和质量两个层面。

从数量层面看，专业学位研究生招生数量逐年上升，专业学位类型逐年增加。截至 2015 年，我国硕士专业学位研究生教育种类有 41 种，博士专业学位研究生教育种类有 6 种，基本形成以硕士专业学位研究生教育为体，硕士、博士两种专业学位研究生教育并存的结构体系（见表 3-2）。

表 3-2　我国专业学位设置情况

获批年份	专业学位类型
1990	工商管理硕士
1992	建筑学学士、建筑学硕士
1995	法律硕士
1996	教育硕士
1997	工程硕士、临床医学博士
1998	临床医学硕士
1999	农业推广硕士、兽医硕士、公共管理硕士、兽医博士
2000	口腔医学硕士、口腔医学博士、工程博士
2001	公共卫生硕士
2002	军事硕士
2004	会计硕士
2005	体育硕士、艺术硕士、风景园林硕士

续表

获批年份	专业学位类型
2007	汉语国际教育硕士、翻译硕士
2008	社会工作硕士、教育博士
2010	金融硕士、应用统计硕士、税务硕士、国际商务硕士、保险硕士、资产评估硕士、警务硕士、应用心理硕士、新闻与传播硕士、出版硕士、文物与博物馆硕士、城市规划硕士、林业硕士、护理硕士、药学硕士、中药学硕士、旅游管理硕士、图书情报硕士、工程管理硕士
2011	审计硕士
2014	中医博士
2015	中医硕士

专业学位研究生实践基地也伴随专业学位研究生数量的增多而逐年递增。以辽宁省为例，截至2018年，辽宁省高校和企业已共建147个专业学位研究生联合培养示范基地。

专业学位研究生教育实践地的建设除了在数量上不断增多，也更加注重内在质量的提升，逐步向内涵式发展转变。为了调查专业学位研究生教学实践基地建设的现状，课题组采用问卷调查的方式，主要调研的对象为专业学位研究生、导师等，调研结果显示专业学位研究生对教育实践基地满意度较高，对于教育实践基地的硬件设施、培养条件、课程安排及管理制度四个方面的满意度依次为76.1%、73.3%、73.3%、73.1%（见表3-3）。总的来说，学生对于教育实践基地现状的满意度都达到了70%以上。当然，由数据我们也可以看出，实践基地的条件还不能够完全满足学生实践技能学习的需要，实践基地建设尚有大量工作可做，大有潜力可挖掘。此外，课题组走访了与高校合作的企事业单位，通过座谈的形式了解到，校企合作单位普遍认为，建立教育实践基地可以加强同高校的联系，提高企业社会知名度，提高企业社会效益，为国家培养人才做出贡献。但是，尽管有的企业对教学实践基地建设参与热情很高，但仍存在合作动力不足的问题。有的企业认为，校企合作缺乏政策法规支撑，缺乏激励机制。

表 3-3　研究生对教育实践基地建设现状满意度调查

调查项目	满意度 /%			
	满意	较满意	一般	不满意
教育实践基地硬件设施	35.4	40.7	19.2	4.7
教育实践基地培养条件	22.4	50.9	19.1	7.6
实践课程安排	30.4	42.9	18.5	8.2
教育实践基地管理制度	26.8	46.3	20.2	6.7

经过近十几年的快速发展，我国专业学位研究生教育稳步发展，规模不断扩大，质量不断提高，专业学位研究生培养模式改革取得重大进展，社会认可度大幅提高，探索建立适宜的专业学位研究生教育实践基地已成为我国研究生教育综合改革的主要突破口。面对这样的发展形势，发展高质量的专业学位研究生教育就要加快专业学位研究生教育实践基地的建设工作。

（三）专业学位研究生教育实践基地建设模式多样

专业学位研究生教育实践基地是产学研结合的重要载体，是专业学位研究生实践能力培养的基本条件，目前已成为国家转变专业学位研究生教育理念、深化培养模式改革、提高培养质量的关键抓手。学校与企业合作建设专业学位研究生教育实践基地，遵循相互平等、风险共担、利益共享的原则，但也会因为学校、企业、导师、专业学位研究生等因素影响而采取不同的合作模式。根据课题组的实地调研，结合一些相关的研究材料，目前，专业学位研究生教育校企联合培养基地建设的模式主要有政府主导、企业主导、高校主导以及校企共建四种类型，而其中以校企共建的模式最为普遍。校企共建又多是以项目合作、共建研究生中心或实验室以及项目合作与平台共建等形式开展。以大连理工大学为例，其在全国率先创建出既有传承又有发展的校企合作新模式——校企合作研究院。❶大连理工大学先后与沈阳鼓风机集团、辽河石油勘探局等大

❶ 大连理工大学产学研工作 推动地方经济发展 [EB/OL].（2009-05-07）[2021-11-01]. http：//info.epjob88. com/html/2009-5-7/20095790153.htm.

型业内领先企业集团组建了沈鼓—大连理工大学研究院、辽油—大连理工大学研究院，校企双方在多年友好合作的基础上，采用全新合作模式，突破了以往校企合作人才、项目、技术全面共享的运行理念，在学校划出了科研特区，开放学校科技资源，学校与企业一样也进行人、财、物的投入，企业导师、校内导师共同承担研究生的教学科研任务，实现了企业将研发基地逐步全面交付给学校，学校成为企业的科技"后大院"。双方强强联合，切实增强企业自主研发能力，提高企业技术创新能力和核心竞争力。这种新型的合作模式产生了巨大的经济效益，为企业与学校带来了双赢。2006年，"沈鼓—大连理工大学研究院"开展科研项目已达到16项，其中1项达到国际先进水平，5项居国内领先水平，1项填补了国内空白。新产品开发1项，已形成设计规范2项，已直接应用于百万吨乙烯项目前期设计中2项。

此外，政府还十分注重示范性教育实践基地的示范引领作用。示范基地在一定程度上代表了成功的校企联合培养实践基地，其人才培养的成果也成为实践基地的合格示范和价值展现。❶ 以辽宁省为例，辽宁省逐年扩大示范性专业学位研究生联合培养示范基地评选数量。2019年，辽宁省疾病预防与控制中心专业学位研究生联合培养基地、中国石化抚顺石油化工研究院专业学位研究生联合培养基地、辽宁省城乡建设规划设计院专业学位研究生联合培养基地等47个基地入选辽宁省专业学位研究生联合培养示范基地。2020年，沈阳化工股份有限公司专业学位研究生联合培养基地（申报单位：辽宁大学）、沈阳鼓风机集团有限公司专业学位研究生联合培养基地（申报单位：大连理工大学）、中国科学院金属研究所专业学位研究生联合培养基地（申报单位：沈阳工业大学）等59个联合培养基地被评为2020年辽宁省专业学位研究生联合培养示范基地。专业学位研究生教育实践基地培养单位与合作单位以基地建设为纽带，积极探索多种形式的联合培养机制，充分发挥各自优势，构建人才培养、科学研究、成果转化、社会服务等多元一体、互惠共赢的资源共享和交流合作平台。

❶ 马永红，张乐，高艳芳，等.我国工程硕士联合培养实践基地状况分析——基于28个工程硕士示范基地[J].学位与研究生教育，2016（4）：7-11.

（四）专业学位研究生教育实践基地"双导师制"推动的产学研合作

2009 年以前，我国的硕士研究生教育以培养学术硕士为主，属于高等教育中的精英教育，导师深耕于理论研究，重视培养硕士理论研究水平，提升硕士的学术造诣，应用实践型导师较少，导致研究生实践能力有所欠缺。专业硕士相较学术硕士的培养更强调应用与实践能力的提升，专业硕士的大量扩招迫使高校必须调整培养方案，建立联合培养基地、建设双导师队伍，以满足专业硕士的培养需求。研究生、联合培养单位、高校都是专业硕士联合培养基地双导师制下的受益方，三方的有机互动，实现了专业学位研究生教育实践基地的良性发展。专业学位研究生教育实践基地"双导师制"推动了产学研合作，主要表现在以下三个方面。

第一，提高了专业学位研究生的综合素质。专业硕士联合培养基地双导师制下，校外导师基于基地工程与科研项目对研究生进行实践指导，一方面可以让研究生深入参与实践项目，通过实践项目检验理论知识，弥补了理论研究的实践缺失，研究生的动手、协作、应用、沟通等实践能力均得到有效提升。另一方面，工业化时代也对研究生岗位适应等职业素质方面的能力提出了更高的要求，研究生能够通过联合培养基地，提前接触未来可能从事的工作岗位，根据校外导师的指导，有针对性地提高岗位适应能力，提高自己的职业素质。

第二，助推了联合培养单位的科研产出。在专业学位研究生教育实践基地中，高校与联合培养单位的导师之间联系更为紧密，研究生作为校内外导师的联系纽带能够起到理论前沿与实践创新的桥梁作用，为企事业单位提高科研产出另辟蹊径。实践中，高校与多数联合培养单位共建联合培养基地后，有效促进了联合培养单位的科研产出，学术论文发表数、专利申请数、科研项目获批数均大幅攀升。同时，校内外导师合作的科研项目比例也有所提升，这些项目具有学术理论深、水平较为前沿、应用价值高、技术难度大等特点，兼具学术与实践难点，校内外导师与研究生三方共同合作取得高水平创新成果的案例屡见不鲜。

第三，提升了高校深度利用社会人才资源的水平。以往，高校从社会汲取的资源主要是财政拨款、土地资源等物质支持，人力资源的获取较少，且有外流倾向。专业硕士联合培养基地双导师制下，人力资源可以内外流动共享，高校可以在聘用校外导师的同时，吸收企事业单位等社会组织的优质人才作为校内导师资源的补充，聘用他们为高校客座教授，定期为高校做报告、讲座等，从而提升高校深度利用社会人才资源的水平。

综上所述，经过十几年的不断探寻与发展，我国专业学位研究生教育实践基地已经基本形成了比较完善的发展体系，为专业学位研究生的培养提供了切实可用的实践场所，同时也为进一步发展专业学位研究生教育奠定了基础。

第二节　专业学位研究生教育实践基地的建设特征

实践学习就是学习者与实践情境的"对话"过程，这个实践情境主要依靠实践基地来建构。❶ 作为专业学位研究生实践教育的重要载体，经过十几年的探索与发展，我国专业学位研究生教育实践基地的建设成效显著，形成了与专业学位研究生教育配套的教育实践基地体系。总的来说，我国专业学位研究生教育实践基地建设呈现如下特征。

一、国家对专业学位研究生教育实践基地建设关注度持续增加

专业学位研究生教育是适应国家经济建设、科技进步和社会发展需要而产生的，是我国学位与研究生教育制度改革的重要成果。实践证明，它的产生与发展为社会主义现代化建设培养了大批的应用型高层次专业人才。专业学位研究生教育的实践性是其区别于学术研究生教育的重要特征，因此，专业学位研究生教育实践基地建设在培养专业学位研究生的过程中就显得十分重要。国家

---

❶ 赖天恩.全日制工程硕士校外实践基地建设研究 [D].广州：华南理工大学，2018.

非常重视专业学位研究生教育实践基地的发展，1996—2020 年，提出的关于专业学位研究生教育发展的文件中有 12 个，均涉及专业学位研究生教育实践基地的建设问题，并且从这些文件中可以看出，国家对于专业学位研究生教育实践基地的认识越来越深刻，对其发展的关注度持续增加。

2002 年，国务院学位委员会、教育部印发的《关于加强和改进专业学位教育工作的若干意见》首次明确指出，要"加强实践环节，创造条件建立较稳定的实践基地，把理论学习与实际应用紧密结合"。实践性是专业学位研究生教育重要的特征之一，国家首次在文件中提出创建实践基地，目的就是促进专业学位研究生在固定场所进行实践锻炼，增强理论联系实际的效果。

2013 年，教育部、国家发展改革委、财政部印发了《关于深化研究生教育改革的意见》，提出"建立以提升职业能力为导向的专业学位研究生培养模式"，"加强实践基地建设，强化专业学位研究生的实践能力和创业能力培养"。国家对于专业学位研究生实践性的要求进一步提高，要以提升其职业能力作为培养目标。此外，国家还在实训基地建设目标中增加了创业能力的培养。这些是结合我国经济社会的发展，对专业学位研究生教育实践基地建设所作进一步思考，反映出专业学位研究生教育实践基地建设发展的趋势。

前文已对相关政策作过论述，国家对专业学位研究生教育实践基地建设的关注是持续增加的，对其探索与发展也是不断深化的。因此，国家对专业学位研究生教育实践基地建设关注度持续增加是专业学位研究生教育实践基地建设的一个重要特征。

二、专业学位研究生教育实践基地建设逐步向高质量发展转变

2002 年，国务院学位委员会、教育部联合印发的《关于加强和改进专业学位教育工作的若干意见》中首次明确指出要加强专业学位研究生教育实践基地建设。尽管各省开始加大对专业学位研究生教育实践基地的建设工作，但在建设初期，仍存在教育实践基地建设不足的尴尬局面，如一些高校规定，医学类

专业学位研究生必须从医院、药厂、药检所中选择一处完成实践环节，然而这些场所一般由实践导师利用自身的工作资源独立安排，并非高校长期稳定的校外实践基地，即双方没有签订实践基地协议，因此研究生只是个体参与实践环节，而不是群体，校外实践导师只能"单兵作战"，未能形成稳定的培养模式和运行机制。而后随着高校、企业对教育实践基地建设的不断探索，专业学位研究生教育实践基地建设逐步向高质量发展转变。如作为中国的工业摇篮，辽宁省为我国建成独立完整的工业体系和国民经济体系作出过重大贡献。在实现东北老工业基地振兴的进程中，辽宁省迫切需要实现重大装备制造业由"中国制造"向"中国创造"转变，这就要求要有技术型高端型人才来完成这样的重任。2012 年 11 月，大连理工大学协同东北大学、沈阳工业大学、西安交通大学、大连交通大学 4 所高校和沈阳鼓风机集团股份有限公司、北方重工集团有限公司等合作组建了辽宁重大装备制造协同创新中心。该协同创新中心紧紧围绕我国在油气长距离输送、核能开发、交通与引水、海洋资源开采等工程方面的重大需求，努力研制高端产品，如校企共同研发百万吨乙烯装置用裂解气压缩机组，所属项目获得国家科技进步奖二等奖。该产品的研制成功，使沈鼓集团一举跻身世界压缩机行业三强。自此以后，该类产品不再需要进口。该协同创新中心不仅为企业科研攻关出成果，同时也为企业定制培养人才开辟了新天地。2011 年起，大连理工大学专门成立重大装备制造领域创新实践班，每年招生 40 人，已累计培养 120 余人。他们在此基础上成立的校企研究院，已联合培养重大装备方向的统招硕士和博士研究生 116 人，为企业定向输送创新人才。❶
又如，西安电子科技大学与中国电子科技集团五十四所、昆山市政府、英特尔公司联合建设了 3 个全国示范性工程专业学位研究生联合培养基地，与昆山市政府共建全国首个工程类专业学位研究生产教融合联合培养开放基地，与华为、西安市软件园等企业和园区联合建设 100 余个联合实验室和实践基地，积极开展研究生联合培养，联合有关公司创立"微电之光"全国集成电路行业工程技

---

❶ 协同创新助企业向"中国创造"转变 [EB/OL].（2014-04-08）[2021-03-04]. http：//mmm.dlut.edu.cn/info/1058/1360.htm.

能实训暑期开放训练营。通过举办示范基地建设交流会、案例课程建设交流会、培养方案优化和体系建设研讨会等，探索地方政府、行业企业和高校共同参与、多元投入、合作共赢的协同育人新模式。❶再如，广西科技大学依托柳州市作为首批国家产教融合试点城市的优势，注重加强与在柳大型企业合作，深化"校市相融，校企合作"办学特色。一是积极部署，推进分级管理，按自治区、学校、学院三级模式开展联合培养基地建设。2021年新建区级基地2个（建设经费80万元）、校级基地4个，目前共有区级基地13个、校院级基地60余个。2021年专硕实践基地共计发表文章11篇、撰写实践报告473篇、获科研项目9项、成功申请专利3项。联合培养基地建设为落实专硕的实习实践打下了坚实基础，对该校开展校企合作联合培养研究生起到了积极示范作用，有利于提高研究生培养质量，助力该校博士点建设。二是突出专业学科优势，拓展校地合作的广度与深度，为地方经济发展提供智力支持和人才支撑。该校博士深入企业，助力企业创新发展。机械与汽车工程学院十余名博士自2020年起到东风柳汽、上汽通用五菱、广西汽车集团等企业挂职或从事博士后研究。2021年机械与汽车工程学院教师获得柳州市科技计划项目9项，立项经费414万元。外国语学院积极筹划提升研究生教育的国际化水平，2019年获批自治区级"一带一路"广西科技大学—东风柳州汽车有限公司海外（越南）联合示范基地，引领师生走出去。理学院依托企事业单位实际项目，帮助企业解决难题，并将实际案例编写成教材参加学科比赛。2016年以来编写教材十余部，以实际案例参加统计建模比赛获得全国一等奖1项、案例分析比赛获全国二等奖1项。通过加强校地对接合作，释放创新驱动效能，实现了学校与地方经济发展双赢。三是研究生解决实际问题能力显著增强，为企业节源增效。机械与汽车工程学院利用柳州市工程机械、汽车产业优势，共计30余名硕士研究生的学位论文结合广西柳工机械股份有限公司的课题，先后参与了动臂矫正、作业阻力机理、智慧无人矿山作业系统等高新技术研发工作，助力2019年广西科技进步奖一等奖"面向物

---

❶ 西安电子科技大学提升质量内涵 打造特色研究生教育之路——"推进研究生教育高质量发展"系列之四 [EB/OL].（2020-12-16）[2021-03-21]. http：//www.moe.gov.cn/jyb_sjzl/s3165/202012/t20201216_505809.html.

料多样化的铲装机械作业装置高效节能关键技术及应用"研究工作；外国语学院研究生为东风柳汽、柳工、上汽通用五菱等企业的国际商务谈判、营销等提供同声传译服务、产品技术翻译服务等，翻译的大量用户手册、维修手册、机械说明书等被企业采纳应用，共计为企业节约翻译成本 300 万元以上，取得了良好的经济效益和社会效益。

由此可见，随着校企合作的逐步深入，专业学位研究生教育实践基地向追求高质量发展不断迈进，成为校企共同发展的桥梁。

三、专业学位研究生教育实践基地建设类型呈现多样化

依托高质量的实践基地，开展实践教学是提高专业学位研究生实践能力的重要手段。[1] 自 2009 年教育部批准开展全日制专业学位研究生招生以来，全国各地专业学位研究生培养单位积极探索有效的实践基地建设模式。专业学位研究生培养涉及多个专业方向，虽然所属领域不同，但是在实践基地建设方面存在共性。归纳起来，现有专业学位研究生教育实践基地建设类型主要有以下四种。

（一）政府主导型

政府主导型实践基地主要是政府利用其在政策支持、资金扶持等方面的主导地位，搭建统一平台，推动企业和高校参与实践基地的建设。一方面，政府出台相应的扶持政策，鼓励企业与高校在技术攻关、产品研发、人才培训等方面展开深入合作，解决企业在开发新技术、新产品、新工艺等方面所遇到的难题。另一方面，面向高校、研究院所发布专业学位研究生培养方面的校企合作类项目。以辽宁省为例，辽宁省教育厅自 2017 年发布了一批面向高校和企业的专业

---

[1] 马永红，张乐，高彦芳，等.我国工程硕士联合培养实践基地状况分析——基于 28 个工程硕士示范基地 [J]. 学位与研究生教育，2016（4）：7-11.

学位硕士研究生实践基地建设项目，获批的申报项目可以获得相应的资金资助。该项目的实行，为进一步加强研究生教育供给侧结构性改革，推动专业学位研究生培养单位更好地适应辽宁老工业基地全面振兴对高层次应用型人才的需求，鼓励行业、企事业单位等社会力量积极参与专业学位研究生培养，起到了积极的作用。政府主导型模式的优点在于，政府能够在资金方面给企业和高校提供有力支持，推动专业学位研究生教育实践基地建设快速有序展开。但是这种实践基地的问题在于专业实践内容与理论知识的结合不紧密、不成系统，这也导致专业实践和理论教学发生脱节，学生掌握的理论体系和专业技能缺乏系统性。

（二）企业主导型

企业主导型模式主要是大型企业根据自身发展需要，与高校联合定制培养专业学位研究生，学生完成学业后直接进入企业从事相关专业工作。学校主要负责理论教学，企业则负责专业实践。企业主导型的实践教育基地，企业会更多地参与到研究生的培养之中。在这种模式下，企业是专业学位研究生所应具备能力的需求提出方，在学生实践能力培养中起主导作用。这种模式的优势在于可以及时把握社会需求，保证专业学位研究生的专业能力培养与企业需求的充分对接，培养学生具有较强的实际工作能力和社会适应性。此外，企业有科研、生产所需要的设备，能够为专业学位研究生提供实战化演练条件，对学生实践能力的提升非常重要。这种模式的问题在于专业实践内容与理论知识的结合不紧密、不系统，专业实践和理论教学发生脱节，学生掌握的理论体系和专业技能缺乏系统性，科学理论转化为实践成果的能力减弱。

（三）高校主导型

高校主导型模式是具有专业学位研究生招生资格的高校，根据教育部等管理部门规定或自主制定的实践能力培养计划，有针对性地寻找合适企业建立实践或实训基地。在这种模式中，高校是主体，企业将需要研发的关键技术、新工艺以技术服务项目或横向项目的形式委托给高校研究生导师，专业学位研究生承担课题任务到企业开展相应的研究工作，课题研究成果作为毕业论文的重要组成部分。该模式的优点在于高校能够按照教育主管部门的相关规定，完成既定的研究生实践能力培养任务，并协助专业学位研究生导师完成相应的研究课题。

（四）校企共建型

校企共建型是高校与企业以合作模式共同建设实践基地，采取学校与企业并重的方式，共同主导完成研究生的专业实践教学环节。在具体操作上，高校和企业共同制定专业学位研究生培养计划，共同安排相应的师资授课。高校负责研究生理论课程讲授、论文发表、毕业论文撰写等环节；企业根据自身发展情况，投资建设实践基地或设置实习生岗位，根据企业发展需要培养专业学位研究生的实践能力。该模式最大的优点在于，可以使研究生的理论知识与实践能力体系各要素、各环节紧密衔接、相互协调、相互融合，全面提高学生的综合素质和专业技能。此外，这种模式较好地契合了专业学位研究生以应用为导向的特征，同时也实现了服务地方企业和经济社会发展的初衷，拥有较好的发展前景。这种模式的问题在于高校与企业各自具有独特的性质，企业注重经济效益，学校注重提高人才培养的质量，校企双方"责权利"的不同，很容易产生摩擦与矛盾，导致合作无法继续。学校与企业并重，管理中也容易导致你也有责、我也有责的情况，或者出现谁都无责的"真空地带"，从而导致管理出现漏洞。

综上所述，通过对国家政策的梳理，结合实际案例，我们归纳出专业学位研究生教育实践基地建设的基本特征。总的来说，尽管我国专业学位研究生教育实践基地建设起步比较晚，在建设过程中还存在诸多问题，但总的方向还是朝着适应我国专业学位研究生教育体系发展的，同时也为专业学位研究生实践教育提供了重要的场所。

第三节　专业学位研究生教育实践基地存在问题及原因

随着中国特色社会主义进入新时代，我国专业学位研究生教育进入了新的发展阶段。专业学位研究生教育主要针对社会特定职业领域需要，培养具有较强专业能力和职业素养、能够创造性地从事实际工作的高层次应用型专门人才，而专业学位研究生教育实践基地则是培养专业学位研究生的重要载体。尽管我国专业学位研究生教育实践基地已经形成了比较完备的体系，但面对高质量发展的要求仍存在诸多问题。

一、专业学位研究生教育实践基地建设情况介绍

为了对全国专业学位研究生教育实践基地建设现状有一个全面的了解，本书课题组在全国范围内发放了 1436 份学生问卷，其中，有效问卷 1281 份。各学科样本数量如表 3-4 所示。其中，工学类的专业学位研究生占比最高，为 30.84%；医学、管理学及教育学占比分别为 18.11%、15.85% 和 14.13%。各学科样本量与我国专业学位研究生教育各学科在校生数量基本保持一致。

表 3-4　样本中各学科占比情况

学科	样本数 / 份	百分比 /%
经济学	53	4.14
法学	67	5.23
教育学	181	14.13
文学	61	4.76
工学	395	30.84
农学	89	6.95
医学	232	18.11
管理学	203	15.85

注：在调查样本中，因收集上来的艺术学和历史学的样本数量较少，故将其进行剔除。

（一）培养资源投入

专业学位研究生教育实践基地对专业学位研究生的培养，需要一定的师资、教学设施设备及实践条件等培养资源。优质的培养资源是专业学位研究生培养质量的重要保障。

1. 导师资源

调研发现，34.25% 的实践基地有校外实践导师 1~2 人，33.17% 的实践基地有校外实践导师 3~4 人，17.31% 的实践基地有校外实践导师 5~6 人，7.33% 的实践基地有校外实践导师 7~8 人；5.14% 的实践基地有校外实践导师 9~10 人，2.81% 的实践基地有 10 人以上校外实践导师（如图 3-1）。总体来看，67.42% 的实践基地导师人数在 4 人或 4 人以下。

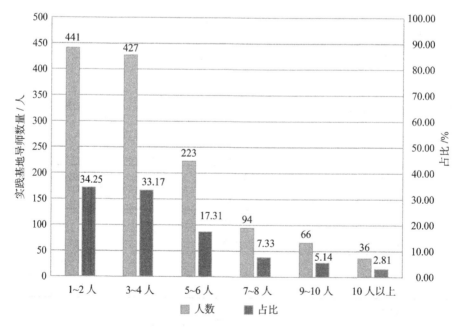

图 3-1　实践基地导师数量占比分布

从各个学科来看，经济学、法学、文学、农学学科的实践基地实践导师为

1~2名的占比在50%以上，且拥有3~4名实践导师的基地占比在30%左右。教育学学科的教育实践基地的实践导师在4名及4名以下的占比约为84.53%。而工学的教育实践基地的实践导师在3~4名的占比为41.01%，1~2名的为31.14%，实践导师在4名及4名以下的占比近70%。医学学科的实践基地实践导师5~6名的占比为41.38%，1~2名导师和3~4名导师的占比分别为11.21%和20.26%（见表3-5）。总体来看，实践导师数量占比较高的学科为医学、管理学及工学等学科。

表3-5 各学科实践基地导师数量

选项	经济学（53人）		法学（67人）		教育学（181人）		文学（61人）	
	样本数	百分比/%	样本数	百分比/%	样本数	百分比/%	样本数	百分比/%
1~2人	29	54.72	34	50.75	78	43.09	35	57.38
3~4人	14	26.42	21	31.34	75	41.44	18	29.51
5~6人	6	11.32	7	10.45	16	8.84	2	3.28
7~8人	2	3.77	2	2.99	6	3.31	3	4.92
9~10人	1	1.89	2	2.99	4	2.21	2	3.28
10人以上	1	1.89	1	1.49	2	1.10	1	1.64

选项	工学（395人）		农学（89人）		医学（232人）		管理学（203人）	
	样本数	百分比/%	样本数	百分比/%	样本数	百分比/%	样本数	百分比/%
1~2人	123	31.14	55	61.80	26	11.21	58	28.57
3~4人	162	41.01	28	31.46	47	20.26	60	29.56
5~6人	51	12.91	2	2.25	96	41.38	42	20.69
7~8人	32	8.10	2	2.25	24	10.34	23	11.33
9~10人	21	5.32	1	1.12	21	9.05	14	6.90
10人以上	6	1.52	1	1.12	18	7.76	6	2.96

2. 实践基地教学条件的满意度

优质的教学条件是基地专业学位研究生培养质量的重要保障。调研结果显示，专业学位研究生对实践基地的教学条件总体满意度有待提高。约68%的学生对实践基地教学条件满意（满意及以上程度）；但仍有约32%的学生对实践基地教学条件不满意，其中约20%的学生比较不满意，约9%的学生不满意，约4%的学生非常不满意（如图3-2）。

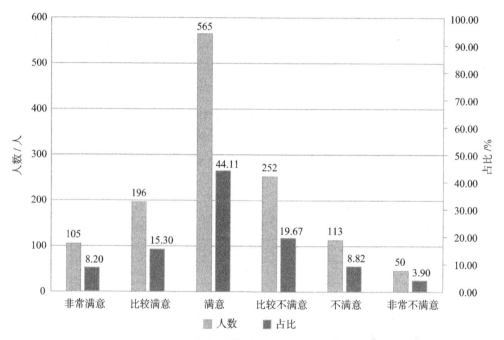

图3-2 实践基地教学条件满意度

从各学科专业学位研究生对基地教学条件满意度来看，满意度由高到低分别为医学（80.6%）、经济学（75.47%）、法学（74.63%）、管理学（72.41%）、文学（68.85%）、教育学（67.40%）、农学（64.05%）、工学（55.95%）（见表3-6）。通过访谈可知，专业学位研究生对实践基地教学条件不满意的原因主要是基地所挂靠的公司或企业规模不大，基地场地小，条件差；仪器设备不先进，不能满足实验需求。

表 3-6　各学科实践基地教学条件满意度

选项	经济学（53人）		法学（67人）		教育学（181人）		文学（61人）	
	样本数	百分比/%	样本数	百分比/%	样本数	百分比/%	样本数	百分比/%
非常满意	3	5.66	8	11.94	18	9.94	7	11.48
比较满意	8	15.09	7	10.45	35	19.34	8	13.11
满意	29	54.72	35	52.24	69	38.12	27	44.26
比较不满意	9	16.98	7	10.45	32	17.68	11	18.03
不满意	2	3.77	5	7.46	18	9.94	6	9.84
非常不满意	2	3.77	5	7.46	9	4.97	2	3.28

选项	工学（395人）		农学（89人）		医学（232人）		管理学（203人）	
	样本数	百分比/%	样本数	百分比/%	样本数	百分比/%	样本数	百分比/%
非常满意	31	7.85	7	7.87	14	6.03	17	8.37
比较满意	54	13.67	15	16.85	42	18.10	27	13.30
满意	136	34.43	35	39.33	131	56.47	103	50.74
比较不满意	99	25.06	23	25.84	32	13.79	39	19.21
不满意	54	13.67	7	7.87	9	3.88	12	5.91
非常不满意	21	5.32	2	2.25	4	1.72	5	2.46

（二）实践基地管理

1. 实践基地规章制度建设情况

规章制度是对实践基地实施一定的管理行为的依据，是实践基地有序开展专业学位研究生培养的保证。调查结果显示，基地规章制度建设有待加强。约 63% 的学生认为基地规章制度完善，仍有约 37% 的学生认为不完善（如图 3-3）。

2. 实践基地组织机构设置情况

高校与企业双方共建组织机构是实践基地有序运行的重要组织保障。实践基地组织框架应层次分明、科学合理，职责分工明晰、人员搭配合理，唯有此才能顺利高效地推进实践基地工作。调查结果显示，基地组织机构设置有待完善。调查数据显示，仅有约 58% 的学生认为基地组织机构设置完善，约 29% 的学生认为基地组织机构设置比较不完善，约 9% 的学生认为实践基地组织机构设置不完善，约 4% 的学生认为实践基地组织机构设置非常不完善（如图 3-4）。

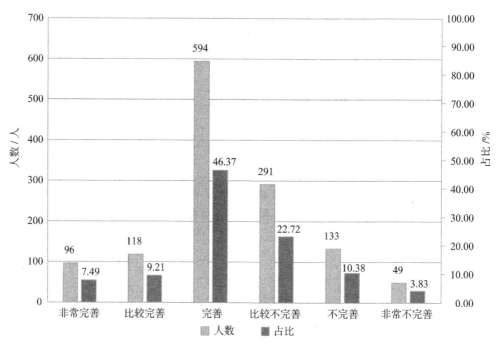

图 3-3　学生对实践基地规章制度建设情况的满意度

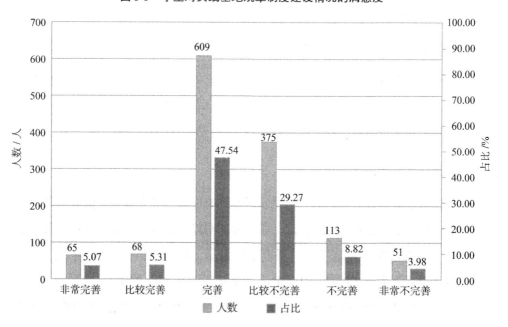

图 3-4　学生认为的实践基地组织机构设置情况

3. 实践基地对研究生进行管理的内容

研究生进入实践基地开展专业实践，实践基地需对研究生进行一定的管理。良好的实践基地管理方式，有助于保证研究生联合培养质量，也有助于实践基地的可持续发展。调查结果显示，74.40% 的实践基地对学生的出勤进行考核，72.76% 的实践基地对学生进行任务或项目进度检查，58.24% 的实践基地对学生进行工作绩效考核并为学生购买保险，53.55% 的实践基地对学生进行过安全培训，42.00% 的实践基地对学生进行中期考核，41.53% 的实践基地对学生的专业实践效果进行评定（见表 3-7）。

表 3-7　实践基地对研究生进行管理的内容

选项	响应率		普及率 /%
	样本数 / 人	百分比 /%	
任务或项目进度检查	932	17.08	72.76
安全培训	686	12.57	53.55
出勤考核	953	17.47	74.40
工作绩效考核	746	13.67	58.24
专业实践效果评定	532	9.75	41.53
（人身、意外）保险购买	746	13.67	58.24
中期考核	538	9.86	42.00
其他	323	5.92	25.21
总计	5456	100.00	—

注：响应率指各个选项的相对选择比例情况；普及率指选择某选项人数占总人数的百分比，下同。

4. 实践基地对研究生采取的奖惩措施情况

奖惩措施的制定，有利于提升研究生在专业实践中的积极性。调查结果显示，58.24% 的实践基地根据研究生产生成果的质量给予相应物质奖励；50.43% 的实践基地依据研究生的考评结果，确定发放给研究生的补贴金额；19.75% 的实践基地对于专业实践考核成绩优异者，授予荣誉称号；7.96% 的实践基地对于不合格的研究生采取批评、延期等惩罚措施；16.71% 的实践基地对不合格的研究生实行"淘汰制"（见表 3-8）。

表 3-8　实践基地对研究生采取的奖惩措施情况

选项	响应率		普及率 /%
	样本数 / 人	百分比 /%	
根据成果质量，给予相应物质奖励	746	32.79	58.24
依据考评结果，确定补贴	646	28.40	50.43
对专业实践考核成绩优异者授予荣誉称号	253	11.12	19.75
对于不合格的研究生采取批评、延期等惩罚措施	102	4.48	7.96
对不合格的研究生实行"淘汰制"	214	9.41	16.71
暂无奖惩措施	211	9.27	16.47
其他	103	4.53	8.04
总计	2275	100.00	—

5. 对实践基地管理的满意程度

专业学位研究生对实践基地管理的满意程度在一定程度上反映出实践基地的管理质量。调查结果显示，实践基地管理工作有待加强。数据显示，仅有约66% 的研究生对实践基地管理满意，约 23% 的研究生对实践基地管理工作比较不满意，约 8% 的研究生不满意，约 3% 的研究生非常不满意（如图 3-5）。

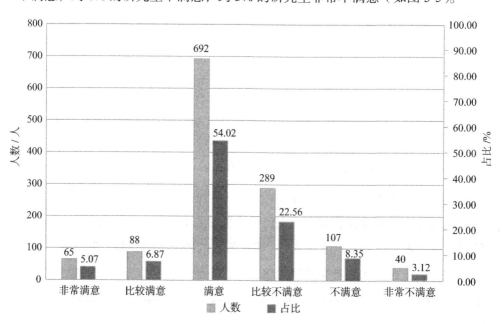

图 3-5　研究生对实践基地管理的满意度

（三）研究生主要实践活动

实践基地的培养研究生过程，是一个依照培养计划这一理想蓝图来开展工作的过程，通过培养资源的投入及教学、科研、考核活动的开展，将研究生培养成为符合社会需求的高层次应用型创新人才。参与合作单位的研发项目，是研究生在实践基地接受联合培养的主要活动，是培养研究生应用研发能力、创新能力、实践能力的重要途径。同时，研究生在实践基地参与的项目，又是研究生学位论文的内容来源。探究研究生在实践基地从事的主要实践活动，是了解与评价研究生实践基地联合培养情况的重要指标。

1. 项目参与

组织研究生参与项目工作是实践基地培养专业学位研究生的重要途径。联合培养基地为研究生提供了参与项目研究的机会。一方面，可通过项目使专业学位研究生将理论与实践相结合，深化研究生的专业知识，增强其发现问题和解决问题的能力。另一方面，通过横向项目，培养研究生的创新能力、应用能力、职业素养。调研结果显示，专业学位研究生在教育实践基地中参与项目的情况并不理想。其中未参加基地项目的学生占比约 22%，参加 1 项基地项目的学生占比为约 41%，参加 2 项基地项目的学生占比为约 20%（如图 3-6）。

再从各学科参与项目的情况来看，因学科专业性质及培养模式的不同，各学科的研究生参与基地项目的情况存在较大差异。首先，农学和工学两门学科的专业学位研究生参与基地项目的数量相对较多，参加 1 项基地项目的学生占比分别为 41.57% 和 34.43%，参加 2 项基地项目的学生占比分别为 30.34% 和 25.81%，参加 3 项及以上基地项目的学生占比分别为 11.24% 和 29.11%，而未参与项目的学生占比分别为 16.85% 和 10.63%。其次是医学、管理学和文学，未参与项目的学生占比分别为 19.83%、26.60%、14.75%，参与过 1 项项目的学生占比分别为 53.88%、43.35% 和 54.10%。最后，经济学、法学和教育学未参与项目的学生占比较高，分别为 45.28%、31.34% 和 39.23%（见表 3-9）。

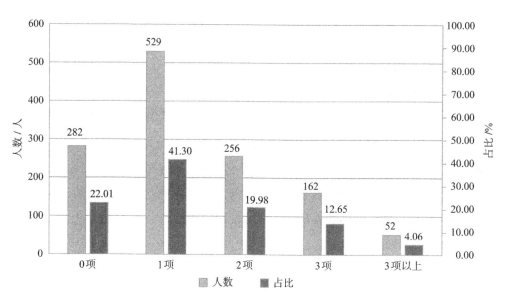

图 3-6　实践基地学生课题项目参与情况

表 3-9　各学科实践基地学生项目参与情况

选项	经济学（53人）		法学（67人）		教育学（181人）		文学（61人）	
	样本数	百分比 /%	样本数	百分比 /%	样本数	百分比 /%	样本数	百分比 /%
0 项	24	45.28	21	31.34	71	39.23	9	14.75
1 项	20	37.74	26	38.81	64	35.36	33	54.10
2 项	4	7.55	11	16.42	21	11.60	11	18.03
3 项	4	7.55	7	10.45	22	12.15	5	8.20
3 项以上	1	1.89	2	2.99	3	1.66	3	4.92

选项	工学（395人）		农学（89人）		医学（232人）		管理学（203人）	
	样本数	百分比 /%	样本数	百分比 /%	样本数	百分比 /%	样本数	百分比 /%
0 项	42	10.63	15	16.85	46	19.83	54	26.60
1 项	136	34.43	37	41.57	125	53.88	88	43.35
2 项	102	25.82	27	30.34	37	15.95	43	21.18
3 项	83	21.01	5	5.62	21	9.05	15	7.39
3 项以上	32	8.10	5	5.62	3	1.29	3	1.48

2. 校内外导师对研究生指导的内容及频率

通过实践基地这一形式开展专业学位研究生培养工作，旨在发挥校内导师在理论方面的指导作用以及校外导师在实践方面的指导作用。对此，本书对校内外导师指导研究生的内容和频率进行了调查。

（1）校内导师对研究生的指导内容及指导频率

调查结果显示，校内导师对于研究生的指导与培养主要集中在学位论文撰写（96.33%）、解决科研中遇到的问题（79.94%）、培养计划制订（76.03%）、课程讲授（74.00%）、学位论文选题（65.50%）等方面。而实践项目选题（40.05%）及实践现场指导（30.76%）等方面的指导较少。可以看出，校内导师主要是在提升学生理论知识和理论分析能力方面发挥了主要作用，在专业实践方面对研究生的指导相对较少（见表3-10）。

表 3-10　校内导师对研究生的指导内容及频率情况

选项	响应率		普及率 /%
	样本数 / 人	百分比 /%	
培养计划制订	974	15.86	76.03
学位论文选题	839	13.66	65.50
解决科研中遇到的问题	1024	16.68	79.94
学位论文撰写	1234	20.10	96.33
课程讲授	948	15.44	74.00
实践项目选题	513	8.36	40.05
实践现场指导	394	6.42	30.76
其他	214	3.49	16.71
总计	6140	100.00	—

关于校内导师在专业实践方面指导的及时性，调查结果显示，当研究生在专业实践中遇到困难，需要校内导师的指导时，70.57%的学生表示，校内导师总能及时给予其指导；19.28%的研究生表示，校内导师很少给予其指导；

10.15%的研究生表示，校内导师几乎不给予其指导。这表明，对于来到实践基地进行专业实践的研究生，总体上校内导师的指导还是比较及时的，但有小部分校内导师应加强对在基地进行实践的研究生的关心与指导（如图3-7）。

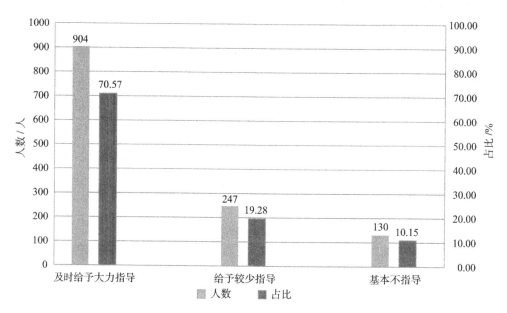

图 3-7　校内导师对研究生专业实践的指导情况

（2）校外实践导师对研究生的指导内容

在导师给予的指导方面，校外导师指导内容的侧重点与校内导师有所不同。调查结果显示，校外导师对专业学位研究生的指导与培养有待加强。校外导师给予的指导主要体现在实践操作方面，包括实践现场指导（68.38%）、实践问题指导（54.80%）、实践项目选题（53.79%），可见校外导师重在指导研究生在实践中遇到的真实情景中的问题，这是实践基地这一培养模式的优势所在。除此之外，作为校外导师，同样担负着为专业学位研究生制定培养计划、进行学位论文指导乃至承担课程讲授的任务，这体现出校外导师担任实践指导和理论指导的双重任务，以实践指导为主，以理论教授为辅，这样的指导状况符合专业学位研究生的学术性与应用性并重的培养目标。但是，调查结果显示，当前校外导师在研究生培养计划制订（33.72%）、学位论文撰写（39.19%）、课程讲授（31.30%）等方面的参与度较低（见表3-11）。

表 3-11　基地实践导师对研究生的指导内容情况

选项	响应率		普及率 /%
	样本数 / 人	百分比 /%	
实践现场指导	876	21.02	68.38
实践项目选题	689	16.53	53.79
实践问题指导	702	16.85	54.80
培养计划制订	432	10.37	33.72
学位论文选题	421	10.10	32.86
学位论文撰写	502	12.05	39.19
课程讲授	401	9.62	31.30
其他	144	3.46	11.24
总计	4167	100.00	—

二、专业学位研究生教育实践基地建设存在的问题

尽管我国的专业学位研究生教育实践基地已经形成了比较完备的体系，但面临高质量发展的要求仍存在诸多问题。

（一）专业学位研究生教育实践基地准入门槛低，企业参与积极性不高

专业学位研究生教育实践基地面临着经费投入不足、基地成果难以转化、"人身依附"现象严重等问题，导致专业学位研究生实践基地的准入门槛很低，挫伤了企业参与的积极性。

1. 教育实践基地经费投入不足

研究生到行业、企事业单位进行专业实践需要一定的人力、物力和财力资

源保障，包括为研究生提供工作实践和科研条件。在访谈中，基地管理人员和基地导师均表示，基地建设经费投入不足。在调研中亦发现，仅有 67% 的学生对实践基地教学条件达到满意程度，其中工学学科的学生对实践基地教学条件的满意度仅有 55.95%，仍有约一半的学生对实践基地教学条件表示不满意。校企共建专业学位研究生教育实践基地缺乏长效运行的经费投入机制和利益共享机制，导致企业缺乏合作意愿。

2. 教育实践基地成果转化难

大部分实践基地仅仅是挂牌而已，一些基地不具备相关专业项目、科研课题或成果转化推广的条件。通过对教育实践基地的走访发现，绝大多数高校并未与合作单位建立包含项目合作、科研成果推广等内容的深度合作关系，往往只是高校单方面介入，对于企事业单位的需求考虑不多，造成双方合作的脱节。关于高校对实践基地合作单位的要求，有高校管理者表示："没有什么要求，只要能提供场所，接收我们的学生就行。"亦有基地管理者表示："现在基地与学校的合作主要是针对学生的实习及实践，具体的科研项目较少，且项目的成果转化也较难。"在对学生的调研中，亦反映出学生参与基地项目的机会较少，未参加基地项目的学生占比 22%，参加 1 项基地项目的学生占比为 41%，参加 2 项基地项目的学生占比为 20%。

此外，许多教育实践基地的成立和建设，主要还是非官方的民间组织行为，其稳定性和发展性不够。一旦这一学科带头人退休或者调离，实践基地也就变得名存实亡了。

（二）专业学位研究生教育实践基地的合作机制有待优化，协同育人的模式和方法较为粗浅

1. 校内外导师职责模糊

实践基地设立"双导师"制度的目的，是把具有丰富实践经验的专家引入

到专业学位研究生的培养过程中，以弥补校内导师实践经验的不足，这样就可以实现校内导师和校外导师在理论和实践指导上的优势互补。然而在实践基地的实际运转过程中，校外导师往往是企业的中上层领导或技术骨干，企业绩效考核、员工管理制度等使校外导师没有空闲的时间和多余的精力指导专业学位研究生开展实践，因此，实践环节只停留在参观见习的层面。有校外导师表示："其实，我们实践导师都是想好好带学生的，给学生最大的帮助与指导，但是由于工作繁忙，对学生的指导就有所疏忽了。"而对学生的调查问卷亦显示，仅有约70%的实践导师会进行实践的现场指导，但是频率不高，约50%的实践导师会对学生在实践过程中遇到的问题进行及时耐心的指导。校内导师由于承担自身的科研课题，为完成科研任务不得已要求学生进行帮忙，这就使专业学位研究生仍停留在科研压力的困局中，校内导师并没有担负起他们在实践基地中的教学职责。有校内导师表示："学生到实践基地进行学习，其实主要承担实践指导任务的应该是基地内的实践导师。"另外实践基地联合申请的课题或项目，由于缺乏明确的校内外导师责任机制，致使校内外导师无法对基地的科研工作有序高效地展开。校内外导师职责模糊会造成专业学位研究生的理论和实践无法高度融合，影响专业学位研究生的人才培养质量。

此外，校内导师和校外导师缺乏沟通。40.12%的学生表示，校内的导师与实践导师存在沟通缺乏的问题。其中，31.12%的学生认为这一问题的严重性较轻，18.46%的学生认为这一问题一般严重，8.27%的学生认为这一问题比较严重，2.03%的学生认为这一问题非常严重。在基地联合培养过程中，校内外导师的通力合作是确保研究生培养质量的重要条件。校内导师的主要活动范围是在高校内，校外导师的主要活动范围是在实践基地，校内导师的工作主要是在学术领域，校外导师主要的工作领域则是在企业等社会生产部门，工作空间和内容的差异，给校内外导师的沟通交流带来了一定的不便。

2. 合作成果贡献率较低

专业学位研究生教育实践基地是指具有各类专业学位授予权的高等学校与企事业单位、科研院所共同建立，旨在培养专业学位研究生实践能力的场所，建设的目的是满足区域经济建设、社会发展、技术进步和专业人才培养的需要。但实践基地与合作单位由于双方的科研人员都有各自的专职工作，双方科研人员的交流并不畅通。另外，在现有的职称晋升和激励机制下，导师们通常将他们的精力集中于核心期刊论文发表和著作的出版数量上，对于申请的横向合作课题和发表的科研论文是否符合市场需求、是否能转化为现实生产力的关注度不够，导致实践成果无法满足合作单位的需要，合作成果贡献率较低。

3. 专业学位研究生教育实践基地缺乏监督与管理

专业学位研究生实践的许多关键环节缺乏监督和管理。问卷调查结果显示，63% 的学生认为基地规章制度完善，仍有 37% 的学生认为不完善。随着全日制专业学位研究生规模的增大，带有顶岗实习性质的高标准实践教学对原有的校企合作模式及研究生管理模式都提出了全新要求，实习期间研究生的思想教育、日常管理、成绩考核、人身安全等问题都成为重要的管理环节。但是，由于学生短期的顶岗实习会扰乱企业的正常生产经营秩序，企业不愿意接受研究生顶岗实习，致使研究生在实践基地实习期间成了勤杂工，实践教学成了"时间教学"，两年制全日制专业学位研究生教育在一定程度上沦为"翻版"的研究生课程班。

（三）专业学位研究生教育实践基地的建设与管理有待完善

1. 校企权责不分

高校和企事业单位缺少专业学位研究生教育实践基地的管理制度和运行机制，没有明确各方责权利，特别是不能妥善解决知识产权归属问题。校企双方大多数没有协商制订专业学位研究生教育实践基地规章制度和具体的专业实践标准，专门管理机构和人员不足，无法实施精细化管理。

2. 政策落实不到位

高校对国家关于专业学位研究生教育实践基地的已有政策落实不到位，而且执行上也不够理想。高校对政策执行存在表面化、形式化现象，特别是文科专业学位研究生的实践基地数量少、质量低。企事业单位出于经济效益和工作风险等因素的考虑，存在合作不积极、教学参与力度弱等问题。

3. 配套的国家政策法规不到位

一些专业领域的研究生培养未与职业准入资格挂钩，企业并不关注专业人才的高校培养效果，而是从相近专业选拔培养学生以补齐人才缺口；同时，企业与高校分属不同行业，主管政府部门不同，只能通过协商达成合作与约束关系，并没有相关的法律法规予以保障。

4. 实践教育基地的评估工作落实不到位

尽管国家、地方均出台了政策文件要求对实践基地进行评估，但由于缺乏明确、统一的评估标准，评估工作往往流于表面，未能真正落实。

三、专业学位研究生教育实践基地建设存在问题的原因分析

（一）专业学位研究生培养模式和学术型研究生培养模式雷同

纵观我国研究生教育发展史，学术型研究生教育起步早，并长期占据主导地位，很多高校对于专业学位研究生的培养方案、课程设置、教学安排、毕业要求等都倾向于借鉴学术型研究生的培养模式，导致专业学位研究生与学术型研究生的教育评价有很多地方雷同。❶专业学位研究生教育更侧重于学生应用能力、实践能力的培养，这就决定了高校不再是专业学位研究生培养的唯一主体，

❶ 任刚，余燕. 中外专业学位研究生培养模式对比——以工程硕士领域为例 [J]. 教育观察，2014（5）：13-16.

更需要校外教育资源。实践教育是专业学位研究生应用能力、实践能力培养的重要内容，而实践基地是专业学位研究生培养职业性、技术性的最优选择。受到长期学术研究生培养的惯性思维影响，国家、高校及社会没有建立起长效的、制度化的教育实践基地投入机制，这就导致教育实践基地建设缺乏足够的资金支持而不稳定，效果也得不到保障。一方面按照学术型研究生的培养方式，导致企业缺乏投资的兴趣；另一方面有些高校为了体现专业学位教育与学术学位的不同，就在学术型研究生的培养方案、毕业要求的基础上降低一定难度，直接作为专业学位研究生的培养方案。专业学位研究生培养模式和学术型研究生培养雷同，导致校企合作中企业的参与性不高，校企合作没有达到真正意义上的合作。❶

（二）各主体信任感缺失，工作积极性不高

实践基地建设过程中涉及的学生、教师、管理部门负责人在思维方式、目标需求、办事方式等各方面存在差异，难免会有矛盾冲突。以师范院校的中小学教育基地为例，带队教师对实习学生的专业方向和培养目标不了解，与实习学生的专业匹配性不高，在实践中就不能很好地对学生进行有针对性的指导。如果实践基地指导老师对教学技能和参加实习的学生的专业素养不太了解，对学生实践能力缺乏信任，这将直接影响双方在基地实践的工作积极性。

（三）缺乏有效沟通，影响培养效果

参与主体之间缺乏有效沟通，造成双方权责不明晰，直接影响了培养效果。学生与校内校外导师之间也缺乏有效交流，在实践中，学生更多是与基地导师打交道，而相应的实习任务和工作进度并没有及时向校内导师反馈。加之校内校外导师沟通不及时，导致实践效果打折扣。

---

❶ 龚玉霞，滕秀仪，塞尔沃.专业学位研究生培养模式创新研究 [J].黑龙江高教研究，2017（12）：104-107.

（四）尚未形成系统化的管理机制和评价考核体系

在专业学位研究生教育实践基地的建设过程中，实施高校的主管部门和教师并没有从根本上认识到基地建设对专业学位研究生人才培养的重要意义，对相关的规章制度了解不深入，对学生的需求动机各方面都没有做到详细透彻的分析，没有真正做到因材施教，在课程体系、教学组织形式、实践内容等方面都有待加强和完善，因此，尚未形成一整套全面系统的培养管理机制和切实可行的培养方案。对实践基地建设效果的整体评价、对老师和学生的评价，都缺乏具体成文的规划。在成果认定与分享、知识产权申报与保护、科研成果转化等方面都欠缺具体的规章制度保障。从评价考核方面来说，目前我国对研究生联合培养基地建设没有明确的评估机构，这就造成了评价标准的缺失，从而使基地建设的权责和成效得不到定性或定量的解释和分析，成了基地建设中的一大制约因素。对基地建设的成效没有标准化的评估，既不利于竞争合作氛围的形成，也不利于基地建设的后续发展，直接影响了教育实践基地正常功效的发挥。

第四节　专业学位研究生教育实践基地绩效的
主要影响因素

专业学位研究生教育实践基地建设关乎研究生实践能力的培养，甚至影响专业学位研究生的培养质量。对教育实践基地建设情况进行有效评价是其运行反馈的重要环节。❶ 而谈及评价，首先要分析的就是影响专业学位研究生教育实践基地绩效的一些因素，特别是起到关键作用的主要因素。专业学位研究生教育实践基地是"以培养专业学位研究生的创新精神和实践能力为出发点，以推进产学研深入合作为导向，围绕社会生产发展，以高校为主体，依托研发能

❶ 杨玉. 专业学位研究生教育实践基地建设及评价研究 [J]. 高等农业教育，2016（6）：98-101.

力较强的企业和科研院所等建立的研究生层次应用型人才培养平台"❶。依据专业学位研究生教育实践基地的基本内涵，我们可以将影响其质量评估的因素分为外部因素和内部因素（如图3-8）。外部因素主要指政府因素，专业学位研究生的培养要以适应社会生产发展为前提，政府的政策导向决定了专业学位研究生教育实践基地的发展方向。内部因素主要指高校因素与企业因素：高校是专业学位研究生教育实践基地建设的主体，高校为教育实践基地提供了技术支持、人才储备；企业是教育实践基地的基本载体，为教育实践基地提供技术支持、实践指导以及资金注入。

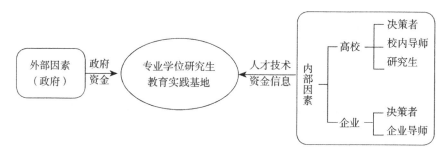

图3-8　影响专业学位研究生教育实践基地绩效的因素

一、外部因素

影响专业学位研究生教育实践基地绩效的外部因素主要指的是政府因素。政府在教育实践基地中主要起到宏观指导、统筹协调的作用。政府通过制定和完善法律法规、政策制度，在经费上给予教育实践基地倾斜等，对教育实践基地给予必要的鼓励和支持，引导和激励教育实践基地的发展。

第一，政府通过制定和完善相关法律法规，如通过立法保护研究生在教育实践基地参加实践过程中的合法权益（如劳动保护、意外伤害保险等），明确高

❶ 陈小平，孙延明，曹蕴，等.全日制硕士专业学位研究生联合培养基地治理机制探析——基于利益相关者视角 [J]. 学位与研究生教育，2015（8）：15-20.

校、企业在联合培养基地建设过程中的权利和义务，弱化高校、企业、研究生的消极情绪。

第二，政府给予教育实践基地资金上的支持，以此调动企业和高校发展教育实践基地的积极性，如对参与合作的企业提供项目资金、匹配资金、风险资金及税收减免等，对参与合作的高校给予一定的增量招生指标及专项资金支持，以此来调动高校和企业的积极性。

本课题组在实地调研中发现，尽管政府在教育实践基地的建设中发挥着巨大的作用，但仍存在配套政策法规缺失、不到位的情况，如一些专业领域的研究生培养未与职业准入资格挂钩，企业并不关注专业人才的高校培养效果，而是从相近专业选拔培养学生以补齐人才缺口；同时，企业与高校如果分属不同行业，主管政府部门就不同，只能通过协商达成合作与约束关系，并没有相关的法律法规给予保障。

二、内部因素

影响专业学位研究生教育实践基地绩效的内部因素主要指的是高校因素和企业因素。对于高校来说，它们十分关注教育实践基地人才的培养，教育实践基地是高校进行人才培养的重要场所，也是提高专业学位研究生实践能力的重要载体，高校是教育实践基地建设的主体。企业在专业学位研究生教育实践基地中承担着载体的角色，为教育实践基地提供专业技能上的指导与实践的场所，也是影响教育实践基地建设的重要因素之一。对于企业而言，与高校合作建设教育实践基地的主要目的是提升企业在同行业中的核心竞争力，通过教育实践基地的平台，将生产中的重大疑难技术问题与高校联合进行攻关，在解决技术难题的基础上，带动企业自身技术人员的能力提升，同时也积累了优秀人才储备。因此，从企业的角度考虑，如果要提升教育实践基地的绩效，就要考虑到企业的利益，充分激发企业参与建设教育实践基地的积极性。

教育实践基地是一个跨界合作的组织，其运行绩效应建立在两个前提和基础上：一是明确的分工，二是良好的运行机制。而要做到这两点，我们首先就要搞清楚高校与企业在教育实践基地中的利益诉求分别是什么。

（一）高校、企业的利益诉求

高校资源是有限的，为培养具备职业能力的人才肯定需要寻找合作单位，依托合作单位培养研究生。因此，高校在选择合作的企业时会考虑合作单位可提供的校外导师数量和其职务级别、合作单位的仪器设备和资金投入条件及合作单位领导是否重视实践基地的建设等。具体而言，我们又可以把高校诉求具体分解成三类主体的诉求，即高校的决策者、校内导师及专业学位研究生各自的利益诉求。高校决策者在教育实践基地的建设中主要利益诉求有四个方面：一是提高专业学位研究生的培养质量；二是弥补实践教学资源的不足；三是提高科研成果的转化率；四是增强学校适应社会和服务社会的能力，提高学校声誉和影响力。校内导师的利益诉求主要包括三个方面：一是加深对相关行业需求及动态的了解；二是积累行业实践经验，增强实践教学能力；三是获得企业研究课题。专业学位研究生的利益诉求则更多关注未来发展的潜力上，主要体现在：一是提高自身实践能力与创新能力；二是积累实践经验，为将来就业积蓄能量；三是积累促进职业发展的社会资本。

与实践基地进行合作的企业普遍关注经济利益的获取，这主要体现在两方面：一是企业可以从实践基地培养的学生中选取优秀人才直接留用，这将为企业节省招聘员工和培养员工的成本；二是实践基地能产出高科技产品或科研成果来促进企业经济效益提升。我们也把企业主体分成两类，即企业的决策者、企业导师。企业决策者的利益诉求主要考虑的是：降低研发成本和风险；带动企业人才培养；获得优秀人才储备；提升企业核心竞争力。企业导师的利益诉求主要包括两个方面：一是加强与教育界的联系，提高技术创新能力；二是获得个人价值体现和荣誉感。

（二）建立高校、企业协同联动的管理和运行机制

在明确高校、企业利益诉求的基础上，高校和企业之间必须加强协同联动，形成决策者协调、管理者组织、双方导师主导的管理与运行机制，重点要突出协议机制、沟通机制及考核机制，有效地推动教育实践基地的建设。

第一，建立协议机制，保证企业、高校利益的合法性。校企双方决策者须签订共建教育实践基地的合作协议，明确双方的责、权、利：研究生进入基地前须与校内外导师签订校外实践协议书和实践任务书，明确实践内容、形式及各自的职责；研究生进入基地后须与基地签订保密协议，保护各自权益不受损害。

第二，建立沟通机制，保证信息交流渠道的畅通。高校决策者与企业决策者应建立联席会议制度，确保及时有效推进基地建设工作；高校导师和企业导师应建立定期沟通制度，根据研究生的科研进展情况定期研讨，保证科研水平和人才培养质量；双方基地管理者应定期举行座谈会，邀请双方导师和研究生共同参与，听取他们的意见，及时解决专业实践过程中遇到的问题，必要时可提请决策者召开联席会议讨论，不断完善管理体制机制。

第三，建立考核机制，保证专业实践任务的完成质量。校企双方决策者明确专业实践的基本要求及评价标准，高校管理者须加强对专业实践考核的组织管理工作。由企业导师和高校导师共同对研究生职业素养、专业实践质量作出客观公正的评价，切实保证人才培养质量。

（三）建立高校、企业的激励机制

为保证高层次应用型人才培养目标与技术创新目标的实现，教育实践基地还要完善和强化对高校、企业的激励机制，充分调动企业、双方导师和研究生的积极性，增强其紧迫感，具体体现在以下几个方面。

第一，高校要更新理念，构建与企业的全面战略合作机制。改变以往"点对点"的项目合作模式，将联合培养基地的研究实践工作与企业的发展战略紧

密结合起来，使高校人才培养与企业科学研究、技术创新深度融合，利用高校的学科优势建立多学科、科研团队参与的"面对面"合作模式，形成企业与高校在联合培养基地平台上长期合作的运行机制。

第二，高校要改革专业学位研究生导师专业技术职务评审及岗位聘任制度。一方面要求专业学位研究生导师必须到联合培养基地、产学研合作基地进行半年到一年的脱产实践或挂职锻炼；另一方面将专业学位研究生导师承担的重大校企合作科研项目、解决实际问题所获得的成果、取得的相关行业（专业）职业资格证书等作为职称评聘中的重要指标，调动导师积极参与联合培养基地项目合作的积极性。通过专业学位研究生导师人事评聘制度的改革，密切联合培养基地的校企合作，切实提高企业的积极性。

第三，完善企业参与人才培养全过程的制度设计。一方面，高校要建立企业专家参与生源选拔、学位论文开题、中期检查及答辩环节的过程管理机制，强化企业的主体意识，将企业用人标准与高校生源选拔标准、人才培养标准相结合，满足企业对人才的需求。另一方面，企业要调整员工职称评聘及晋升制度，将企业导师的研究生指导工作量、指导成效与职称评聘及晋升制度相衔接，调动企业导师参与研究生联合培养的积极性。

第四，完善专业学位研究生培养经费的分配机制，适当向联合培养基地倾斜。高校应设立联合培养基地的专项基金，用于导师、基地管理者的工作津贴、研究生的交通补贴，以及保险、联合培养基地评优项目资助等。另外，高校应改革研究生奖学金评选制度，将专业学位研究生在联合培养基地实践过程中获得的成果纳入奖学金评定的业绩指标，调动利益相关者的积极性。

第四章　各国专业学位研究生教育实践
基地建设比较研究

实践基地是专业学位研究生进行专业实践的主要场所，是有效实施人才培养模式的基本保障，是产学研结合的重要载体。实践基地建设水平的高低直接决定了专业学位研究生的培养质量。目前，我国专业学位研究生教育实践基地在政策引领和高校自主建设双重驱动下已经初具规模，但在质量和成效等方面仍然存有诸多不足。立足我国专业学位研究生教育的发展实际，积极借鉴国外有益的经验和做法，高质量建设专业学位研究生教育实践基地，对于提升专业学位研究生育人水平将起到重要的推动作用。

第一节　美国专业学位研究生教育实践基地建设的
经验与启示

实践环节是专业学位研究生培养中极其重要的一环，建设研究生联合培养实践基地能够有效提高专业学位研究生的创新、实践、科研能力。美国高校对于专业学位研究生实践有绝对的话语权,实践方式主要分为校内实习、校外实习、校内外实习相结合三种类型。美国政府也不断通过相关政策来鼓励企业进入高等教育，因其高等教育的高度市场化，其专业学位研究生的培养主要采用校企联合的方式进行，以保证专业学位研究生能够满足市场需求。

一、美国专业学位研究生实践基地建设的政策推动

美国专业学位研究生实践基地，是依据美国当局对高等教育和社会未来发展趋势的研判，结合自身所需而发展起来的，它的建设也随着国内外社会背景和社会需求多种因素的不断变化而进行不断变革。美国实行的是高等教育与市场一体化战略，特朗普上任后对高等教育进行了大刀阔斧的改革，不断出台相关战略性政策来推动其高等教育的发展，如《重塑技术在高等教育中的角色》(*Reimagining the Role of Technology in Higher Education—A Supplement to the National Education Technology Plan*, 2017)、《通过国际教育和参与取得全球成功》(*Succeeding Globally Through International Education and Engagement*, 2018)、《制定成功路线：美国的 STEM 教育战略（2019—2023）》(*Charting a Course for Success：America's Strategy For STEM Education*, 2019—2023) 等文件，其目的主要在于保障教育质量、教育国际化、市场一体化等，注重培养能够具备全球胜任力的专业型人才，并在未来进一步扩展市场和州政府的参与空间，以提高学生的专业能力和美国核心竞争力。而在研究生实践方面，美国政府培育专业学位研究生是以增加市场驱动劳动力为目的的，因此美国政府主张市场和州政府的介入，使市场与州政府参与到高等院校对专业研究生的培养之中，提升高等教育的市场化程度。

2020 年 2 月 10 日，特朗普政府指出，应以学生为优先级进行变革性的经济预算，将权力重新授予各州，限制联邦政府对教育的控制。美国高等教育在内外部环境的影响下，必然以多种方式提升高等教育的质量和效率。市场参与是美国高等教育现代化战略实现其战略目标的重要方式，市场亦是高等教育现代化发展战略的重要参与主体。特朗普站在联邦政府的角度，主张在各州负责主要经费的前提下，支持营利性机构加入研究生实践基地，在实践中为学生提供技能项目，使学生毕业后得到更多的就业机会。❶ 多元主体参与机制下的美

---

❶ President's FY 2021 Budget Request for the U.S. Department of Education[EB/OL]. (2021-06-15) [2023-01-18]. https：//www2.ed.gov/about/overview/budget/budget21/index.html.

国专业学位研究生教育将继续保持其多样性和相对独立性。市场参与到专业学位研究生实践基地的建设之中，为美国专业学位研究生实践基地的建设带来了新的元素与挑战，也催生了新的要求。得益于此，美国研究生实践基地也为市场提供了一大批高质量的研究生，以满足社会多元化、专业化人才的需求，适应社会的各类人才需求。

　　根据美国高等教育的培养政策，美国当前专业学位研究生实践基地以培养跨学科人才为主。如《重塑技术在高等教育中的角色》中，强调创建跨学科、跨行业的培养方案。❶ 其表明，经济与社会的飞速发展使各行各业的专业化程度不断提高，各职业的分工也越发细致，专业人才的交叉流动也不断出现，以往根据学科来划分人才的类型已经无法适应当前经济与社会的发展所需，培养跨学科、跨行业的人才已经成为当务之急。美国专业学位研究生实践基地根据方案需要，大力发展学生跨专业实践活动，以更好地适应不同类型、不同层次的专业人才培养要求。再如，《通过国际教育与国际参与制胜全球（2018）》要求致力于培养具有全球文化胜任力的公民。❷ 其强调美国高等教育的国际化程度，指出高等教育应围绕国家的相关议程制定相应的培养方案，通过实施国际化教育、进行多边组织合作、参与国际教育评估等活动，为未来社会培养专业人才。据此，美国专业学位研究生教育实践基地开展相关活动，帮助学生优化专业知识技能，通过升级相关课程，帮助学生掌握他国语言，让学生学会多视角分析，提高全球参与能力。此外，通过向其他国家专业学位研究生教育实践基地学习并与之合作、借鉴他国优秀的培养经验以加强美国专业学位研究生的培养质量，不断进行高等教育外交。

❶ Future Ready Learning : Reimagining the Role of Technology in Education. National Education Technology Plan[EB/OL]. [2017-11-18]. https://tech.ed.gov/files/2015/12/NETP16.pdf.

❷ Succeeding Globally Through International Education and Engagement（2018）[EB/OL].[2021-06-18]. https : //sites.ed.gov/international/files/2018/11/Succeeding-Globally-Through-International-Education-and-Engagement-Update-2018.pdf.

二、美国专业学位研究生教育实践基地建设的基本状况

当前，美国专业学位研究生的培养尤其强调实践经验。研究生实践基地多采取产学合作的方式来提高学生的实践能力。研究生培养单位与企业联合培养专业学位研究生，由校企双方共同建立研究生联合培养基地，一方面可以发挥高校人才雄厚、科研领先的长处；另一方面又可以发挥企业实用技术丰富、经费充足等优势，将研究生教育与实践紧密联系在一起，实现校企双方优势互补的研究生培养模式。美国专业学位研究生教育实践基地具备以下主要职能：一是增强学生发现问题和解决问题的实践能力，提升学生的职业性；二是开展科研合作，积极申请校级、州级、国家级等有关研究课题，满足区域经济发展的需求；三是定期组织各高校的学术交流和实践交流活动，加强理论和实践的相互融合。对学生的培养一般有项目设计、专业训练、工业实习等多种方式。美国专业学位研究生实践基地及时回应社会需求，在实践中紧密联系学生的专业背景，高效利用社会资源，落实学校、企业、社会部门的合作，实现人员、设备、资金等方面的交流，为高层次专业型人才的培养提供了优越的外部条件，形成了产学结合的专业学位研究生联合培养实践模式。其类型大致可分为三种。

第一种是以学校为主体来建立研究生实践基地，将企业有关的实际项目纳入专业学位研究生的培养方案，或是企业委托高校直接进行专业人才培养。为提高研究生实践基地实践的有效性和针对性，一部分美国高校将来自企业实践中的问题作为专业实践培养环节中的一部分。如麻省理工学院土木与环境工程专业研究生实践时间长达一年，实践内容为定向的个人毕业设计，并要求学生进行实地调研。此外，在专业实践中还辅助进行相关概念的课程教学，课程内容包括沟通交流技巧、面试谈判技能、项目评估管理等。麻省理工学院土木与环境工程专业致力于加强与企业、政府之间的合作，让企业与政府积极参与到研究生培养中，也让企业与政府为学生提供更多的就业机会。❶自 2000 年起，

❶ Professional Education[EB/OL]. [2021-06-16]. https：//professional.mit.edu/organizations.

美国杜邦公司就与麻省理工学院土木与环境工程专业进行生物材料与技术的合作开发，大大提升了专业学位研究生的技术与能力，同时也解决了企业实践中的许多问题，使麻省理工学院与杜邦公司形成了互利共赢的战略联盟。再如，自 1954 年以来，斯坦福大学与惠普公司一直保持着良好的合作关系，惠普公司于斯坦福大学成立硕士班，并让其员工参与到培训之中，提升员工的核心竞争力。

第二种是以企业为实践基地，将实践环节安排在企业内部进行。一些专业的实践项目不仅来自企业，而且还在企业内部进行实践活动。如加州理工大学的电气工程与计算机科学专业的 VI-A 计划，要求工程硕士一个春季或秋季学期和三个夏季学期的实践任务。实践的企业包括计算机、通信、电气等众多领域的世界知名企业，如 IBM、Compaq、朗讯等公司。企业为学生分配任务，为学生提供规划、设计、生产、测试等众多工程环节的实践条件和平台。高校则向公司委派教师负责相关事宜，并负责观察和记录学生的实践状况。当实践环节结束后，部分公司还会提供相应的职位，提供给实践中表现优秀的学生，这也提高了实践基地中学生的就业竞争力。

第三种模式以高校与企业共为研究生实践基地，双方同时对专业学位研究生进行培养，在教学的过程中同步进行实践活动。学生一边学习研究生课程，一边参加公司项目，公司也给予研究生相应的补助，学生毕业后也有机会留在公司。这样的合作模式对企业的科研项目有所帮助，也减少了企业的招聘成本。同时，学校不仅解决了学生的就业问题，也减少了学校在学生实践中的人力与物力投入。如麻省理工学院的物流专业工程学生有很多机会与世界各国企业进行合作，其合作方式包括毕业论文项目、新成员招募、供应链会谈、参观等。❶学生们与运输与物流中心的专业人员密切合作，共同进行科研项目的开发与探索，同时也可以到国际物流中心参观、学习、实践。参与合作的企业都是世界知名企业，如 IBM、英特尔等，约 90% 的研究生在毕业的同时被公司聘用，这也是校企联合培养专业学位研究生的重要原因之一。

---

❶ 张建功.中美专业学位研究生培养模式比较研究 [M].广州：华南理工大学出版社，2014.

此外，美国专业学位研究生实践基地非常重视实践中的教学环节，注重将学生所学的知识与实践紧密相连，由专业能力强的导师带领学生进行现场实践，参与到实际的项目中，使学生能够感受到知识该如何运用、职业有哪些价值。如耶鲁大学与当地的非营利机构 Neighborhood Housing 合作，实践内容要求学生在经济萧条的街区设计出一套家庭住宅的建造图。❶ 该实践项目使学生将自己真正置身到社会之中，不仅加强了学生自身的社会责任感，还增添了学生为社会服务的灵感与信念，为学生日后的职业生涯奠定了牢固的基础。该实践项目也充分证明了美国专业学位研究生联合培养的过程中非常注重将实践活动融入日常教学中。麻省理工的专业学位研究生培养基地注重将实践与课程紧密相连，在学生实践中，要求学生就现实生活中发生的事件进行思考，并提出相应的解决方案。例如，建筑专业进行的关于四川汶川特大地震后重建校园的实践项目，要求学生思考学校作为建筑的主要功能及其对于学生、家庭、社会的意义，并根据当地环境及建筑传统构建安全的建筑体系，让社会重新树立对学校的信心。可见，该实践方式既注重考查学生的学术能力，也注重考查学生将所学知识灵活运用到实践中去的能力（见表 4-1）。

表 4-1　美国五所高校专业学位研究生实践安排（以建筑学专业为例）

院校	实践方式
耶鲁大学	耶鲁大学自 1967 年起，就为建筑系的学生提供设计和建造建筑物的实践机会
加州大学伯克利分校	M.Arch 项目为学生提供较为全面的实践项目，学生可以根据个人需求选择实践课程
哈佛大学	参与 M.Arch 项目的学生若想获得职业从业资格，必须在建筑事务所参加实习，并通过资格考试
康奈尔大学	将专业实习活动安排在课程之中进行
麻省理工学院	将专业课中的部分课程与实践紧密相连，需要学生就现实生活中的建筑问题进行思考，并提出相应的解决方案

资料来源：根据五所学校网站资料整理获得。

---

❶ Graduate & Professional Study[EB/OL]. [2021-06-16]. https：//www.yale.edu/academics/graduate-professional-study.

三、美国专业学位研究生教育实践基地建设的主要经验

整体来看，美国专业学位研究生教育实践基地的发展战略以保障学生就业为重心，注重以学校与企业合作的方式提升研究生实践质量，培养学生具有全球文化胜任力，提高学生的专业能力及就业核心竞争力，使学生在毕业后能够拥有更多的就业机会。美国专业学位研究生教育实践基地经过多年的发展与完善，已经形成了较为完备的专业研究生培养模式，不断为市场提供高层次应用型人才，推动了美国经济的快速发展，也为他国专业学位研究生教育实践基地的建设提供了丰富的经验。通过批判性地分析美国专业学位研究生教育实践基地的发展战略，对推进我国专业学位研究生教育实践基地建设的进程有现实的借鉴意义。

（一）专业学位研究生实践基地应开展"产学研"结合的培养模式

当前专业学位研究生存在理论与实践脱节的问题，"产学研"结合的培养模式可以有效解决这一问题，实现理论和实践相结合的教学体系，在教学中强调将理论知识与实践操作相联系，在实践中开展基础理论与核心课程的相关讲解，巩固学生的理论知识，让学生将知识运用到实践中去。同时，加强理论与实践相结合的考核模式，让学生在实践中也能够感受到竞争力。专业学位研究生实践基地的建设应加强校企沟通，广泛地交流与合作，不断探索与研究。建设专业学位研究生实践基地要积极推进高校与企业之间的协作，合理利用学校的知识理论、研究成果与企业的实践资源，实行学校领导、企业参与的管理模式。同时，校企联合制定可行的实践课程，增加课程的实用性，实现教学与实践的紧密穿插，突出专业学位实践的优势与特色。

（二）专业学位研究生实践基地应加强与行业协会及部门之间的联系

专业学位研究生毕业后是直面社会各个领域与岗位的，因此，高校应积极

加强与相关行业协会及部门之间的联系。例如，专业学位研究生实践基地对学生培养目标的定位、综合素质的要求等，应保持与社会与市场的实际需求相吻合，专业学位的实践内容要与相关职业资格考试的内容相对接，力求推动专业学位与相关职业任职资格的无缝衔接，使相关行业协会及部门能够有效介入到专业学位研究生实践基地之中，在目标设置、实践安排、考核要求等方面提出具有指导性和可操作性的方案和对策。学校与相关部门围绕实践中的生产与技术的关键环节确定实践内容与科研合作项目，相关部门可以有效提升自身整体的研究能力，学校可以进一步提升学生的专业能力。专业学位研究生实践基地可以作为教育与职业良性互动的中介，实现专业学位与行业需求的紧密联系，让专业学位真正面向行业、依托行业，满足行业所需的高层次、复合型、应用型人才培养需求。

（三）专业学位研究生实践基地的建设应实现跨国界、跨企业、跨院校、跨专业之间的合作

促进经济与教育接轨，不断为我国的社会主义经济建设提供高质量的专业人才，高校之间要加强沟通与交流，把各自的优秀经验加以推广和宣传。不同专业之间也应该在课程设置、实践活动、物质资源上进行合理安排，加强不同学科之间的联系，实现复合型人才的培养。高校也应实现与国际知名高校协作进行联合培养，借鉴国外先进的专业学位研究实践基地的建设经验，针对不同学科、不同专业实施人才引进。同时，在条件允许的情况下，选拔出一批能力突出的学生到国外合作高校的实践基地进行学习深造，大力提高专业学位研究生的培养质量。专业学位研究生教育实践基地的发展战略从理念生成到落地，应充分发挥我国"集中力量办大事"的制度优越性，举全国之力推动专业学位研究生培养质量的全面提升。党和国家应发挥在高等教育发展过程中的引领作用，做好战略保障，为基地建设提供技术和制度支持。

（四）课程设置与专业实践相结合

专业学位研究生教育课程设置应改变以往将课程与实践相分离的局面，将实践活动融入课程安排之中。实践课程与社会的经济发展紧密相连，意在培养学生运用一定的理论来解决现实社会中所出现问题的能力，以此来提高学生的专业技能，并体现出较强的社会关联性。让学生体验在做中学、在学中做，使其在理论研究的同时接触社会，在实践活动中激发学生的科研兴趣，更好地增强学生的实践能力。

第二节　英国专业学位研究生教育实践基地建设的经验与启示

专业学位研究生是随着社会分工日益专业化的实际需要而发展起来的，体现出鲜明的应用与实践导向，旨在培养能够从事实践工作的高层次应用型专门人才。不同于学术学位教育重视研究生的理论水平、科研能力，专业学位教育更加重视研究生理论水平与实践能力的结合，兼顾学术性与实践性。第二次世界大战以来，英国政府大力推进高层次专业技术人才的培养，为形成多样化的产学研联合培养专业学位研究生模式提供了政策与经费支持，极大地促进了专业学位研究生教育实践基地的建设。

一、英国专业学位研究生实践基地建设的政策推动

在世界高等教育改革的浪潮之中，英国高等教育的改革之路不可小觑。英国政府一般通过立法、拨款、科研资助等形式制定具有导向性的政策和建议来引导研究生教育的发展方向，从而使研究生教育更好地服务于经济建设。❶针

❶ 邓光平. 英国专业博士学位设置的政策分析 [J]. 中国高教研究，2005（11）：24-28.

对工业发展对技术人才的需求，着眼于大学与技术学院、教育与产业界的合作问题，英国政府出台了一系列旨在培养高层次专业技术人才的政策，有力推进了英国高等教育制度的多元化发展。英国高等教育战略目标的实现都离不开政策的指引与保障，专业学位研究生教育及其实践基地的产生与发展亦是如此。

1944 年，英国公布了著名的推进产学研结合的《教育大臣委任的高等技术教育特别委员会报告》（又名《珀西报告》，*The Percy Report*），指出英国高等教育在技术训练方面存在明显不足，主要表现在大学与技术学院间的合作十分缺乏，严重影响了技术人员的数量与质量。据此，该报告指出要改变技术学院与大学各自为政的局面，选择一批技术学院开设与大学技术学位课程相当的高级课程，并尽可能地让这些学院拥有学位管理的权限，为英国高等技术教育的发展做出了巨大贡献，有力加强了教育与产业的交流与合作。至此，英国"三明治"工读交替制的人才培养模式逐渐形成。1947 年，英国皇家委员会颁布了《巴洛报告》，支持《珀西报告》提出的诸如开设技术课程之类的建议，主张创办若干高层次技术学院，提升技术教育的地位。1956 年，英国政府颁布了《技术教育》白皮书，在课程形式上注重全日制教育与工读交替制高级课程相结合，学生在技术学院接受 3~6 个月理论教育后，接着在产业部门进行 3~6 个月实际训练。至此，高等科技教育开始在英国高等教育中占据重要地位，共成立了10 所技术大学和 30 所多科技术学院。❶ 20 世纪 60 年代以后，欧美各国均大力调整研究生教育结构，积极发展专业学位教育。英国政府颁布的《罗宾斯报告》与《斯万报告》强调，将研究生教育发展的重心转向专业学位，并要求将所有高级技术学院升格为大学。此后，英国大学拨款委员会（UGC）在 1967—1971年和 1972—1977 年的发展规划中均提出建立大学发展专业学位。在法律法规方面，《1944 年教育法》《1988 年教育改革法》《1992 年继续教育和高等教育法》《2004 年高等教育法》《2017 年高等教育与科研法》都提到要促进高等教育系统在教学、科研与生产方面的一体化，满足社会需求、注重实际效果，培养专业

---

❶ 易红郡.战后英国高等教育政策研究 [M].长沙：湖南师范大学出版社，2012：50.

技术人才。在政府政策的指引下，研究生教育的重点逐渐转向了更符合社会发展需要的专业学位硕士培养上。

在具体的教育实践基地政策方面，1975 年由英国贸工部、英国环境部与英国科学与工程研究委员会发起的全国性的教学公司计划（Teaching Company Scheme，TCS）旨在支持工业公司与高校间的伙伴关系，实际上是一个融教学、科研、生产于一体的联合体，但当时的知识库仅限于高校。1996 年运行的院校与企业界的合作伙伴计划（College-business Partner-ships Scheme，CPB），逐渐将知识库单位扩大到研究机构。2003 年出台的英国知识转移伙伴计划（Knowledge Transfer Partnership，KTP）可视为 TCS 与 CPB 计划的结合体❶，KTP 计划的主体包括企业、知识库单位（高校、研究机构）与研究生。首先，由企业结合生产发展的需求设计项目。其次，与知识库单位进行沟通与协调。最后，达成共同研发项目的协议。❷知识库单位需要委派专家去研究生所在的企业进行技术指导，以此推进产学研一体化，促进知识库单位知识与技术的成果转化，也提升了研究生的实践能力和水平。

二、英国专业学位研究生实践基地建设的基本状况

英国研究生学位大致包含研究型和修课式两种类型，分为硕士与博士两个层次。英国课程硕士研究生教育是伴随英国"二战"后经济衰退的特定历史背景而产生的。经济的复苏需要人才的支撑，社会对人才培养规格的需求促使英国课程硕士研究生教育的规模不断扩大，已经超过了研究型硕士生的培养规模。英国课程硕士研究生教育培养的目标与社会需求紧密相连，与研究型硕士生完全不同，以培养应用型人才为主，课程硕士的体制（包括制度、政策、法规等）建立在这个目标的基础之上。其修课式硕士研究生和专业博士覆盖领域广泛，涵盖医学、农业、数学科学、计算机科学、工程技术、建筑园林规划、社

---

❶ History of KYP. http：//www.ktponline.org.uk/history/.

❷ 张彩虹，李国杰. 发达国家产学研合作模式的探析与启示 [J]. 高等农业教育，2010（2）：82-85.

会学、法律、工商管理研究、大众传媒和档案、语言学、创意艺术与设计、教育等领域。❶ 可以说，专业学位是一种与行业岗位要求密切联系的学位类型，专业实践是专业学位研究生培养的重要环节，专业学位研究生教育实践基地建设问题也成为英国社会各界关注的重点问题。由于课程硕士研究生教育着重培养学生的实践能力和分析、解决问题的能力，各大高校都会根据自己的实际情况来与企业建立联系，通过校企合作联合培养研究生。由工作单位提供实践场所和各种条件，使学生能更深入理解专业的性质、在工作场所中确定研究主题或研究领域，对专业实践和实际工作情况进行分析和反思，进而培养和提升专业技能。其特点是以立法形式为联合培养研究生奠定坚实的制度基础，以多种形式为联合培养研究生提供经费支持，以机构设立为联合培养研究生提供组织保障。总的来说，主要有依托项目、依托科技园及"三明治"三种联合培养模式。

（一）依托项目模式

依托项目模式是指以项目为载体联结高校与企业，充分发挥各自的优势与资源促进科研成果的转化，产生"1+1>2"的协同效益。具而言之，依托项目模式又可以分为企业委托高校、企业与高校联合攻关两种形式。企业委托高校形式是指企业提供资金，高校负责项目研发。企业结合自身发展的需求与市场行情，通过项目与课题的方式使高校研究人员参与其中。而企业与高校联合攻关这一形式更加强调科研课题中企业与高校主体的合作，共同派出科研人员合作研发，相较于前者，后者政府参与的程度更深。中小企业创新能力不足、知识技术更新缓慢、资金投入缺乏保障等问题一直困扰着英国当局，对此英国政府相继出台了"教研公司计划"（TCS）、"高校—企业合作伙伴计划"（CBP）及具有两者合并意味的"知识转移伙伴计划"（KTP），促进伙伴关系的形成，

---

❶ 马永红，张飞龙. 专业学位研究生教育发展国际趋势及启示 [J]. 北京航空航天大学学报（社会科学版），2021，34（3）：142-150.

为技术成果的转化搭建平台。"KTP 计划"是英国政府资助知识转移和企业创新的重要计划，也是典型的产学研依托项目合作模式（如图 4-1）。

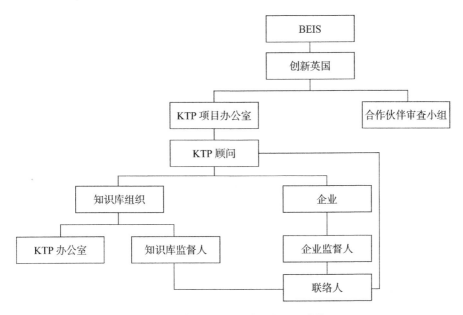

图 4-1　英国"KTP 计划"组织结构

在 KTP 模式下，政府与企业为项目合作提供资金，KTP 项目办公室、合作伙伴审查小组负责合作意向达成的前期筹备与审核工作，在合作协议签订后，高等教育机构、继续教育机构与其他研究机构作为知识库组织，高校研究人员、专业学位研究生作为企业与知识库组织的联络人，负责将知识库的科研成果运用到企业的生产活动之中。企业监督人作为企业导师，主要负责为研究生联络人提供职业技能培训，而知识库监督人作为研究生联络人的在校导师，为联络人提供知识支持和指导。据统计，2003—2008 年，大约 900 家各种规模的公司参与到"KTP 计划"中，为 1000 多名研究生提供培训，涉及英国几乎所有的大学。❶

---

❶ Centre for Timber Engineering and Simpson Strong-Tie（UK）. Knowledge Transfer Partnership Involving Napier University：Project Introduction and Details [EB/OL]. [2021-07-31]. http：//napier.ac.uk/aboutus/vacancies/research/Documents/SimpsonST-KTP-FP-Sept07.doc.

（二）依托科技园模式

英国大学科技园以科研实力雄厚的高校为依托，在推动高校知识技术创新成果转化、培养专业学位研究生创新能力与实践能力上发挥了不容小觑的作用，是促进教育、科技、产业融通的重要平台。高校通过与园区内各企业合作，为专业学位研究生参与生产实践、科学研究与项目开发提供了大量机会，既有利于专业学位研究生提升自身的学术研究能力与实践操作能力，又能使其提前了解掌握用人单位的需求信息，从而为将来的就业做准备。以剑桥大学科技园为例。1973 年，为促进高校院系、高校研究人员与产业界合作，剑桥大学成立了沃夫森产业联络办公室，从市场需求分析、合同条款、技术咨询、合作信息等方面提供全方位服务，有效推动了高科技企业的发展。其后，剑桥大学技术服务有限公司成立，使大学旗下的公司能够凭借自身独立的法人资格同产业界洽谈合作，进一步丰富了校企合作的形式，也大大提升了产学研合作效率。一方面，企业基于自身的财力、物力为高校科研人员提供支持，将科研成果及时运用到生产活动中，不断提升经济效益；另一方面，科技园加强了校企合作，使大学能够依据社会和科技快速发展的需要和企业界的信息调整优化大学的专业结构、课程设置、教学内容，提升教研人员的教学与科研积极性，也为研究生实践技能的提升提供了场所。

（三）"三明治"模式

"三明治"模式指"学习—实践—学习"的产学结合模式，将专业学位研究生的学习时间分成两段，一般第一年时间用于在校学习，第二年到与自身所学专业相关的行业岗位实习。

在理念目标上，"三明治"模式注重培养专业学位研究生理论与实践相结合的能力。一方面，研究生入学以后，先通过在校系统学习掌握坚实的理论基础，在此基础上为其提供实践锻炼机会，使学生在实际操作中更加深入地掌握专业知识与技能，同时为未来的就业做准备。据统计，通过"三明治"教育模式毕业的学生比全日制学生的就业率要高，前者为 70%，而后者只占 55%。❶ 在师资队伍方面，"三明治"模式实行"双导师"制度，为研究生配备校内导师与校外导师。校内导师基于学科专业的特点，指导研究生掌握扎实的学科思想、学科基本理论及学科基本知识，引导学生养成良好的学习习惯、学习方法，取得优异的学习成绩并顺利通过论文答辩。校外导师则侧重于训练学生的实践操作能力，使学生养成高尚的职业道德及适应未来工作的能力。在课程考核方面，"三明治"模式下学生学业评价由企业评价、指导教师评价及学生自我评价等组成，企业基于学生在实习期间的表现进行评价，指导教师根据学生实习前的专业知识准备、实习中的参与情况、实习后的总结与毕业论文成果对学生进行系列评价，学生依据个人发展情况与工作情况通过个人日记的形式进行自我评估，从而确保评价的客观性与全面性。

三、英国专业学位研究生教育实践基地建设的主要经验

英国政府高度重视专业学位研究生教育实践基地建设，通过系列报告与计划大力推进产学研联合培养专业学位研究生，在政府、高校与企业的协同合作下，英国专业学位研究生联合培养模式日渐成熟与多样化，专业学位研究生的数量与质量稳步提升。英国专业学位研究生教育实践基地的建设，离不开政府的政策扶持、经费投入，以及各利益相关主体在合作中的努力。

（一）相关政策的出台提供了正确的方向指引

自 19 世纪 60 年代以来，英国政府出台了一系列旨在促进产学研合作的报告与计划，从《珀西报告》《巴洛报告》《罗宾斯报告》《斯万报告》，到《1944年教育法》《1988年教育改革法》《1992年继续教育和高等教育法》《2004年高等教育法》《2017年高等教育与科研法》，再到教学公司计划、院校与企业界的

---

❶ 彭熙伟，徐瑾，廖晓钟．英国高等教育"三明治"教育模式及启示 [J]. 高教论坛，2013（7）：126-129.

合作伙伴计划与知识转移伙伴计划，作为高等教育的宏观管理者，英国政府充分发挥了其统筹规划、宏观调控的职能，为专业学位的发展、专业人才的培养创造了良好的社会环境。一般而言，企业作为自主营业、自负盈亏的独立法人，面临着相当大的生存压力，高校专业学位研究生的生产实力与实践锻炼可能会在一定程度上影响企业本身的正常生产秩序，进而影响企业的生产效益，因此有些企业对校企联合培养研究生的积极性并不高。英国政府从高校、相关科研院所与企业的各自需求与利益出发，通过政策与制度引导，鼓励各方合作，为高层次专业人才的培养做出了切实的努力。

（二）经费的支持与保障激发了企业与高校合作的积极性

英国专业学位研究生联合培养实践基地的内驱力主要是政治力量的推动，政府出台政策给予大力支持而形成的自上而下的发展道路，为产学研联合培养提供了良好的政策环境。同时，相关部门也为各种合作项目提供了大量的资金支持。政府政策和资金的支持为校外专业学位教育实践基地的建设提供了动能，促进产学研合作的良性循环与可持续性发展。以"KTP 计划"为例，该计划是英国政府为推动企业、高校与其他科研机构形成伙伴关系、促进技术成果转化而提出的。在"KTP 计划"中，英国政府特别为中小企业提供了更大的公共经费资助比例，企业提供配套资金，以相对少的成本获得高收益，从而形成了良好的利益机制，有力保障了企业、高校、研究机构各方的利益。

（三）校企管理机制的健全保障实习基地的有效运作

随着英国政府的大力支持、专业学位研究生社会认同度的不断提升，英国高校专业学位研究生的数量一直保持稳定增长，也对其教育实践基地的建设与管理提出了挑战。英国研究生教育实践基地的建设与管理相对成熟与完善，主要表现在以下几点：一是政府出台了相应政策，并通过专门部门与管理机构为校企联合培养提供组织保障；二是形成了多样化的产学研联合培养模式，如教学公司模式、"三明治"模式、基于项目合作的模式与大学科学园模式等，成熟的联合培养机制是良好运作与持续性发展的保障，为专业学位研究生校外实践活动提供了支撑；三是形成了多主体、多维度的校企联合培养反馈机制，在专业学位研究生学业评价中引入企业这一重要主体，将教育实践基地的实习活动贯穿专业学位研究生的培养过程中，有利于使实习活动真正受到高校与研究生本人的重视，而非流于形式。

第三节　澳大利亚专业学位研究生教育实践基地建设的经验与启示

专业学位研究生教育实践基地是培养专业型研究生工作技能的主要依托，建设好实践基地对提高专业学位研究生教育质量具有重要意义。澳大利亚的专业学位研究生教育兴起于 20 世纪 80 年代，发展至今形成了涵盖 12 个类别和 80 个领域的专业学位研究生教育体系。在实践型人才培养方面，澳大利亚的大学非常注重校企融合、教法创新，其人才培养经验能给我国专业学位研究生教育一些借鉴。澳大利亚的研究生教育实践基地由专门机构管理，在实施过程中体现出校内校外联动、学校企业合作的特点。为保障实践基地建设更好发展，澳大利亚还对专业学位研究生教育实践提供了多方保障，主要包括学校教学目标以能力为导向、注重师资队伍建设、鼓励企业参与人才培养过程，以及政府提供拨款支持等。这为我国专业学位研究生教育实践基地建设提供借鉴：首先要完善实践基地监管，予以资金支持；其次要加强学校企业合作，鼓励全程参与；最后要给予基地建设保障，凝聚各方力量。专业学位研究生教育是培养高层次应用型人才的主要方式，其培养模式和水平影响专业技术人才在市场的竞争力，同时对国家各行业领域和经济发展也会产生影响，办好专业学位研究生教育能为国家发展输送高层次专门人才。

一、澳大利亚专业学位研究生实践基地建设的政策推动

澳大利亚的硕士学位有五种类型，包括课程型硕士、研究型硕士、延伸型硕士、荣誉硕士和哲学硕士。其中，课程型硕士（Coursework Master Degree）是专业学位研究生教育的主要类型，其招生规模近年来逐渐上升。澳大利亚非常重视高等教育培养的学生规格与国内产业经济发展需求的对接，1988 年澳大利亚发布了《高等教育：一项政策宣言》，其中提到高等教育要加强与工业和职业的联结，强化研究生教育的市场导向。❶ 澳大利亚 2011 年颁布的《高等教育质量与标准署法》是专业学位研究生教育发展的主要保障，其规定，高等教育质量与标准署（TEQSA）于 2011 年 7 月 29 日正式成立，其职能主要是确保学生获得高质量的高等教育。除此之外，澳大利亚还成立了澳大利亚技能质量署（ASQA），负责对澳大利亚职业教育和培训机构进行监管。两个机构相互配合，为澳大利亚联邦政府构建起教育质量监管架构。

澳大利亚高等教育质量与标准署的主要职责是登记高等教育机构、对课程进行认证、发布有关高等教育质量保障实践的信息等。技能质量署则负责监督澳大利亚提供实践的机构的质量，在监管过程中进行风险评估，对表现不达标的机构密切关注。两个机构搭建了高等教育质量保障的立交桥，为专业学位研究生教育提供了课程和实践的保障。一般而言，澳大利亚专业学位研究生需要先完成课程学习任务，然后进行专业实习，其学制一般是一年至两年。❷ 在培养学生实践能力方面，澳大利亚采用校内与校外相结合、课上与课下相配合的方式。在校内，主要是打破传统教学方式，以开放互动的教学方法培养学生的就业技能，如教师引导学生主动思考，在课堂上开展小组讨论、角色扮演等教学活动，以提高学生的问题解决能力和合作能力；在校外，依托校企合作，为学生提供充足的实践基地，企业和高校可以共同制订人才培养计划或方案，有

---

❶ 肖聪. 澳大利亚专业学位设置与调整程序研究 [J]. 高教探索，2018（3）：55-62.

❷ The Department of Education and Training Commencing Students by Level of Course，Broad Field of Education and Gender，Full Year 2004—2015 [EB/OL]. [2017-06-05]. https：//www.education.gov.au/student-data.

些大型企业甚至直接参与人才培养环节，某些专业还可以为企业直接定向培养人才，这有效地增强了学生的实践能力，能更好地培养出企业所需的人才。澳大利亚专业学位研究生培养模式的具体运行示意图如图 4-2 所示，包含校内教育和校外支持两个方面，校内教育主要为学生提供教学指导和就业支持，校外支持是为学生提供实习基地。

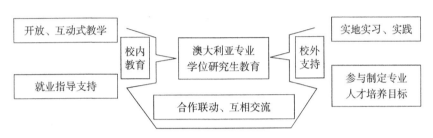

图 4-2　澳大利亚专业学位研究生教育培养模式

二、澳大利亚专业学位研究生实践基地建设的基本情况

在澳大利亚，专业实践是高等教育的一大特色，无论是医学、工程还是教育专业，学生都有机会参与实习或工作。高校会与实习基地建立长期的合作伙伴关系，企业可以参与高校人才培养方案的制定，有效保证培养目标和实践要求一致。澳大利亚的高校组织学生直接到企业实习、实践，各行业、各领域的企业会为学生提供大量实习和兼职机会，全日制和非全日制的学生均有实习机会，表 4-2 展现了全日制和非全日制学生兼职工作情况。

表 4-2　全日制和非全日制学生兼职工作情况

类型	兼职时间 / 小时	兼职学生所占比例 /%	能参与全职工作的学生比例 /%
全日制	14.8	70.6	24.4
非全日制	16.0	79.6	52.0

（一）教育实践安排体现出结构化、体系化的特点

澳大利亚的教育硕士实践包括专业实践部分和实习部分，专业实践部分又具体涉及学校观察、教学实践、学校体验等。教育硕士专业实践的目的是提升学生的教学能力和专业认同，为其实习期独立教学做准备，而实习是最主要的专业实践，时间一般是 6~9 周。❶ 实践基地是专业实践的主要场所，为给教育专业的学生提供更高质量的实践基地，高校与选定的学校会建立广泛的伙伴关系，构成专业实践共同体，这种长期的持续的伙伴关系，能保障专业实践的系统性、连贯性，而伙伴学校和高校会在专业实践的要求方面保持一致，这样可以实现理论和实践的契合。同时，校内导师也会到伙伴学校，督促指导实习生的专业实践。澳大利亚公共卫生硕士的培养侧重预防疾病和促进健康方面知识的教育，通过这些内容帮助学生掌握开展公共卫生实践所需的基本知识和基本技能，将学生培养成公共卫生和卫生保健领域的领导者。❷ 为此，学校在课程设置中对社会实践作出了安排，包括实习、公共卫生研讨和校外在线学习三个部分。具体安排是学生在完成课业要求之后，到校外单位进行实习，在此过程中，完成演讲报告和研究生研讨会，同时参加研究生培训课程，实习基地就是学校长期合作的社区机构和组织，学生在实习实践过程中会有专门教师指导。这种实地体验和专师指导能有效增强学生的实践能力，学生在此过程中可以积累实习经验、丰富实践体验帮助自己更好地适应工作环境和要求，为日后进入工作岗位奠定基础。通过对教育专业和公共卫生专业硕士培养情况的描述分析，可以发现澳大利亚在专业学位研究生培养方面非常重视校企合作，同时注重发挥指导教师在实习过程中的作用，学生在实习期有较为详细的实习安排和课程计划，能获得较好的实习体验和经验积累。学生实习的企业和单位参与学校培养目标的制定，这样可以更大程度满足其对人才的需求，提高学生在市场的竞争力和人才培养的针对性。

---

❶ 邓涛，孔凡琴 . 澳大利亚教育硕士专业学位教育的特色与启示 [J]. 外国教育研究，2010，37（10）：39-44.

❷ 孔畅，翟庆峰 . 澳大利亚、日本全日制公共卫生硕士专业学位研究生培养模式现况及借鉴 [J]. 中华医学教育探索杂志，2019，18（4）：362-366.

（二）校内校外联动拓展学生实习实训空间

建设优良的实践基地是学生进行有效实习实践的前提，因此企业和学校都非常重视实践基地建设。一方面，企业通过投资和捐献设备等方式支持实践基地建设；另一方面，学校会在校内开展实习基地的开拓和维护，实现校内校外联动、学校企业合作。首先，为增进校内教育和社会的接轨，学校会打造出硬件条件优越、优质资源丰富的校内实践基地，为学生基本能力训练、技能提升和综合素质提高提供支持。校内实践基地的环境与企业相似度高且设备齐全，管理科学，能有效实现教、学、做合一，为学生即时训练和知识运用提供方便。其次，为了健全实践基地建设，弥补校内实践的局限，学校会与企业加强合作，打造质量优良的校外实践基地，让学生有真实的工作体验和充分的实习收获。❶校外实践基地是真实的工作环境，能有效帮助学生了解职业特点和要求，培养其工作意识和职业敏感度。在校外实践基地的建设过程中，企业会投入设备和资金，这为优化培训基地提供了条件，学生在实习实践的过程中能培养工作热情，训练职业技能。这种校企合作的培训模式灵活高效，而且学生在实践期间均有导师指导。在校内，学校教师会对实习中的学生给予直接指导，而在校外的实践基地，一般会有技术人员按照培训要求对学生进行培训，学校教师负责指导和监督，对学生实习情况进行记录，对具体问题进行针对性的解决。

（三）实践基地教学理念突出能力导向

澳大利亚专业学位研究生主要为课程硕士，学校的培养定位是能力为本，注重学生职业技能的养成，因此教学非常具有针对性，在课程设置中偏向对学生行业能力和技能的培训，对不同技能有相应的培训科目和时间要求。课程设置多为实用性较强的实践课，并在实施过程中以需求为导向优化课程设置，激发学生的学习兴趣。在考核评价方面也主要以实践能力为评价内容，考核方式

❶ Morling College. Courses and Units [EB/OL]. [2016-06-17]. http : / /www. morlingcollege.com/courses/master-of-education-graduate-diploma-of-education/.

多样，有面谈、口试、第三方评价等。另外，各行业企业也会参与考核评估，对学生各方面素质进行综合考察，以全面了解学生。澳大利亚大学在学生实习实践中非常注重发挥教师的实践指导能力，因此专任教师不仅要求有丰富的专业理论知识，还要求有指导学生实践的能力。在师资培养方面，高校会为教师组织技能培训或企业的实践训练，以帮助教师与时俱进，及时了解企业、行业发展及其技能要求，以便其更好地指导学生，适应社会发展需要。❶在教师队伍建设方面，政府会下拨经费，激励教师参加培训。另外，教师准入制度也较完善，教师从教必须拥有相应的职业资格证且对具体行业的基本要求较熟悉。教师招聘有规范的要求和程序，教师学历和专业技能都会纳入考察范围，严格的程序筛选是为了给学生提供更高质量的教育。

（四）企业参与实践教学和人才培养

作为用人单位，企业对实践型人才培养的质量和规格有要求，因此在目标制定和课程开发中也会参与进来。首先，在人才培养方面，学校会依照企业确定的人才需求，并结合自身的培养方案制定培养目标，确保学生质量符合市场需要，在课程设置方面，企业也积极参与跟进。其次，企业会在人才培养方面分担一部分成本，对于实践基地建设和顶岗实习会有资金支持。实践基地的建设经费由政府和企业资助，包括联邦政府和州政府的投入，这两者是学校办学经费的主要来源，且州政府经费会占绝大部分。拨款的流程和审核有翔实的过程，政府能为基地建设提供资金和政策支持，企业也会投入资金进行人才培养，为学生的实习实践予以外部支持。

三、澳大利亚专业学位研究生实践基地建设的主要经验

澳大利亚专业学位研究生实践基地在政府监管、资金投入、校企合作和保

---

❶ 杨茂庆.澳大利亚教师职前培养的教育实习经验与启示 [J].广西师范大学学报（哲学社会科学版），2012（4）：114-117.

障机制方面均对我国实践基地建设有启发意义，学习他国的经验，能给我国实践基地发展带来新的思路和方向。

（一）完善实践基地监管，予以资金支持

澳大利亚在实践基地的管理方面有专门的机构，澳大利亚技能质量署会对培训机构进行监管，保障机构质量，为学生实习实践做好质量保证。在实习基地的建设方面，政府会予以拨款，为基地建设提供资金支持。我国当前专业学位研究生教育的实践基地主要是基于学校和企业之间的合作关系，在资金支持和管理方面尚缺乏具体的规划与有效的模式，主要依靠学校和企业之间的伙伴关系为学生提供实践机会。而实践基地的质量监管和资金支持体系还不完善，优化提高专业学位研究生教育的质量还需加强实践基地的建设和管理，在资金支持、项目拨款、各类设施建设方面加大力度。

（二）加强学校企业合作，鼓励全程参与

校企合作是当前专业学位研究生实习实践基地建设的主要依托，包括我国在内的很多国家都通过校企合作为学生搭建实习平台。我国师范学校教育硕士专业的学生进行教育实习就在与高校建立合作关系的中小学开展，这种长期合作伙伴关系能为学生提供稳定的实习条件，未来实习基地建设还是会以校企合作为主要方式。为提高实习质量、提升学生的市场竞争力，更好地满足社会对人才培养的需求，应当鼓励企业适当参与专业学位研究生培养目标的制定过程，要结合国家育人要求和企业对人才质量的需要制定学校培养方案，以实现人才培养与市场需求的对接。此外，澳大利亚的企业在学生实践过程中会全程指导，对学生的实习工作情况进行考核，我国专业学位研究生的实习过程中也会有指导教师的考核评价，但由于考核流程不够规范，很多内容都流于表面形式，在专业学位研究生培养过程中，还是要坚持双导师制，加强学生实习期间的训练，让学生充分了解职业要求、培养职业素养。

（三）给予基地建设保障，凝聚各方力量

专业学位研究生实践基地建设需要多方支持，需要凝结校内校外、企业政府等多主体的力量，才能打造设施健全、软硬件实力雄厚的实训基地。来自校内的支持主要包括校内实训基地建设和师资力量支持，对于实践性较强的专业需要教、学、做合一，即学即练，因此校内要建设有相应的训练基地，保证学生在学习技能知识后能及时投入训练，强化知识运用。完备的师资也是保障学生培养质量的重要因素，澳大利亚的教师在招聘和录用中都有详细的要求和条件，教师入职后还要定期参加企业培训，了解各行业对人才的需求，并将其纳入教育教学过程，在课堂教学和课程安排上贴合市场对人才的要求。我国的实践基地建设可以学习澳大利亚的模式，对于技术性要求较高的专业可在学校设立实训基地，让学生在学习技能后能及时投入训练，并在这个过程中获得教师指导。企业和政府作为重要的校外支持力量，在实践基地建设中也发挥着重要作用。澳大利亚的企业参与实践教学和人才培养，同时为实践基地的建设提供资金支持。而政府主要负责财政拨款，为实践基地长期稳定的发展提供政策和资金保障。这给我国专业学位研究生教育的启示是，要提高教育质量就要寻求外部支持，发挥政府和企业的作用，为更高质量的教育发展寻求保障。

第四节　韩国专业学位研究生教育实践基地建设的经验与启示

专业学位研究生教育实践基地是培养高层次应用型专门人才的平台，主要目的是培养专业学位研究生的创新精神和实践能力。韩国专业学位研究生教育实践基地分为校内实践和校外实习两种，既可以在校内建设实践基地进行培养，也可以与校外机构联合培养，推动产学研合作的发展。韩国运用线上实践教育和线下实践基地教育相结合的方式，保证专业学位研究生的培养质量。政府作

为高等教育的决策指导层,充分利用社会各个层面、各个领域的社会资源,出台相关政策,加大专项资金补助,确保实践基地建设有序开展。但是目前韩国的专业学位研究生实践基地的建设仍不健全,存在监管不足、运行形式化等方面的问题。

一、韩国专业学位研究生实践基地建设的政策推进

韩国与我国相同,属于儒家文化圈,尊师重教亦是韩国所推崇的。这种文化传统造就了韩国全社会全民族重视教育的风尚。韩国民众普遍重视学历文凭,在韩国历史上同样出现过"学历至上"的社会风气。❶在这种社会风气和文化背景下,越来越多的人开始追求高学历,接受高等教育,攻读硕士、博士学位。韩国的研究生教育在培养人才的类型和方向上注重社会需求。随着社会分工专门化趋势的日益彰显,韩国研究生教育强调面向社会,特别是着眼于为产业、商业和行政管理部门服务,其结构特征是将职业教育的触角延伸至研究生教育,并将它与建立终身教育体系结合起来。为了保证专业学位研究生的知识基础与实践能力,韩国政府将目光投向教育实践基地的建设、产学研合作开发等内容,输送更多可以满足社会需求的高层次专业人才。实践基地是培养专业学位研究生创新能力和实践能力的重要载体,其建设水平高低直接关系着专业学位研究生的教育质量。韩国政府在《高等教育法》《研究生院规定》《学术振兴法》《韩国教员大学院试行令》《高等院校实践实习运营相关意见说明》中都曾提到关于高等院校学生参加实践基地活动、开展专业实习的相关内容。在此过程中,政府的扶持是保证教育实践基地建设的重要条件与前提。韩国对于专业学位研究生教育实践基地的建设要求是,其必须是国家、地方自治团体、公共机构、研究机构、企业等可以为学生提供实践教育和实习机会的地方,能够培养学生的专业知识、实践能力,并拟定与培养学生相关的实践基地的实施和管理办法,

---

❶ 朴钟鹤.教育的革命:韩国智能教育战略探析 [J].教育科学,2012(4):87-91.

配置教育、指导学生，管理实践基地的专门负责人，保障参加实习、实践学生的个人安全，开展安全教育等。

韩国专业学位研究生的实践基地分为：接受国家或地方自治团体补助金支援的考试院或研究所，依据《中小企业基本法》与该法实施法令依法创立的企业，依据《公共机关运营相关法律》被指定的公共机关与总统令确定的半官方机构或国家企业，依据法令设立的经济团体、经营者团体（非营利法人）、其他非营利法人与特殊公共法人，依据初、中级教育法和高等教育法设立的学校或幼儿园，依据婴幼儿保育法设立的儿童之家或保育院。必须由各个学校、各个区域实践教育中介机构对开展实践或实习的机构进行直接挖掘且开展认证。必须根据企业的需求有区分地公开招募学生。实践基地在实习学期开始前，必须向学校提供详细的实施开展方案，其中包括实践基地的基本信息、每天实践的时间与实践期限、实践基地面向的专业对象和人员及学年段、实践教育与实习内容、实践基地资助金情况等。专业学位研究生教育实践基地的活动开展过程，需要学生本人、高校与实践基地共同合作，才能保证其发挥最大效果（如图4-3）。

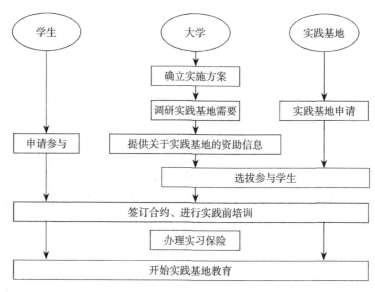

图4-3 韩国专业学位研究生教育实践基地活动开展过程

二、韩国专业学位研究生实践基地建设的基本情况

专业学位教育是以专业实践为导向，培养研究生的生产实践能力，使研究生将所学到的专业知识运用到现实的生产生活中的一种学位教育。其注重实践和应用，突出特点是学术性和职业性紧密结合，最终培养出在技术上及专业知识上都受过正规、高水平训练的各行各业高层次人才。专业学位是现代社会发展的产物，科技越发达、社会现代化程度越高，对专业学位人才的需求就越大，它是现代高等教育学位体系的重要组成部分。随着社会生产力的进一步发展，社会分工日趋精细，职业实践越来越复杂，专业学位在丰富人才培养类型、促进知识经济产业成长、提升社会现代化水平等方面发挥了独特的作用。

韩国在 20 世纪 80 年代以来的工业化浪潮中，产业结构高度化及大学教育后阶段的再教育，对高级专业人才产生大量需求，培养专业学位研究生的专门大学院应运而生。韩国的专业学位研究生教育由专门大学院提供。专门大学院，即培养以实际应用为中心的实践能力和理论兼备的高级专门人才的研究生院，培养专业职业人才，区别于一般研究生院、特殊研究生院。

根据 2020 年韩国国家统计厅对韩国研究生教育机构数量进行统计的结果（见表 4-3）可知，韩国职业技术研究生院的数量为 676 所，远远高于一般大学院，由此也可得出近年来韩国对于实践人才的渴求。其中，国立 125 所、公立 6 所、私立 545 所。韩国研究生教育主要是通过"三元制"结构实施的。其办学性质以私立为主，专业和学科结构改革凸显了社会需求，同时，专业学位研究生的培养缓解了研究生教育的结构性矛盾，有利于人才培养的多样性和实用性，为实现劳动力转移、发展国家经济和推动产业技术结构转型和产业技术升级作出了巨大贡献。❶专业学位硕士研究生的培养，理论与实践并重，在这种情况下，传统上以理论教育、间接经验传授为主的课堂已经不能够满足专业

---

❶ 张雷生，肖霞. 韩国高水平大学研究生教育质量保障体系研究 [J]. 学位与研究生教育，2010（12）：
62-66.

学位硕士研究生培养的需要，实践能力的培养对新形式的培养机构提出了要求。由此，专业学位研究生教育实践基地应运而生。

表 4-3 2020 年韩国研究生教育机构数量统计

单位：所

类型	学校数	培养机构		
		普通研究生院	职业技术研究生院	成人教育研究生院
总数	1169	434	676	59
国立	232	94	125	——
公立	10	4	6	——
私立	927	336	545	46

（一）韩国的专业学位研究生实践基地建设可以分为校内实践和校外实习

专业学位研究生既可以在校内建设实践基地进行培养，也可以与校外机构联合培养。韩国校内的专业学位研究生教育实践基地建设始于 1998 年，是随着韩国专门大学院的建设同步出现的。事实上，韩国的专门大学院最早是从特殊大学院中分离出来的。随着 1997 年《研究生条例》的颁布，专门大学院和特殊大学院被区分。学生从专业大学院毕业后，根据学校和课程的不同，被授予不同的专业学位。❶ 新成立的专门研究生院与以往的一般大学院或特殊大学院不同，是像美国法学院、医学研究生院、商学院一样，以培养具有综合学术知识和实践能力的专家为目的的新概念研究生院，学生在完成两年课程后，获得专业硕士学位。1998 年 1 月，韩国教育部对申请新设或改编专业研究生院的 22 所大学共 32 个研究生院，进行了资格审查，结果表明，首尔国立大学行政研究生院等 6 所大学的 8 个专门研究生院的 695 名招生人员被认可，这是韩国最早的一批专业研究生院，也是校内实践基地建设的开端。其中包括首尔国立大学公共管理研究生院、环境研究生院、健康研究生院、成均馆大学管理学院，国

---

❶ 전문대학원 [EB/OL].（2021-03-15）[2021-06-06]. https://namu.wiki/w/%EC%A0%84%EB%AC%B8%EB%8C%80%ED%95%99%EC%9B%90.

民大学汽车工程研究生院、京畿大学建筑研究生院、汉阳大学城市研究生院和韩国外国语大学翻译研究生院。在培养的过程中，这些学校都同步设立校内教育实践基地以增加对学生实践能力的培养。

（二）校外专业学位研究生教育实践基地建设与韩国产学研政策紧密相关

韩国的产学研结合包括产业界、学界和研究机构的结合，学校通过与外部企业的合作，实现理论和实践的双结合，其主要目的是人才培养。事实上，韩国产学研结合在 19 世纪 60 年代就已初见端倪，但当时由于技术不成熟等原因，发展缓慢。20 世纪 80 年代以后，随着专业学位研究生教育培养的实施及实践基地的设立，产学研结合也开始迈入了繁荣期。专业学位研究生教育的课程以促进技术革新和提升管理水平的实用性科目为主，学位论文选题主要侧重于技术理论和企业管理等相关领域，具有很强的行业和部门实用性，指导教授大多为兼职的企业高层技术骨干或高层管理者，包括三星电子、LG、现代集团在内的很多大型企业也都纷纷参与到办学中来，有效促进了产学研的有机结合。❶在教育实践基地建设的过程中，三星电子企业独具特色，与电子专业硕士研究生培养学校进行合作，在企业内设置学术实习基地，对电子专业的学生进行实务培训。此外，2021 年 4 月，韩国教育部选定庆北大学、全南大学为产学研结合实践创新的新基地，两所大学将继现有的领先事业之后，成为创造地区工作岗位和带动企业成长的革新力量，与地区企业相联动，从而实现学生理论与实践素养的双丰收。

（三）专业学位研究生教育实践基地涉及学科分布较多

韩国的专门大学院所涵盖的学科领域丰富，包括神学、医学、法学、管理学、国际关系学等。在 57 个专门大学院中，神学院有 10 所，占总数的 17.5%；国际关系研究生院有 7 所，占总数的 12.3%；信息通信研究生院占总数的 12.3%。

---

❶ 张雷生，赵茜 . 产、学、研结合的韩国职教 [J]. 上海教育，2012（26）：42-43.

在这些学校中，法学专业的教育实践基地建设尤为出名。在通过法学专业大学院教育培养法律工作者的培养制度下，法学专业研究生院的理论教育与实践教育是紧密相连的。在理论教育中，虽然教授具备处理法律事务能力所需的理论，但最好将法理运用到具体案例中，由此实务实习便尤为重要，每个法学专业学位的硕士研究生都需要进入律师协会进行为期 6 个月的实务实习。尤其是在 2020 年，第 9 届韩国律师资格考试合格者进行为期 6 个月的大韩律师协会实务研修教育，这是首次进行的法学专业硕士研究生的在线研修。此次研修共有 791 人报名，研修申请人数逐年增加 ❶，可以看出实务研修的重要性和人们对其的重视程度日益加深。韩国对于专业学位研究生教育实践基地设立的重视程度日益加深，不仅在校内增设实务课程，促使理论与实践相结合，同时也在校外积极推动与产业联动，推动产学研政策，实现课堂学习与实践能力的双重培养。

三、韩国专业学位研究生实践基地建设的主要经验

（一）校内校外双联动

正如前文所述，韩国的专业学位研究生培养采取校内和校外两种形式。一方面，在设置专门大学院的同时建立专业学位实践基地，推进专业学位研究生参与实践；另一方面，与校外的知名企业合作，促进学生有效利用所学的专业知识，积累实践经验。为此，韩国推行双导师制度，校内导师着重于理论知识的传授，打好学生理论基础；校外导师着重实践教育，提高学生实操能力。韩国采取校内、校外两种方式培养专业学位研究生，设立教育实践基地，既可以弥补校内实践的束缚，同时也能够为学生提供丰富多样的实践机会。高校是为了培养高层次的人才，企业追求的是利益最大化，二者虽然目的不相同，但在

---

❶ 변시 합격자 791 명，사상 최초 온라인 실무연수 돌입 [EB/OL]．（2020-05-11）[2021-06-07]．https：// www.lawtimes.co.kr/Legal-News/Legal-News-View?serial=161381．

韩国所倡导的产学研模式下，推动了产业教育，促进了企业、科研院所、高校的合作。此外，在合作共赢的条件下建设研究生实践基地，使专业学位研究生运用所学的专业知识解决企业的实际问题，进而通过问题导向的实践促进自身应用能力、实践能力和创新能力的培养和提高。

（二）线上线下相结合

线上实践教育和线下实践基地相结合的方式，使专业学位研究生教育得以正常进行，既能弥补由于突发的公共社会事件导致实践活动无法现场开展的劣势，又能让学生在接受专业知识教育的同时看到企业、工厂的真实情况，运用所学的知识解决问题。线上线下结合的方式保障了专业学位研究生的培养质量和学生实践能力的提升。

（三）政府着力引领，推动多方合作

韩国专业硕士研究生培养的一大优势是培养单位多元化。在政府的统一引领下，学校、企业积极参与，凝聚各方合力，培养既具有扎实理论基础，又具有良好实践能力的新一代专业学位研究生。专业学位研究生的培养脱离传统的书本教育，与实践培养相结合，因此多元化的合作培养机构是必须的。在多方合作的情况下，作为高等教育的决策指导层，政府应该充分利用社会各个层面、各个领域的资源，出台相关政策，加大专项资金补助；学校提供理论和实践培养基础；企业提供理论应用的实践基地，形成良性循环和教育合力。只有实践基地形式多样化，才能够满足多样化的专业学位研究生人才培养需求，提升专业学位研究生的培养质量。

（四）健全评价体系，保障正常运行

为了保障专业学位研究生的培养质量，健全的评价体系必不可少。实践基

地的正常运行离不开健全的评价过程，应当针对实践基地课程和研习活动设立评价标准，保障实践修习的质量，使专业学位研究生的能力能够在实践课程中真正得到提升，把理论知识应用到实际活动中，增强其实践操作的能力。应着力检测研究生的学习质量和实践应用情况、实践基地的培养质量、授课导师的教学能力，这样既能使学生学习实践知识，又能使实践基地的培养不至于流于形式，从而让专业学位研究生的培养凸显出真实成效。

第五节　法国专业学位研究生教育实践基地建设的经验与启示

"二战"以后，法国高等教育在战争中深受重创，人才匮乏，国家百废待兴。为振兴经济、恢复法国在世界的大国地位，法国非常重视大学的发展，同时也大力发展大学的专业学位教育，培养社会所需的实用性人才。经过几十年的发展，法国逐渐形成了包括大学、高等技术教育、工程师教育和其他特殊类型教育（药学、建筑、商校等）在内的高等教育体系，对学术型和专业型两种教育目标作了鲜明的区分。❶法国政府在专业学位研究生教育质量保障体系中处于主导地位，政府严格控制研究生教育质量保障体系的质量评估与质量保障，从高等教育系统外部推行，使质量保障体系渗透着明显的政府意志，每一个环节政府都直接参与：政府垄断外部质量评估，控制整个评估过程，具有很强的权威性和影响力；分配和监督教育经费的发放和使用；组织和协调高校的科学研究；开展国际教育的交流和合作；检查和评估教育质量等。❷

一、法国专业学位研究生教育实践基地建设的政策推进

法国专业硕士的培养模式更注重实践，学生通过课程学习后，在企业或与

---

❶ 郭跃，郝明君，万伦.学科建设与研究生教育新论 [M].重庆：重庆大学出版社，2012：124.

❷ 傅芳.西欧大陆国家高等教育质量保障中的政府行为研究 [D].上海：华东师范大学，2006.

职业相关的部门进行实习，研究解决实际问题，撰写毕业论文，通过答辩后获得学位。法国专业学位研究生论文的题目极大部分都是从企业中来，学生学习期间至少有 6 个月在企业或相关单位开展工作，课程学习占 60 学分，在企业实习占 30 学分。法国博士教育按培养目标导向，分研究型博士和专业型博士两种类型，专业型博士尤其以医学、牙医外科和药学博士为主。每年博士招生规模约为 2 万人，颁发给 1 万多人博士文凭，专业型博士约占 50%。研究型博士主要培养教师和高级科研人员，专业型博士主要培养高级专门人才。研究型博士的培养模式与我国相近，学生通过课程学习，从事大量研究工作并撰写毕业论文，完成答辩后授予学位。专业型博士的培养方式根据学科方向差异较大，但除修完必修课程外，总体以工程研究、临床医学等实际研究工作为主，完成论文、专利后，通过答辩，授予学位。

2006 年法国政府颁布的《财政组织法案》提出，发展资质和评估机制，允许法国大学在经费方面享有更大的自主权。权力的下放和责权的划分，掀起了法国高等教育内部治理结构的变革，促进了法国研究生内部质量保障体系的创建和发展，同时也促进了法国研究生教育从注重过程质量向注重结果质量的转化，这也改变了政府与高等教育之间的关系。2007 年，《综合大学自治与责任法》的颁布与实施，是法国大学研究与创新体系改革的重要环节，旨在促进法国大学的现代化、国际化及通过学科整合提升综合实力。该法律重新界定了大学与政府的关系，将过去由国家掌控的人力资源和经费管理权下放给大学，使它们成为真正的独立法人，扩大大学的办学自主权，发挥各自优势，加强大学科研工作，逐步确立大学在国家研究与创新体系中的地位。该法律还重新界定了大学领导人的责任，以及大学为学生服务的架构。《大学自治与责任法》的颁布与实施，在很大程度上改变了人们的观念和办事方式，教学、研究人员在大学中的地位得到了提升，他们成为教学和科研的主要参与者，摆脱了过去因经费目标限定而受制于人的被动局面。从 20 世纪 80 年代初起，法国逐渐开始建立具有本国特色的教育实践基地模式，它与德国模式相去甚远，但却可能是近二十年来在教育领域和就业领域中，法国政府实行得非常具有决定性

和决策性的改革方针了。当代，法国各个政治派别都非常鼓励教育实践基地的
发展。

二、法国专业学位研究生教育实践基地建设的基本情况

在法国，所有"游戏规则"的改革均会带来强烈的抗议，尽管政府有大力
发展教育实践基地的决心，但一直都是谨小慎微。多届政府均有过要从根本上
发展法国教育实践基地的意愿，尽管政治意愿强烈，但没有任何一届领导人真
正找到有效的改革措施。造成这种结果可能是由于法国教育实践基地存在一些
先天性的薄弱成分，尽管有强烈的改革意愿，却缺少真正的管理方针。

抑制法国教育实践基地发展的深层原因主要还是法国教育体系本身的特点。
在不同国家的各类体系中，法国可以说是最为大力推行传统学院式教学模式的
国家，通过以下专家言论便可证明这一说法。有学者认为，传统学院式教学模
式主要围绕两种进程而建立。第一，传统学院式教学模式可以保证学校每个学
生的公平竞争，为共同资源提供担保，并尽最大努力使教育领域的必要政策实
现合法性。第二，传统学院式教学模式以客观性标准为准则，达到课程设置所
需的学习成绩与结果，本地影响和商业市场也不会对此产生任何影响。毕业证
书不仅可以鉴别学生的受教育水平，还证明了教育体系的内部规则，即学历高、
能力强者毕业后可以找到更满意的工作这一原则的纯粹性。强调职场的"能
力论"（即学历越高、能力越强者越容易在职场中找到好的工作）可以让高学历
毕业生在阶级制度明显的职场中通过自身能力水平获得合理的职位。❶ 而进入
职场后如果再有学习意愿，这被称为配合职场的补充型教育，旨在让职员在短
期内提高所需的技术和管理能力……如果用一句话总结便是："25 岁前的所学
内容和成绩决定一切。"学生的学习水平决定一切，后续的在职教育几乎无法改
变结果，因为在职教育最终只是为了配合职场需求而出现的适应型教育。

---

❶ VERDIER，E. L'éducation et la formation tout au long de la vie : une orientation européenne，des régimes
d'action publique et des modèles nationaux en évolution [J]. Sociologie et sociétés，2008（1）：195-225.

由于缺乏对有才能者和学生学习方式多样化的考量，人们意识到法国教育体系存在不容小觑的混乱局面。将教育实践基地模式置于法国教育体系中，并不是为了解决毕业生失业率升高的问题。值得注意的是，有一些学生就是擅长在实践中掌握专业知识、提高才能水平，与学校抽象的理论知识教学法相比，这些学生需要通过不同的形式展现自己的天赋。人们也要接受，一次数学考试或者作文不及格并不能决定一个人的命运和职场生涯。教育实践基地模式是真正可行的方案，能够实现教育实践终身培训制。❶

　　体验职场实践性教育（在实践中形成知识体系）和常规教育（科学和技术方面的理论知识积累）之间的紧张／对抗并不应该只局限在某些高学历毕业生中，而应该成为大多数毕业生个人和职业发展的首选模式；教育实践基地发展模式并不应该只局限在某个年龄段，它不仅是高学历毕业生初入职场的培训，也可以作为毕业生在职场中的继续教育；企业雇用高学历毕业生时不应只关注学生的在校成绩，也应考虑到学生在实操方面的真正水平和才能。对学生受教育水平的认可和肯定不应只凭借毕业文凭，也应该考虑到学生的知识输出能力。也就是说，考察教育成果要把学生掌握的知识和解决具体实际问题的能力综合起来。尽管多方对教育实践基地模式表示沉默，但是学生之后提供的工作经验证明（VAE）却让教育实践基地产生了巨大的价值。隐晦地说，工作经验证明不仅凸显了高学历毕业生的才能，还展示了他们的专业知识掌握情况和技能水平。从根本上说，工作经验证明和教育实践基地模式终身培训制一脉相承；教育实践基地模式就是初出茅庐选择走专业性实践道路的学生和企业专业人员的经验分享，他们对知识内容的学习拥有同等责任。

　　工作经验证明在某种程度上已经为教育实践基地模式指明了发展道路。《普罗里奥的工作任务》（*Mission Proglio*）报告中也提到，想要解决教育实践基地模式在法国的发展问题，就必须明确实习的最低工作条件。明确地筛选出真正可以称之为教育实践基地的项目，与一些打着教育实践基地项目幌子的教育模

---

❶ Vincent Merle，Michel Théry. Le plan politique du modèle de base de pratiques éducatives françaises [EB/OL]. [2021-07-31]. https：//core.ac.uk/download/pdf/231946868.pdf.

式划清界限，也非常必要，因为大量高学历毕业生对此概念并不明确，一直很模糊。❶

三、法国专业学位研究生教育实践基地建设的主要经验

（一）高校和企业协同育人过程中需要教育实践基地作为支撑

既然高校和企业都需要提供更多教育实践基地的工作机会，那么适合企业需求的搭配性培训就必须跟上。许多高校都知道，要想提升教育实践基地的需求量，尤其是为了让企业实现一些经济目的，高学历学生的培训质量是必须保证的。通常情况下，高校设置的教学方案是为了鼓励企业增加教育实践基地的工作机会，企业实践性课程的增加有时会直接推动高校关于教育实践基地的发展。尽管此行为的企业诉求是增加财政收入，但毋庸置疑的是，如果不以完善高校培训方案为前提的话，教育实践基地不可能发展如此迅速。教育实践基地制定合同的宗旨是为了稳定财政的收支平衡，以及让合作企业、高校教学设置和地区政策三者之间达到最好的状态。因此，我们可以预料到，合理的教学安排会带来一系列有利的影响，例如，高校机构内部的稳定性、合作企业需求和高校专业设置之间的一致性，以及教育实践基地教学质量的完善度等。

（二）教育实践基地建设能够激发教育产业活力

专业学位研究生实践基地不仅会给专业人才培养质量带来影响，还会带动整个公共教育产业，为教育产业增添活力。首先，教育实践基地模式需要大量的资金支持；其次，教育实践基地模式的出现完全可以缓解传统教学模式和新型教学模式之间的紧张感，而且，它也为传统教学模式和新型教学模式之间架

---

❶ PROGLIO H. Promouvoir et développer l'alternance, voie d'excellence pour la professionnalisation. Rapport au Président de la République et au secrétaire d'Etat chargé de l'Emploi. Paris, ministère de l'Economie, de l'Industrie et de l'Emploi, 2009.

起了一座桥梁。理论上讲，这座桥梁存在已久，但传统教学模式一直比较抗拒把自己的高学历精英学生送到另一种模式下培养，而教育实践基地模式会从根本上把传统教学中遇到的真正实践任务放到企业中去实现。真正需要发展的还有教育实践基地文化。工作经验证明的出现帮助人们意识到自身的能力与才干，在最初的传统教学模式中，人们大力发展这种对个人学业的自我评估方式，学校的成绩评估方式只占一小部分。如果从更本质上谈的话，学校的成绩评估方式和自我评估方式两者均应同步发展。我们可以为学生增设相关的社会实践体验课程，让学生从青少年起便对教育实践基地有一定了解，了解不同职业内容与方向，体会不同职场模式等。在高校中进行多样化课程设置是为了培养和尊重高学历学生的多样性，同时也要让这些学生在职场初期甚至是职场过程中有补修或重修学业的可能。

第五章　专业学位研究生教育实践基地
质量评估指标体系的政策依据及建设内容

　　建设教育实践基地是深化专业学位研究生培养模式改革、提高专业学位研究生培养质量的重要举措。为保障教育实践基地的健康发展，各级政府及各专业学位研究生培养单位出台了一系列政策法规和规章制度来引导教育实践基地的建设和发展方向。我们可从各个层面的政策文件要求梳理专业学位研究生教育实践基地质量评估的基本内容。

　　通过对政策文件的研读和梳理，本书提炼出专业学位研究生教育实践基地建设要素和普遍性考核标准，包括四个方面：加大投入，完善基地基础条件；规范建设，健全基地管理机制；严格培养过程，创新培养模式；深化产学研合作，加强培养效果评估。评估的意义在于"以评促改，以评促建"，对专业学位研究生教育实践基地质量进行评估亦如此，而契合实际的评估指标体系是实现该意义的重要保障。因此，专业学位教育实践基地质量评估指标的选取需依托事实依据。

第一节　构建专业学位研究生教育实践基地
质量评估指标体系的政策依据

　　专业学位研究生教育实践基地质量评估是专业学位研究生教育质量的保证，而评估指标的选取是评估是否科学的核心。❶专业学位研究生教育实践基地质

❶ 孙阳春，王富荣.专业学位研究生教育质量评估的指标选取维度述评[J].现代教育管理，2010（12）：73-76.

量评估的重要一环是评估指标体系的构建。专业学位研究生教育实践基地质量
评估指标体系的构建需要从实践基地的功能定位、评估内容和构建理念三个方
面明确其指标来源。专业学位研究生教育实践基地质量评估指标体系的构建需
要理论与实践相结合，坚持政策基本导向，遵循评价理论基础，联系基地建设
实际，唯有如此，才能确保评估指标体系的科学性、合理性、全面性。

一、专业学位研究生教育实践基地质量评估指标体系相关政策

建设教育实践基地是深化专业学位研究生培养模式改革、提高专业学位研
究生培养质量的重要举措。为保障教育实践基地的健康发展，各级政府及各专
业学位研究生培养单位出台了一系列政策法规和规章制度来引导基地的建设发
展。本书从各个层面的政策文件要求梳理出专业学位研究生教育实践基地质量
评估的基本内容。

（一）国家层面

2013 年，为发展专业学位研究生教育，深入推进专业学位研究生培养模式
改革，加快完善体制机制，不断提高教育质量，教育部、人力资源社会保障部
联合出台了《关于深入推进专业学位研究生培养模式改革的意见》（以下简称
《改革意见》）。《改革意见》明确了专业学位研究生培养模式的改革目标，即"以
职业需求为导向，以实践能力培养为重点，以产学结合为途径，建立与经济社
会发展相适应、具有中国特色的专业学位研究生培养模式"。要求完善培养方案，
且鼓励培养单位结合区域经济社会发展特点和自身优势，制订各具特色的培养
方案；培养方案的制（修）订工作应有相关行（企）业专家参与；明确提出要
加强实践基地建设，要求培养单位应积极联合相关行（企）业，建立稳定的专
业学位研究生培养实践基地。要共同建立健全实践基地管理体系和运行机制，

明晰各方责任、权利；同时要明确研究生实践内容和要求，健全实践管理办法，加强实践考核评价，保证实践质量；还要促进实践与课程教学和学位论文工作的紧密结合，注重在实践中培养研究生解决实际问题的意识和能力。

2015年，教育部出台了《关于加强专业学位研究生案例教学和联合培养基地建设的意见》（以下简称《基地建设意见》），为基地的建设指明了方向与具体措施。《基地建设意见》一是要求创新建设模式，构建长效机制。具体而言，培养单位要根据社会需求和人才培养目标，积极探索多种形式的联合培养机制；培养单位和合作单位要共同制定培养目标、建设相关课程、参与培养过程、评价培养质量，建立产学有机融合的协同育人模式；同时要充分发挥各自优势，构建人资源共享机制和合作平台。二是要健全标准体系，规范基地管理。具体而言，培养单位应根据实际情况分类制定基地遴选与建设标准，建立规范化基地。同时，要协调合作单位，建立健全基地管理体系，组建基地运行专门管理机构，完善管理制度和运行机制，妥善解决知识产权归属等问题，明确各方责任和权利，推动基地科学化管理。针对不同专业学位类别，建立多样化的基地评价体系，定期开展自我评估，重点考核基地人才培养的实际效果。三是要严格培养过程，创新培养模式。具体而言，培养单位要依托基地，建立健全合作单位在招生录取、课程教学、实践训练和学位论文等方面全程参与研究生培养的合作机制。会同合作单位，根据培养方案，结合基地实际，制订研究生在基地期间的培养细则，明确培养考核要求，落实学生在培养单位与培养基地的时间分配和具体培养内容，加强对基地期间培养过程的监督。要紧密结合基地实际，创新培养模式，通过采用阶段考核和终期考核相结合等方式，加强对研究生实践能力的培养。四是加强导师队伍建设，构建"双师型"团队。具体而言，培养单位要完善研究生导师遴选机制，在合作单位中遴选一批思想政治素质过硬、师德高尚、实践经验丰富和学术水平较高的人员担任研究生实践教学的导师，建立基地导师定期培训、考核和退出制度，有针对性地提升基地导师实践指导能力和水平。选派青年教师到基地挂职锻炼或参与实践教学，提高实践教学能力。建立校内外导师定期交流合作机制，共同制订培养计划，共同参与指导，构建分工明确、优势互补、通力合作的"双师型"团队，实现培养单位人才培养规格与行业、企业人才需求之间的有机衔接。五是建立激励机制，加强示范引领。具体而言，各教指委和省级教育部门要悉心指导基地建设工作，可根据实际需要组织开展示范性基地遴选和优秀实践教学成果评选，积极推进示范性基地建设工作，发掘先进典型，及时总结并推广好的经验和做法，加强示范引导。各培养单位应会同合作单位制订切实可行的基地建设和实施方案，以创建示范基地为驱动，大力推进实践教学工作，充分发挥示范基地先行先试的引领带动作用，深入推动专业学位研究生培养模式改革。

（二）省级层面

在国家出台相关政策的背景下，一些省市也相继出台了加强专业学位研究生教育实践基地的管理办法或者促进其发展的政策，并取得了比较好的效果。以下简要介绍广东省、天津市的政策情况。

1.《广东省教育厅关于联合培养研究生示范基地建设的管理办法》

为加快广东省高层次专门人才培养的步伐，提高人才培养的质量，促进广东经济社会发展方式的转变，广东省教育厅建立了广东省联合培养研究生示范基地（以下简称"示范基地"）。为加强和规范示范基地的建设与运行管理，促进示范基地的持续健康发展，广东省教育厅于 2013 年 7 月 16 日发布了《关于联合培养研究生示范基地建设的管理办法》，对联合培养基地的申报条件与管理运行作出了规定，主要内容如下。

首先，示范基地的合作双方以具有开展研究生教育资格的高校作为基地的责任主体，由科技创新型企业、科研院所等机构联合申报。作为示范基地的责任主体，高校在联合培养基地的建设和管理过程中要发挥重要作用，在选择合作对象时，要选择研发能力较强、具有强烈的合作意愿并且愿意建立长期合作关系的企业共同合作。

其次，示范基地的基本条件。作为产学合作共同培养研究生的人才培养平台，示范基地首先应该具有培养人才的基本条件。示范基地应具有较高水平的科研队伍，包括校外导师的团队应拥有比较完善的科研设备、科研平台及科研条件，以供研究生的专业实践使用；研究生进入基地实践参与的大部分是研究性的实践项目，因此示范基地要有数量充足的适合研究生参与的项目和研究经费；除此之外，研究生的专业实践是在基地长期进行的，示范基地还要为研究生进入基地学习、工作和生活提供必要的场地、设施和管理等保障条件，为研究生的专业实践解决后顾之忧。

最后，示范基地的运行管理。为保证基地的正常运行，在研究生专业实践期间，示范基地要加强管理，制定规范的管理制度，组建专门的管理机构和人员负责统筹、规划、落实相应的计划和制度，并负责研究生在示范基地期间的日常管理。要加强对于研究生的指导和管理，从研究生的入驻示范基地到实践结束，示范基地应该制订一系列的培养计划，严格按照计划开展培养工作。保证研究生能参与到专业实践项目中，完善项目的定期汇报和交流讨论制度，导师要经常性地对研究生予以实践方面的指导，并且与校内导师定期针对研究生的培养情况开展交流。

2. 天津市《市教委关于加强专业学位研究生实践基地建设的实施意见》

2019 年 4 月 22 日，天津市教育委员会发布《市教委关于加强专业学位研究生实践基地建设的实施意见》，主要内容如下。

第一，规范实践基地基本要求。实践基地一般应设立在合作单位，由合作双方共同管理，并有专人负责；具有一定的承载规模和能力，具备专业学位研究生实践所需基本条件，相关设施与场所能满足需要；高校与合作单位之间具有较长时间的合作，能够长期稳定、规范有效运作；具有一定数量的相关专业技术或管理人员担任实践导师；建立较为完善的质量保证体系，确保专业学位研究生培养质量。

第二，加强实践基地内涵建设。首先，高校要根据经济社会需求和人才培养目标，创新建设模式，构建长效机制，讲求实效，积极探索多种形式的联合培养机制。充分发挥合作单位在专业学位研究生培养过程中的积极性、主动性和创造性，共同制定培养目标，建设相关课程，参与培养过程，评价培养质量，建立产学有机融合的协同育人模式。以基地建设为纽带，充分发挥各自优势，构建人才培养、科学研究、成果转化、社会服务、文化传播等多元一体、互惠共赢的资源共享机制和合作平台。其次，协调合作单位，规范实践基地管理，建立健全基地管理体系，组建实践基地运行的专门管理机构，完善管理制度和运行机制，妥善解决知识产权归属等问题，明确各方责权利，推动实践基地科学化管理。针对不同专业学位类别，建立多样化的基地评价体系，定期开展自我评估，重点考核基地人才培养的实际效果。复次，要依托实践基地，建立健全与合作单位在招生录取、课程教学、实践训练和学位论文等方面全程参与研究生培养的合作机制。会同合作单位，根据培养方案，严格培养过程，创新培养模式；结合实践基地实际，制定专业学位研究生在基地期间的培养细则，明确培养考核要求，落实学生在有关高校与培养基地的时间分配和具体培养内容，加强对学生在实践基地期间培养过程的监督，通过采用阶段考核和终期考核相结合等方式，加强对专业学位研究生实践能力的培养。再次，要充分利用实践基地的资源和合作单位的实践优势，全面落实国家制定的博士、硕士专业学位基本要求，特别是专业学位研究生应接受的实践训练，明晰实践训练目标，共同设计实践课程，把基地建设与实践教学环节紧密结合，与课程教学紧密结合，与专业学位研究生解决实际问题的能力紧密结合，推行基于问题、基于项目、基于案例的教学方法和学习方法。鼓励专业学位研究生把实践基地联合培养成果以学位论文形式呈现。最后，要加强导师队伍建设，完善研究生导师遴选机制，在合作单位中遴选一批思想政治素质过硬、师德高尚、实践经验丰富和学术水平较高的人员担任研究生实践导师，建立基地实践导师定期培训、考核和退出制度，有针对性地提升基地实践导师的指导能力和水平。选派青年教师到基地挂职锻炼或参与实践教学，提高实践教学能力。建立校内外导师定期交流合作机制，共同制订培养计划，共同参与指导，构建分工明确、优势互补、通力合作的"双师型"团队，实现有关高校人才培养规格与行业人才需求之间的有机衔接。

（三）高校层面

为加强各高校全日制专业学位研究生实践基地建设，搭建高层次应用型人才培养的实践教学平台，切实保证专业实践落实到位、管理规范，根据国家及各省市相关政策文件精神，各个高校纷纷结合学校实际情况，出台相关的专业学位研究生实践基地建设与管理的政策文件，期待通过加强实践基地建设来强化专业学位研究生的实践能力和创业能力培养，建立以提升职业能力为导向的专业学位研究生培养模式。表 5-1 对部分高校出台的相关政策内容，从实践基地设立基本条件和建设相关要求两方面作了简单梳理。

表 5-1　部分高校专业学位研究生教育实践基地政策

高校政策文件	实践基地设立的基本条件	实践基地建设的相关要求
《华东师范大学全日制专业学位硕士研究生实践基地建设及管理办法（试行）》（2013）	第四条　实践基地应满足以下基本条件： （一）依托单位在行业内具有代表性或较高的业务水准；能认同学校专业学位研究生教育的办学理念，重视实践基地建设，制定相关管理制度并实施有效管理。 （二）依托单位的主要业务能够满足研究生开展专业实践及实践教学的要求，能够承载一定规模的研究生开展专业实践。 （三）依托单位具备能够胜任课程教学、专业实践指导以及学位论文指导等工作的专业人员，且数量充足。	第九条　实践基地应有明确的建设目标，健全的规章制度（特别是专门的实践手册），规范的日常管理，完善的档案资料，明确的责任人，应定期召开实践基地建设研讨会或研究生实践成果交流会。 第十条　实践基地应建立双导师制。校内外导师共同负责对研究生的指导和管理。校内导师应定期到实践基地指导学生。 第十一条　至少建设一门专业实践类课程，开展一项合作课题。 第十四条　学校对实践基地给予相应资金支持，并根据实际运行情况分批拨付。 第十五条　学校定期对实践基地的建设和运行情况进行评估，对于评估结果为"优秀"的实践基地进行奖励，对于评估结果为"不合格"的实践基地给予相应处罚。

高校政策文件	实践基地设立的基本条件	实践基地建设的相关要求
《华中科技大学专业学位研究生校内实践基地建设项目验收简表》（2014）	平台硬件建设：场地、设备、大型软件、专业数据库。 资金使用：资金执行数额、专款专用、购买硬件比例、院系自筹补充。	课程教学：实验课程、实训项目、模拟训练。 教材编写：教材、讲义、案例、实验手册、在线课程。 管理制度：组织机构、规章制度、管理论文、研究报告。 成果：奖励、课题、专利、论文。 创新：理论模型、培养模式、知识结构、运行机制、质量保障。 评价：导师、学生、用人单位、社会。
《华东理工大学全日制专业学位研究生实践基地建设及管理办法（试行）通知》（2015）	第六条　每个实践基地应满足以下基本条件： （一）依托单位及构成单位的主要业务能满足相关类别或领域专业学位研究生完成专业实践和实践教学任务的要求，在区域内具有行业代表性，具有长期稳定合作培养研究生和拓展合作范围的潜力。 （二）有一定数量符合专业学位研究生指导教师基本条件的相关专业技术或业务人员；依托单位有必要的组织管理能力。 （三）具备研究生生活、学习、工作所需的基本条件，具有劳动保护、卫生安全保障；具备相关专业项目、科研课题或成果转化与推广的条件，能运用团队学习、案例分析、现场研究、模拟训练等方法指导研究生。	第十二条　组织建设。实践基地主要负责的培养单位与依托单位成立实践基地建设与管理委员会，负责研究生实践基地的建设、管理以及研究生实践活动的组织、考核等工作。 第十三条　条件建设。实践基地依托单位根据合作协议的规定共同对研究生开展专业实践活动期间生活、学习、工作必需的设施设备进行改善和添置。 第十四条　师资建设。实践基地实行校内外双导师负责制，共同负责对研究生的指导与管理。 第十五条　制度建设。实践基地应建立和完善相关管理规章制度。加强过程的规范化管理。主要负责的培养单位与依托单位间建立定期交流制度，每年召开一次工作会议，研究解决工作中的具体问题、探索创新工作方式等。 第十七条　在研究生院备案的院级实践基地，学校给予一次性的一定经费支持；校级实践基地学校按基地建设和运行两种方式给予经费支持，主要用于基地申报建设和后期运行，经费开支范围包括教师培训（约占20%）、专家咨询（约占40%）、差旅调研（约占20%）、材料费等（约占20%）。基地后期运行费用按建设效果和基地研究生人数给予相应比例经费支持。 第十八条　建设经费的使用必须专款专用，经费报销符合学校的有关规定。

续表

高校政策文件	实践基地设立的基本条件	实践基地建设的相关要求
《华东理工大学全日制专业学位研究生实践基地建设及管理办法（试行）通知》（2015）	（四）依托单位重视并安排人力、物力配合研究生实践基地的建设与管理，能安排专人负责（或配合）对参加实践研究生进行管理、督促和接待等工作，并提供研究生完成项目必需的工具、资料及人员协助和指导。	第十九条　实践基地依托的企事业单位应为进入基地的研究生提供必需的科研、生活条件保障，为在实践基地工作的研究生提供每人每月不低于 600 元的生活补助。第二十条　研究生院应加强对校级实践基地的管理，定期对实践基地建设工作进行考核。考核分建设期考核和运行期考核两种形式。建设期考核在实践基地立项建设完成后进行，运行期考核在实践基地运行 1~2 年后进行。对在实践基地建设和运行中做出突出成绩的培养单位和个人，学校将给予表彰及奖励。对无实质运作或存在严重问题等情形的、不能保证实践质量的基地，取消其实践基地资格和经费支持，必要时追回资助经费。
《浙江大学专业学位研究生实践基地管理办法（试行）》（2019）	第三条 实践基地合作单位应符合以下条件：（一）在国家、区域或行业内具有重要影响力，能够满足培养方案的要求，与专业学位类别/领域研究生就业方向对口。（二）拥有足够数量的高素质、高水平的行业（企业）导师。（三）能够稳定提供专业学位研究生专业实践必需的科研合作项目。	第五条　学院（系）是实践基地建设与管理的主体，应全面履行各项管理职责：（一）成立专业学位研究生专业实践工作小组，分管副院长、副书记共同担任组长，思政教育与专业实践工作协同开展。（二）制订实践基地相关管理制度和办法。（三）负责专业实践研究生的选拔、派出、考核等各项工作。（四）落实研究生与实践基地校外导师的双向选择。（五）加强研究生在实践基地期间的思想政治教育工作。（六）评估检查实践基地的建设与运行。第六条　研究生在实践基地实习期间实行学校与合作单位联合管理，应遵守学校和实践基地的各项规章制度。研究生结束实践基地实习后，应向所在学院（系）提交专业实践总结报告，内容包括工作总结、科研成果等。

续表

高校政策文件	实践基地设立的基本条件	实践基地建设的相关要求
《浙江大学专业学位研究生实践基地管理办法（试行）》（2019）	（四）能够为入驻研究生提供食宿保障，并安排专人负责管理。	第七条　实践基地合作单位要加强基地管理，高度重视入驻研究生的思想政治、心理健康和人身安全等工作。实践基地校外导师应与校内导师共同制定研究生专业实践计划，指导研究生按计划完成各项工作任务，关心研究生在基地期间的生活、学习和工作，发现问题及时与校内导师沟通。 第八条　学院（系）每年开展实践基地建设自评工作，并向研究生院报送自评总结报告。研究生院组织专家进行年度考核，考核结果与下年度专业学位研究生招生名额挂钩。
《南开大学全日制硕士专业学位研究生实践基地建设与管理规定》（2014）	第四条 实践基地应满足以下基本条件： 1. 依托单位能够满足相关类别或领域专业学位研究生完成专业实践和实践教学任务的要求，在区域内具有行业代表性。 2. 有一定数量符合专业学位研究生指导教师基本条件的相关专业技术和管理人员。 3. 具有长期稳定合作培养专业学位研究生和拓展合作范围的潜力。 4. 具备研究生生活、学习、工作所需的基本条件，具有劳动保护、卫生安全保障，场所与设施能基本满足需要。 5. 具有一定的承载规模。校级实践基地一般每年须有能力承载至少30名研究生参加实践；院级实践基地的基本承载能力自定。	三、基地建设 第八条　组织建设。设立实践基地的所在学院须确定专门人员与实践基地依托单位确定的人员成立"专业实践协调工作小组"，负责落实专业实践活动计划，安排指导教师、专业实践考核等具体工作。 第九条　师资建设。学校和实践基地依托单位共同推荐和遴选专业学位实践指导教师，开展必要的培训工作。 第十条　制度建设。"专业实践协调工作小组"根据需要建立和完善相关管理规章制度，加强过程的规范化管理。相关学院与依托单位间应建立定期交流制度，定期召开相关工作会议，研究解决工作中的具体问题、探索创新工作方式等。 四、相关经费的管理 第十一条　实践基地所涉及的各项费用，例如：实践基地的建设费用及管理费用、派出研究生从学校到实践基地的往返交通费、专业实践导师的指导费等原则上由各学院自行承担，具体标准依据各学位类别（领域）的特点及需要自行确定，具体内容应在双方协议书中明确约定。

续表

高校政策文件	实践基地设立的基本条件	实践基地建设的相关要求
《湖南师范大学关于专业学位硕士研究生培养实践基地建设与管理暂行办法》（2017）	二、实践基地的条件 1. 实践基地单位性质应为政府部门、事业单位以及具有在工商部门正式注册的合法经营且具有一定社会影响与声誉的工商企业单位。实践基地必须具有体系完整的内部组织机构与体制。 2. 实践基地应具有提供研究生进行专业实践所必需的硬件条件，如实践设备、实践对象以及经费支持等。 3. 实践基地应有一批具有高级技术职称、高学历或者高水平的经验丰富的专业人才，能够指导专业学位研究生开展专业实践。 4. 实践基地应能提供专业学位研究生实践岗位，确保专业实践的有效开展。	三、实践基地的职责 1. 承担实践教学任务。每年接受我校一定数量研究生参加实践学习活动；按照我校实践教学要求，保质保量完成实践教学任务、质量考核评价任务。 2. 推荐实践（兼职）导师。选派本单位有经验的专家或管理者担任研究生的兼职导师。兼职导师应符合我校兼职导师遴选要求，且能够承担指导研究生任务。 3. 协助提供生活条件。根据研究生实际情况，为研究生进行实践提供必要硬件条件或经费，必要时为研究生提供住宿和其他生活条件。 4. 协助解决就业。有能力和条件的单位，可与学校培养单位签订订单式培养协议，接收优秀毕业生，为优秀的专业学位硕士毕业生提供就业岗位。 五、实践基地的管理学校与实践基地派派人员组成实践基地管理委员会负责实践基地的管理，管理委员会指派专人负责实践基地的日常管理。为促进实践基地建设和规范管理，学校对实践基地进行检查与评估。评估不合格者，将取消其"湖南师范大学研究生培养实践基地"称号。对协议到期的实践基地，且评估合格者，根据双方合作意向与成效，可办理协议续签手续。
《浙江理工大学全日制硕士专业学位研究生实践教学基地建设与管理办法》（2010）	1. 实践基地依托单位必须是具有独立法人资格的行政企事业单位，并有与学校长期合作的积极性，或者是学校的省部级重点实验室、工程研究中心等各类科研平台。 2. 实践基地依托单位应具有适合开展实践教学的教学、科研、生产项目和技术装备，适度的规模及较高素质的技术人员和职工队伍，能满足实践教学任务的各项要求。 3. 实践基地应符合就近设点、相对稳定、节约实践教学经费开支等方面的要求。	（一）实践教学基地共建双方应承担的义务 1. 学院与实践基地依托单位根据专业培养要求和实践基地依托单位的实际情况，制定实践基地的建设发展规划和切实可行的实践教学计划，共同组织、实施实践教学任务，积极探索实践教学新模式，创造条件使实践教学与"产学研"一体化相结合，使之产生良好的社会效益和经济效益。 2. 实践基地依托单位为专业学位研究生提供实践岗位，有条件的可以提供研究课题，并选派思想素质好、业务能力强的人员担任专业学位研究生的校外指导教师，针对专业实习、科研能力训练、科技创新、毕业论文（设计）撰写等实践教学环节对专业学位研究生进行指导，共同开展技术讲座、经验交流等，帮助学生积累工作经验，提高科研、创新、实践能力。

续表

高校政策文件	实践基地设立的基本条件	实践基地建设的相关要求
《浙江理工大学全日制硕士专业学位研究生实践教学基地建设与管理办法》（2010）	4.实践基地应能满足学生食宿、学习、劳动保护和卫生安全等方面的要求。	（二）实践教学基地指导教师和管理人员的职责 1.指导教师负责拟订实践教学计划和实践教学具体内容，并组织完成教学工作任务。实践教学活动结束后，应要求专业学位研究生书写实习报告，并进行成绩评定。 2.管理人员负责与实践基地依托单位的工作联系，协调基地建设及实践教学中学习、生活等方面的具体事务，定期总结并向学院汇报实践基地的管理和使用情况。 （三）实践教学基地的评估与保障 1.实践基地的建设与发展规划，要纳入学校研究生教育工作总体发展规划。实践基地的立项、建设、撤销等，须报学校审批同意。 2.各学院可根据具体情况设立专项经费用于保障实践基地的建设和实践教学开展。 4.研究生部会同有关学院定期检查实践教学情况和实践基地建设情况，评估实践教学工作。对实践基地建设管理、运行成绩突出的学院、单位和个人，学校予以表彰；对建设成效不大、不能保证实践教学质量的基地，学校要求予以整改，整改不合格的，学校将予以撤销。
《中国药科大学专业学位研究生实践基地建设管理办法（试行）》（2018）	（一）实践基地单位性质应为政府部门、事业单位以及具有在工商部门正式注册的合法经营且具有一定社会影响与声誉的医药企业单位。 （二）具有一定的承载规模，能够保证一定数量的研究生同时进行专业实践。 （三）实践基地的相关设施与场所能满足实践教学需要，并具备研究生工作、学习等所需的基本条件。	第四章　基地所在院部的职责 第十三条　基地所在院部工作职责：（一）全面协调研究生实践基地建设与组织实施；（二）负责向研究生院推荐符合我校专业学位导师遴选条件人员，供学校遴选、聘任专业学位导师；（三）负责组织学生选送实践基地培养；（四）负责研究生课程学习与学位论文答辩工作；（五）负责实践基地研究生培养质量监控工作。 第五章　实践基地的建设与管理 第十六条　实践基地应实行科学管理，完善各项规章制度，严格遵守国家的法律法规和相关行业的行规。

续表

高校政策文件	实践基地设立的基本条件	实践基地建设的相关要求
《中国药科大学专业学位研究生实践基地建设管理办法（试行）》（2018）	（四）具有一定数量且符合研究生指导教师基本条件的药学相关专业技术及管理人员；同时配备必要的专职管理人员，以保证实践基地日常运行。 （五）具有劳动保护和卫生保障条件，建立安全管理机制，保证研究生专业实践过程中的人身安全。 （六）能够长期稳定地规范、有效运作，保障专业实践培养质量。	第十七条　实践基地实行校内外双导师负责制，校内导师负责研究生课程学习与研究方法的指导，与校外导师一起做好研究生学位论文的指导工作，校外导师负责指导研究生的实践环节以及学位论文的选题、研究等工作，双方导师应互相配合与合作，经常就实践基地研究生的培养、科研活动等事项进行交流，共同提高硕士专业学位研究生培养质量。 第六章　实践基地的经费管理 第二十二条　实践基地应为实践基地建设及日常运行筹措配套经费，以保证实践基地长期稳定、有效运行；学校主动对接相关行业或所在区域对高层次应用型人才的需求，积极争取行业主管部门、区县政府管理部门、行业、企事业单位等对实践基地的经费支持。 第二十三条　实践基地建设经费在实践基地，主要用于学生保险、学生生活补贴、培养质量监控以及学生答辩费用等。 第二十四条　实践基地建设一年后，研究生院会同学院组织评审专家组对基地建设的阶段性成果进行中期检查。实践基地建设二年后，研究生院会同院系组织评审专家组对基地建设成果进行合格评估检查。 第二十五条　评估结论分为：合格、整改。其中评估结论为"整改"的实践基地，须进行为期一年的整改，并参加下一年度的评估，若再次评估后仍未合格，予以撤销。
《中国政法大学专业学位研究生联合培养基地建设与实施办法（试行）》（2019）	第四条　联合培养基地的设立应具备以下条件： 1. 在相关专业领域具有显著的专业特色，并具有一定的代表性； 2. 有一批在本专业领域既具有较高学术水平，又具有丰富实践经验，专业成就突出，富有责任心并具有承担研究生培养能力的专家型队伍；	第八条　经学校批准设立的联合培养基地享有以下权利： 1. 对外使用"中国政法大学××专业学位研究生联合培养基地"名义； 2. 参与相关专业学位研究生联合培养计划的制定； 3. 依据联合培养计划，享有学校规定标准的教学酬金；

高校政策文件	实践基地设立的基本条件	实践基地建设的相关要求
《中国政法大学专业学位研究生联合培养基地建设与实施办法（试行）》（2019）	3. 在专业方面有一定的科研成果，在实践创新方面取得突出成就，社会效益明显，承担国家或地区相关改革项目，配套有一定的科研经费； 4. 能够围绕理论结合实践、职业技能等建设具有针对性的实践技能和案例分析课程，并在联合培养期间为学生开设； 5. 能够为联合培养学生提供工作、科研和生活条件； 6. 有专门机构或人员负责人才培养工作并有明确的联合培养科研成果转化机制。	4. 依据联合培养计划指导研究生，并在国家法律规定范围内享有相关科研成果知识产权； 5. 参加专业学位研究生所在培养单位的培训和会议； 6. 对联合培养学生进行管理、考核与评价。 第十条　联合培养基地应为学生安排合作导师。合作导师的聘任和管理，按照《中国政法大学兼职导师聘任管理办法》实施。 第十三条　进入联合培养基地研究生的学位论文应按照联合培养计划，在联合培养基地完成。校内导师作为第一导师在理论和方法上予以指导，合作导师在内容上予以指导，双方共同负责研究生学位论文质量。 第十四条　专业学位研究生培养单位应建立联合培养专门档案，确立与联合培养单位的沟通交流机制，加强过程管理，做好联合培养工作的指导工作，重点提高联合培养主要环节质量，配合做好学生指导与考核工作，跟踪联合培养成果转化情况。定期总结分析培养情况。 第十五条　学校对联合培养基地给予专项经费支持，主要用于课程建设和研究生联合培养管理工作等。 第十六条　研究生院和各专业学位研究生教育指导委员会负责对联合培养基地工作情况和联合培养研究生质量进行过程监控，并定期组织对联合培养基地工作进行评估、总结和交流。

二、评价标准及具体指标

（一）评价标准

通过对各类文件政策的研读和梳理，本书提炼出专业学位研究生实践基地建设要素和普遍性考核标准包括的内容，主要是以下四个方面。

1. 加大投入，完善实践基地基础条件

实践基地基础条件，既是实践基地设立的前提条件，也是实现高质量创新实践人才的基础保障。相关文件明确指出，要加大投入，为实践基地建设提供必要的条件保障；各高校应根据实际需求，分类制定实践基地遴选与建设标准；加强实践基地导师队伍建设，构建"双师型"团队。根据各省（区、市）和各高校政策制度的具体内容，可将基地基础条件划分为两大方面。一是硬件条件。合作单位应具有提供研究生进行专业实践所必需的硬件，如实践设备、实践对象、实践场地及经费支持等；同时高校亦应多形式、多渠道地加大对基地建设的投入。二是人员配备。首先，教育实践基地应建设分工明确、优势互补、通力合作的"双师型"团队。合作单位应有一批具有高级技术职称、高学历或者高水平的经验丰富的专业人才，能够指导专业学位研究生开展专业实践；高校亦需遴选一批在思想、学术及实践等各方面均具较高水平的人员担任研究生实践教学的导师。其次，合作基地与高校双方应安排专人负责对基地进行管理，完善基地管理团队。

2. 规范建设，健全基地管理机制

规范基地建设、健全管理机制，既是基地科学化管理的前提条件，也是提高基地人才培养质量的必要条件。相关政策文件要求健全标准体系，规范基地管理。教育实践基地建设双方应相互合作，共建基地管理体系，完善管理制度。高校是实践基地的核心，要做好本校各级实践基地的规划和建设管理工作，积极推进相关管理工作向实践基地延伸，配合合作单位做好本校进入实践基地的导师和专业学位研究生团队管理工作。而实践基地依托的合作单位是实践基地建设与管理的主体，应成立专业学位研究生实践基地管理委员会，具体负责制订和落实本专业学位研究生实践基地管理办法、合作单位与高校合作计划及实施方案。

3. 严格培养过程，创新培养模式

创新人才培养过程和培养模式是基地建设的主要目标，也是保障基地人才培养质量的核心内容。相关政策文件强调，要严格人才培养过程，创新培养模式。高校与合作单位应根据社会需求和人才培养目标，坚持创新性原则与时效性原则，共同积极探索多种形式的联合培养机制。充分发挥双方积极性、主动性和创造性，共同建立健全教育实践基地研究生培养合作机制，明确培养方案并制订具体的培养细则，加强对研究生在实践基地期间培养过程的监督。

4. 深化产学研合作，加强培养效果评估

实践基地人才培养效果既是基地产学研合作成效的具体表现，也是基地人才培养质量的直接表现。深化产学研合作，提高专业学位研究生培养质量是基地建设的主要目标。实践基地是以促进专业学位研究生教育与行业企业紧密结合为出发点，以培养专业学位研究生职业思维和实践能力为核心，以与专业学位人才培养密切相关的机关企事业单位为载体，搭建多层次、多渠道相互融合的专业学位研究生培养平台，旨在培养大批熟悉行业实际、了解行业发展前沿动态、具有较强职业实践能力的行业人才。政策明确要求针对不同专业学位类别，建立多样化的基地评价体系，定期开展自我评估，重点考核基地人才培养的实际效果。各地及高校实践基地管理文件亦要求制定合理的实践基地评估标准，形成多样化的基地评价模式，强化对基地日常运行的监控，定期开展总体评估和专项评估，重点考核实践基地人才培养机制、高校与合作单位招生、培养与就业联动情况，专业学位研究生的实际培养效果。

（二）评价指标

政策文件对于实践基地的建设和管理提供了方向性的引导，尤其是对实践基地条件及运行制度等方面的规定为构建实践基地质量评价体系提供了依据。本书从各级政策文本中梳理出了若干政策规范，作为评价指标的重要维度（见表5-2）。

表 5-2　专业学位研究生教育实践基地评价指标维度

政策文件	评价内容	重要维度
国家层面	基地条件	导师队伍、经费投入、政策支持、实验室建设
	管理机制	基地管理体系、管理机构、管理制度、运行机制
	人才培养	培养计划、培养目标、相关课程、培养细则、过程监督、阶段考核、终期考核、培养质量、校内外导师交流合作机制
	合作效果	人才培养、成果转化、社会服务、文化传播
省市层面	基地条件	承载规模、设施与场地、实践导师、"双师型"导师团队、科研团队、科研条件、研究经费
	管理机制	管理制度、管理机构、运行机制、评价体系、导师遴选机制、导师交流合作机制
	人才培养	培养目标、相关课程、培养方案、培养过程、培养考核、导师指导、学生入驻、实践项目、项目进展汇报和讨论交流制度
	合作效果	培养与就业联动情况、学位论文、实际效果
学校层面	基地条件	承载规模、实践岗位、专业人员、管理人员、经费、设施设备、专业数据库、"双师型"导师团队
	管理机制	管理制度、管理制度的实施、日常管理、双导制度、考核制度、专门的组织机构、经费管理制度、企业联合培养导师参与度
	人才培养	课程教学、专业实践指导、学位论文指导、实践成功交流会、专类实践类课程、合作课题、实训项目、教材编写、考核评估
	合作效果	奖励、课题、专利、论文、毕业论文、就业情况

三、评价指标选取的事实依据

评估的意义在于"以评促改，以评促建"，对专业学位研究生教育实践基地质量进行评估亦是如此，而切合实际的评估指标体系是实现该意义的重要保障。因此，专业学位研究生教育实践基地质量评估指标的选取需依托事实，深入基地进行实地考察，探寻基地建设的影响因素、存在问题及现实诉求等。

研究团队对辽宁省 10 所专业学位研究生教育实践基地以问卷法和访谈法相结合的方式进行了全面考察。研究团队以基地建设潜在问题和发展诉求、基地建设经验为着眼点，从基地建设基本情况和基地人才培养两大维度出发对问卷内容与访谈提纲进行了设计。其中，基地建设基本情况主要包括基地基础条件、资金投入组织结构、组织制度、运行管理等内容；基地合作培养情况主要包括导师团队、培养方案、培养过程、培养效果等内容。研究团队分别对 10 名基地管理人员、20 名基地导师、30 名基地学生进行了访谈；并向基地学生发放问卷400 份，回收有效问卷 369 份，向基地导师发放问卷 150 份，回收有效问卷 139份。通过对访谈和问卷的结果分析，初步梳理出三级评价指标框架（见表 5-3）。

表 5-3　初步评价指标框架

一级维度	二级维度	三级维度
基地条件	师资队伍	师资水平、师生比、职称水平
	设施设备	软硬件设施、场地面积
	学生数量	学生规模、学生占比
	学员评价	满意水平、意见反馈
	特色条件	优势项目、产学研结合
	其他保障	生均培养费用、质量保障
运行管理	制度执行	培养方案设置、实践课程设置
	工作机制	实践教学、论文指导
	学员评价	满意水平、意见反馈
	特色管理	科技竞赛、专利申请
实践教学	导师参与过程	参与授课、导师指导
	学员评价	学生满意水平、需求状况
	特色参与	参与招生、学习氛围
实践效果	毕业论文	毕业论文指导、优秀毕业论文比例
	实践成果	科技竞赛、专利申请
	就业情况	就业比例、本专业就业率
	学员评价	满意水平、意见反馈
	特色条件	产学研合作、优势项目

第二节　专业学位研究生教育实践基地的建设内容

专业学位研究生教育是研究生教育体系的重要组成部分，是培养高层次应用型专门人才的主要途径。2013 年，教育部、人力资源社会保障部联合印发的《关于深入推进专业学位研究生培养模式改革的意见》明确指出，专业学位研究生培养模式改革目标为"以职业需求为导向，以实践能力培养为重点，以产学结合为途径，建立与经济社会发展相适应、具有中国特色的专业学位研究生培养模式"。然而，2020 年由国务院学位委员会和教育部联合印发的《专业学位研究生教育发展方案（2020—2025）》指出，面对新时代的新要求，专业学位研究生教育还存在培养模式仍需创新、培养质量亟待提高的问题，由此强调要强化产教融合育人机制，加强专业学位研究生实践创新能力培养，要实施"国家产教融合研究生联合培养基地"建设计划，重点依托产教融合型企业和产教融合型城市，大力开展研究生联合培养基地建设，着力提升实践基地的育人质量。

教育实践基地是培养单位为加强专业学位研究生实践能力培养，与行业、企业、社会组织等共同建立的人才培养平台，是专业学位研究生进行专业实践的主要场所，是产学结合的重要载体。加强基地建设，是专业学位研究生实践能力培养的基本要求，是推动教育理念转变、深化培养模式改革、提高培养质量的重要保证。作为一个人才培养的实体组织形式，实践基地需要必要的人、财、物及制度等作为运行的基本保障，而作为专业学位研究生的培养基地，其突出特征是教育性，因此，基地人才培养要注意方方面面、全过程条件与执行情况。此外，要衡量实践基地人才培养质量最直接、最直观的指标，即人才培养的实际效果。本节将从实践基地基本条件、管理机制、人才培养及培养效果四个方面分析专业学位研究生教育实践基地的建设内容，从而为后续评估指标体系的构建奠定基础。

一、基本条件

实践基地的正常运行，首先需要具备一定的人力、物力和财力等基础条件，具体而言，即人员配备、基础设施与资金投入，这些条件需要根据专业学位研究生实践的目标和要求来配备。

（一）人员配备

人员配备是专业学位研究生教育实践基地进行人才培养的重要条件，人员配备的数量和质量直接关系研究生专业实践的质量。一般而言，基地人员的配备应包括校外导师、科研人员以及基地管理人员等。

1. 校外导师

校外导师是专业学位研究生在企业或联合培养基地实践的第一责任人，其主要职责是针对专业实习、科研能力训练、科技创新、毕业论文（设计）撰写等实践教学环节对专业学位研究生进行指导，共同开展技术讲座、经验交流等，帮助学生积累工作经验，提高学生的科研、创新、实践能力。可见，校外导师的能力与水平直接关系专业学位研究生培养的质量。业务水平高、经验丰富、认真负责的校外导师对于促进专业学位研究生的科研、创新与实践能力至关重要，且校外导师的世界观、人生观、价值观亦会对研究生产生潜移默化的影响。因此，实践基地应有一批具有高级技术职称、高学历或者高水平的经验丰富的专业人才，能够指导专业学位研究生开展专业实践。然而，通过文献研究及实地调研我们发现，目前校外导师队伍建设仍存在一定问题。一方面，校外导师数量不足。随着社会经济的发展，国家日益重视专业学位研究生的培养，专业学位研究生招收数量逐年上升，实践基地符合条件的校外实践基地导师难以满足不断增长的专业学位研究生的培养需求。在调研中发现，绝大多数实践基地校外导师一人带七八个研究生。也有学者发现，广东有 3/5 工程领域专业的学位研究生联合培养基地的校外导师数量不超过 4 人。❶一个校外导师带过多名研究生在一定程度上会直接影响研究生的培养质量。另一方面，校外导师指导质量有待提升。对于校外导师而言，指导研究生大多为其完成本职工作后额外付出的劳动，由于缺乏完善的激励机制，其劳动价值在工作、职称评定等方面并不能够得到体现，进而使联合培养研究生对于校外导师来说无足轻重，甚至出现放任不管的现象。此外，由于校外导师一般从事的是技术类抑或管理类的工作，在指导研究生方面缺乏经验，这在一定程度上也影响着研究生的培养质量。因此，为保证实践基地的研究生培养质量，可从两方面着手：一方面，要加强高校与企业之间的沟通，制定完善的遴选机制和激励制度，吸纳企业内符合基本条件且责任意识强、对研究生培养具有热情的专业人员加入校外导师队伍；另一方面，要加强对校外导师的管理，完善考核机制与退出机制，定期对校外导师在师风师德、指导能力和科研能力等方面进行全面的考核，及时淘汰不合格的校外导师。

2. 科研人员

科研人员指的是企业拥有的研发力量。科研人员及团队的水平在一定程度上反映着企业的整体研发水平。研究生实践能力的培养，不仅需要校内外导师的指导，还需要实践基地经验丰富、业务水平高的科研人员的指导。研究生在与企业科研人员共同完成科研项目的过程中，一方面可以接受科研人员的直接指导；另一方面可通过参与科研团队的讨论工作潜移默化地受到间接的指导，提升自身的科研能力、创新能力和实践能力。然而，目前部分实践基地内部科研人员缺乏高水平的核心带头人，多是单兵作战的方式，尚未形成紧密合作的科研创新团队，科研创新的理念尚未深入高校与企业双方的科研工作中，未能激发研究生的创新潜力。因此，一般高校在选择合作企业时，应要求企业具有适度的规模及较高素质的技术人员和科研创新团队，能满足实践教学任务的各项要求，进而培养专业学位研究生的创新与实践能力。

---

❶ 于立梅，谭敏华，冯卫华，等. 校企联合培养研究生实践基地建设的探索 [J]. 河南化工，2020，37（6）：65-67.

3. 管理人员

实践基地的管理人员指的是具体负责实践基地日常运行、专业实践教学计划制定与实施、研究生在实践基地期间的管理、高校与企业之间的日常沟通联系等工作的人员，一般由企业人员担当，但高校一方亦需有专人参与。目前，有部分高校在实践基地建设及管理办法中要求配备必要的专职管理人员，以保证实践基地的日常运行。但是在调研中发现，多数基地缺乏专职管理人员，抑或专职管理人员的岗位形同虚设，未能发挥真正的管理职能。研究生在基地实践过程中，总会或多或少地遇到生活上或者是工作上的各种问题，如果没有专门的管理人员，就会影响研究生的实践效果，以及基地的培养质量。基于此，实践基地应重视专职管理人员的设置，加强对研究生在实践基地学习、生活等各方面的日常管理，以保证研究生实践过程的安全以及实践效果。

（二）基础设施

专业学位研究生教育实践基地的基础设施是研究生在基地进行专业实践、科学研究、日常生活的一系列综合条件。

一方面，实践基地依托企业良好的研发、生产与检测平台，为专业学位研究生开展实践教学所需的教学、科研、专业实践活动提供良好的场所与基础设施，如重点研发平台、专业实验室、仪器设备、大型软件、专业数据库等。因此，实践基地应具有一定承载规模，能够保证一定数量的研究生同时进行专业实践。如上海市要求实践基地每年度应该可接纳的学生数不少于 150 人／月或占本校该类型（领域）学生总数的 60% 以上。也有学校规定，校级实践基地一般每年须有能力承担至少 30 名研究生参加实践，院级实践基地的基本承载能力自定。依托企业建立的实践基地能够很好地弥补高校专业实践资源不足的情况，研究生在实践基地可以接触到先进的仪器设备，开展实验研究，为项目的开展奠定良好基础。

另一方面，实践基地应具备研究生生活所需的基本保障条件，具有劳动保护、卫生安全等方面的保障，场所与设施能满足基本需要。研究生进入基地进行专业实践，少则几个月，多则长达1年，很多研究生食宿在实践基地，因此，除了科研条件之外，实践基地还应该在能力范围之内为他们提供基本的生活保障，这样可以解决研究生在实践基地学习、工作与日常生活的后顾之忧，保证他们能够全身心投入研究项目，提高效率。

（三）资金投入

资金投入是建设实践基地、提高人才培养质量的重要物质保证。实践基地的资金投入应满足实践基地运行所需经费。实践基地所涉及的各项费用，一般包括：建设费用和运行经费，主要用于设备购置、教学软件购置及基地建设所必需的环境条件改造；教师培训、专家咨询、差旅调研、材料费、学生保险、学生生活补贴、质量监控和学生答辩费用等。实践基地经费需要校企双方的共同投入，需要双方协商，建立健全经费管理制度，明确经费的投入与支出。

二、管理机制

实践基地的建设涉及高校与企业两个主体，需要双方共商共建，共同制定一系列规章制度及建立完善的体制机制保障基地的正常有序运行。具体而言，保障实践基地有序运行的机制由规章制度、组织机构及管理运行三个方面构成。

（一）规章制度

规章制度是指基地的管理机制、管理原则、管理办法及管理机构设置的规范。它是对实践基地实施一定管理行为的依据，是实践基地有序开展研究生培养的保证。实践基地合理的规章制度有利于管理的规范化和标准化，提高管理效率，进而提升人才培养质量。实践基地制度应设计合理、体制健全，内容覆盖安全保障、教师的遴选和退出、指导教师工作、校企双方工作职责、学生实习实践的考核和成绩评定、日常管理、经费管理等各个方面，能体现前瞻性和计划性，同时制度执行到位，使基地日常工作运行顺畅，无重大责任事故或影响恶劣的社会事件发生。

（二）组织机构

高校与企业双方共建组织机构是实践基地有序运行的重要组织保障。实践基地组织框架应层次分明、科学合理，职责分工明晰、人员搭配合理，唯有此才能顺利高效地推进实践基地工作。实践基地应由高校与企业双方共同成立基地建设与管理委员会，负责研究生实践基地的建设、管理及研究生实践活动的组织、专业实践考核等具体工作。具体而言，实践基地建设与管理委员会的职责可包括以下几个方面：一是制定实践基地建设发展规划，建立和完善实践基地相关规章制度，规范实践程序，制定符合实践基地情况的研究生专业实践手册；二是安排部署实践基地的专业实践，包括制订实践计划和实施方案、安排实践学生和实践指导教师、监督与管理实践过程、考核实践效果等；三是开展实践指导教师、实践教学任课教师的推荐、遴选及培训工作，不断加强实践教学师资队伍建设；四是组织双方单位、校内外导师开展科研项目合作、课程开发与建设、教学案例编写、信息资源共享等；五是协助学生解决就业问题，为实践表现突出的优秀毕业生提供就业信息咨询、协调就业岗位；六是加强基地软、硬件设施建设，保证学生实践活动的正常运行；七是积极筹措实践基地建设及运行经费，合理预算和规范使用经费。

（三）管理运行

实践基地科学有效的管理运行是保障实践基地研究生培养质量的重要前提。为促进实践基地工作的正常有序开展，实践基地共建双方应共商基地建设之事，定期进行交流沟通与总结。高校与企业双方应建立有效的沟通交流机制，加强过程管理，定期召开相关工作会议，研究解决工作中的具体问题、探索创新工作方式等，做好联合培养研究生的指导工作，重点提高联合培养主要环节质量。同时，校企双方要加强对学生的指导与考核工作，跟踪联合培养成果的转化情况，并定期总结分析培养情况。同时，要重视研究生与导师对实践基地管理运行的看法，定期进行满意度调查，以全面掌握实践基地管理运行的情况，并有针对性地进行改善，以提高满意度，提升人才培养质量。

三、人才培养

人才培养是实践基地建设的出发点与落脚点，是实践基地建设、管理和运行的核心。为规范基地的人才培养过程，从研究生的入驻到最终的实践考核，实践基地均要高度重视，要制定并完善一套完整的人才培养方案。

（一）研究生入驻

实践基地接纳的专业实践研究生人数及研究生在实践基地从事专业实践的有效时长是基地人才培养的重要指标。就实践基地研究生生源来看，充足的生源是实践基地正常运作的基本前提条件。如果实践基地接纳的研究生过少，就会出现实践基地的空闲状态，造成资源浪费。就研究生入驻时长来看，在一定条件下，专业实践的时长与专业实践的效果成正比的关系，实践时间越长，实践效果越佳，学生的实践能力越强。关于专业实践的时间问题，《教育部关于做好全日制专业学位研究生培养工作的若干意见》规定，"专业学位研究生在学习期间，必须保证不少于半年的实践教学，可采用集中实践和分段实践相结合的方式"。然而现实的情况是，许多专业学位研究生的实践时长不足，仅仅在基地实习两到三个月就结束了，未能得到实质性的实践锻炼，实践能力有待加强。因此，对实践基地质量的评估需重视研究生在实践基地进行专业实践学习的时长这一重要指标，以保障研究生实践能力的提高，进而提高人才培养质量。

（二）实践指导

专业学位研究生教育实践基地是高校与企业等共同建立的人才培养平台，是专业学位研究生进行专业实践的主要场所。可以说，实践基地的建设重点在于充分利用双方的力量加强专业学位研究生的实践能力培养，因此，对研究生进行实践指导是基地的核心任务。首先，实践基地应针对所培养的专业学位研究生的专业领域、个性特征制订科学合理的人才培养方案，培养方案的设置应具有特色，课程的设置应具有实践性和应用性。其次，校企双方应积极主动地共同完成课程设计和教材的编制。一方面，校企双方要注重结合行业需求，反映领域前沿，共同开发涉及企业实际案例的项目和研讨课程，突破"学科""专业"课程体系限制，以行业从业需求为导向，设置模块化实践课程。另一方面，实践基地应编写或出版专用的实习实践讲义、实践大纲、实践课程教材，并运用到实践教学中。最后，保证校外基地导师实践指导的质量。校外基地导师在专业学位研究生专业实践中发挥着重要的作用，研究生在基地的项目参与、日常工作的安排、论文写作等都离不开校外导师的指导。校外导师应采取案例教学、现场教学、实验模拟、小班研讨等方式对基地学生进行授课，注重理论与实践的结合。同时还要对研究生的学位论文进行指导，根据研究生的兴趣爱好，结合专业实际，为研究生提供选题，并为其后续写作提供指导。

（三）评估考核

评估考核是基地在既定的目标下，运用特定的方式并依据一定的标准，对研究生在一定时期的实践过程及结果进行的评估。考核评估是研究生专业实践过程中的一个重要环节，是基地通过考核的方式了解研究生实践能力和促使研究生进行自我认识的一种管理手段。有效的评估考核对于提高基地人才培养质量具有重要意义。考核主要包括人才培养的过程性评价和结果性评价。过程性评价主要是在实践基地人才培养过程中，为了解人才培养过程的效果，及时反馈信息并进行调节，以使人才培养工作水平不断提高，以便达到基地人才培养目标而进行的评价。具体而言，基地应通过与研究生进行交流、了解研究生的实际操作情况、对研究生的作品进行展示及开展研究生的自评和互评等多种方式，了解研究生参与基地项目情况、基地导师为研究生授课情况，以及研究生实践能力等。通过过程性评价，总结研究生实践能力培养情况，诊断研究生实践环节中存在的问题，进而反过来指导研究生实践能力的培养工作和研究生的实践过程，以提高基地人才培养质量。结果性评价是对研究生专业实践期间实践学习结果的评价，通过对研究生整个专业实践的质量作出结论，达到"以评促学"的目的。具体而言，主要是对研究生在实践基地的项目完成情况、实践成果、论文完成情况、能力的发展等方面进行总结性评价。结果性评价有利于实践基地总结人才培养工作的成果，全面、科学地诊断培养质量，进而对人才培养各个环节进行改进与完善。

四、培养效果

实践基地是校企双方合作共建的，其目的是使校企双方均有所获益。任何组织的行为都受其动机和目的的支配，组织合作存在的意义在于追求共同的利益。❶若合作不能使双方得到期望的回报，这种合作必然是不可持续性的。学校在选择合作企业时，希望借助企业的资源共同培养专业学位研究生，培养学生实践能力、创新能力等；而企业则希望借助高校输送的优秀研究生促进双方科研合作、人才合作，为企业带来一定的经济利益。实践基地的合作效果可从实践成果、研究生的学位论文、研究生的就业情况三个方面进行评估。

首先是实践成果。实践基地的建立，可以解决高校专业学位研究生培养过程中科研与生产实际衔接及人才培养与企业实际需求衔接的问题。一方面，实践基地以科研项目为纽带，培养研究生分析与解决问题能力、创新能力、实践能力。而这主要是通过研究生参与实践基地项目实现的，研究生结合自己的研

❶ 晏辉 . 从权力社会到政治社会：可能性及其限度 [J]. 东北师大学报（哲学社会科学版），2019（4）：48-57.

究兴趣，找到合适的研究选题，进而发表学术论文、申请专利，并通过实践研究项目获得科技创新奖项等。另一方面，研究生通过参与企业的科研项目，将科研成果转化为实际生产力，为企业生产技术的提升、产品及工艺的创新服务。

　　其次是研究生的学位论文。硕士学位论文是检验研究生学业学术水平的重要依据和必要环节，应表明作者在本专业学位类别（领域）中掌握了较坚实的基础理论和较系统的专业知识，具有承担专门技术工作的能力。专业学位研究生可在基地实践过程结合个人兴趣、专业需求及基地的项目，选择合适的学位论文选题，并在基地老师的指导下，借助基地的科研资源，完成毕业论文。因此，学位论文选题来自基地项目的比例及学位论文优秀率比例是基地人才培养质量的重要体现。

　　最后是研究生的就业情况。通过实践基地建设，依托企业的科研项目，在校内导师和实践基地企业导师的共同指导培养下，研究生可以充分开展创新实践活动，将个人创新性设想应用于解决实际问题，在实践中不断总结、提炼、改进、提高。同时，创新实践还有利于研究生把握专业领域发展的前沿动态，进一步增强对所学专业的认同感，培养对专业问题研究的兴趣，增强创新思维，激发创新热情，从而提高创新能力和实践能力，为工作打下坚实基础。全日制专业学位研究生的招生对象为应届本科生，学生普遍缺乏社会和职场经验。实践基地不仅为研究生提供专业实践条件，更提供了一种特殊的社会和职场环境。研究生通过在实践基地的学习，可以加深对企业的了解，增强团队合作意识，锻炼人际交往能力，提高职业素养和能力，从而为个人职业生涯设计和选择提供支持和帮助，提高就业竞争力。因此，研究生通过实践基地培养后，其就业情况在一定程度上直接反映了实践基地的人才培养质量。

第六章　专业学位研究生教育实践基地
质量评估体系的构建

　　科学的专业学位研究生教育实践基地质量评估指标体系是基地高质量建设的有力保障。本书立足专业学位研究生的教育发展需求与基地建设的紧迫现状，遵循政策依据、理论依据与事实依据，坚持系统性与针对性相统一、过程性与结果性相统一、客观性与主观性相统一、可比性与普适性相统一四大原则，利用层次分析法，最终构建出由基地条件、管理体制、人才培养及合作效果4项一级指标，人员配备、规章制度、实践指导、学位论文等12项二级指标，实践型导师与学生比例等34项三级指标组成的专业学位研究生教育实践基地质量评估评价指标体系。评估指标体系的构建，为全面评估实践基地人才培养质量提供了参考与借鉴，有助于推动基地高质量发展，提升基地人才培养质量。

第一节　专业学位研究生教育实践基地
质量评估指标体系构建思想和原则

　　专业学位研究生教育实践基地质量评估指标体系的构建需从实践基地的功能定位、评估内容和构建理念三个方面明晰其构建思想。并基于此构建思想，明确构建原则。具体而言，专业学位研究生教育实践基地质量评估指标体系的构建所要遵循的基本原则包括客观性原则、科学性原则、发展性原则，而具体原则包括针对性原则、可比性原则、可行性原则和整体性原则。

一、实践基地评估指标体系的构建思想

专业学位研究生教育实践基地质量评估指标体系的构建思想，可从实践基地的功能定位、评估内容和构建理念三个方面进行阐述。●

第一，实践基地功能定位是指从实践基地的建设目的——提高专业学位研究生实践能力出发，明确实践基地评估指标体系构建应以实际应用为指导，以就业需求为目标，以综合素养和专业技能的提高为核心。为此，实践基地指标体系的构建应兼具工具理性与价值理性。工具理性强调指标体系是基于实证主义对专业学位研究生教育实践基地的建设情况进行评估和衡量的技术工具，并为其质量改善提供科学依据。价值理性强调指标体系能够规范专业学位研究生教育实践基地的建设条件，提高实践基地的管理运行效率和实践基地的人才培养水平，为基地经费投入提供引导，使实践能力的价值导向功能得以彰显。

第二，实践基地评估内容指专业学位研究生教育实践基地评估指标体系指标的选取涉及实践基地建设过程的各个方面，如组织管理机构和管理制度的建立及其运行机制是否完善，建立健全校内外双导师制，实践基地的人、财、物的投入，实践教学成果等各项具体的基地建设工作。

第三，实践基地构建理念是指专业学位研究生教育实践基地本身就是一个育人的平台，我们不能够将所有指标都简单地量化，要考虑管理制度、培养方案和教学方案等定性指标对于实践基地建设的重要影响。为此，专业学位研究生教育实践基地评估指标体系应该是主观指标与客观指标相结合、定性指标与定量指标相结合，并且形成一个能够互补互证的有机体系。

构建评估指标体系主要基于研究生教育实践基地的基本功能、建设内容和构建理念三个方面展开，旨在建立一套适合我国专业学位研究生教育实践基地的评估指标体系，以此为标准客观反映各高校实践基地发展状况与建设成效，从而达到专业学位研究生的人才培养与行业需求紧密结合的最终目标。

● 朱晓英.专业学位研究生教育实践基地评估指标体系构建及实证研究 [D].保定：河北大学，2020.

二、实践基地评估指标体系的构建原则

专业学位研究生教育实践基地质量评估指标体系的构建并非一系列指标参数的胡乱堆砌和简单加和，而是要根据一定的基本原则和具体原则有机组合起来，能够反映实践基地在人才培养各方面所达到的效果。这些基本原则和具体原则，既有理论方面的，也有实践方面的；既有宏观性的，也有微观性的；既是历史的，又是具体的。

（一）基本原则

1.客观性原则

客观性原则是专业学位研究生教育实践基地质量评估指标体系构建所要遵循的重要原则，是实事求是这一哲学原理在专业学位研究生教育实践基地质量评估指标体系中的具体运用。

真正要构建、设计、制定一套"放之四海而皆准"的专业学位研究生教育实践基地质量评估指标体系实属不易。这是因为不同的专业，其培养要求、目标、内容等均存在一定的差异。因此，在构建专业学位研究生教育实践基地质量评估指标体系的过程中要坚持一切从实际出发、实事求是的原则，尊重多样性的统一，坚决杜绝思想和技术层面上的"一刀切"形式。构建专业学位研究生教育实践基地质量评估指标体系应当考虑不同专业实践基地的差异性所带来的影响。这就要求在设计专业学位研究生教育实践基地质量评估指标时要从专业学位研究生教育实践基地人才培养的实际出发，根据其培养特点，遵循评价指标体系构建和设计的自身规律，进行系统分析和深入调查。并从立体多维的视角进行探索，即在构建专业学位研究生教育实践基地质量评估指标体系时，要从系统论的高度把握各种影响因素并妥善整合影响因素之间的关系。只有这样，才有利于专业学位研究生教育实践基地质量评估指标体系的整合与优化，才能使其更加科学和合理，更贴近各专业学位研究生教育实践基地建设质量的实际。

专业学位研究生教育实践基地的建设既是一项综合的有机系统，亦是一个复杂的育人过程。教育实践基地的建设涉及人力、物力、财力、信息及时间资源等管理对象，而这涉及基地的团队建设、基础条件、资金投入、管理制度及人才培养等数目繁多的指标要素。因此，指标的选取要注意从多维度考量，尽量覆盖实践基地建设的各个方面，保证评估指标体系的综合性与全面性。

2. 科学性原则

科学性的要求源于对事物本质的追求，其内涵包括实事求是的态度、崇尚严谨的科学精神、先进的方法理念等。简言之，科学性原则就是将实事求是的严谨态度与科学的方法统一于专业学位研究生教育实践基地质量评估指标体系构建的进程中。科学的理论指导和科学的实践是专业学位研究生教育实践基地质量评估指标体系构建的两条主要途径。在科学理论的指导下，综合各学科优势，制定出一整套完备的构建方案和合理的整合程序，是专业学位研究生教育实践基地质量评估指标体系构建中科学性原则的首要要求。然而，真理的标准只能是社会实践。科学理论的指导只能通过科学的实践活动才能发挥效用。唯有坚持科学性原则，将科学理论与科学实践相结合，才能规避专业学位研究生教育实践基地质量评估指标体系构建过程中误入歧途的风险。

科学性原则主要体现在理论与实践的结合上，以及所采用的科学方法等方面。所选取的指标在理论上要站得住脚，同时又能反映评价对象的客观实际情况。构建专业学位研究生教育实践基地质量评估指标体系时，一方面，要以科学理论为指导，使评价指标体系能够在基本概念和逻辑结构上严谨、合理、适度，抓住评价对象即专业学位研究生教育实践基地质量评估的实质，并设计出具有针对性的指标体系完成科学的评价。另一方面，评价指标体系又是理论与实践相结合的产物，无论采用什么样的定性定量的统计分析方法，还是建立模型或者是开发先进的网络软件，都必须是对客观实际的真实描述，必须抓住最重要最核心最有价值和最具代表性的东西。对客观实际描述得越清楚、越简练、越符合实际，科学性就越强。

科学性原则要求具体指标的设计和选用应能体现县级政府教育职能效率的实质含义，力求全面、综合、系统，能从不同侧面刻画专业学位研究生教育实践基地建设质量的全貌。因此，指标的选择、指标权重的确定、数据的选取与分析等专业学位研究生教育实践基地质量评估指标体系构建的具体环节性工作，都必须有科学的理论作为后盾和支撑。总而言之，依据一定的目的来构建专业学位研究生教育实践基地质量评估指标体系并确定其名称含义和口径范围等，在理论上要有科学依据，在实践上要有可操作性和实际效果。专业学位研究生教育实践基地质量评估指标体系的构建应遵循科学性的原则，科学性是确保评价结果真实可信的基础。它包含特征性和一致性两个方面的要求：一是评价指标体系应该能够反映评价对象即专业学位研究生教育实践基地建设质量的特征，根据评价对象区别于他事物的特殊本性来设置科学合理的指标内容；二是各项指标的概念要一致，即对同一指标的含义适用范围、计算方法、分析的时空条件等方面都是一致的，这些方面都要求明晰的界定，不能出现同一指标多种解释，或者产生曲解或歧义，致使评价结果失真。

3. 发展性原则

事物总是处于不断的变化发展过程中，发展就是新事物的产生和旧事物的灭亡。发展性原则是指专业学位研究生教育实践基地质量评估指标体系的构建要适应实践和时代发展的需要，反对守旧和僵化。因此，专业学位研究生教育实践基地质量评估指标体系的建构与整合，都必须服从和服务于时代发展的主体任务。认清当前所处的时代环境，顺应时代发展的要求，是专业学位研究生教育实践基地质量评估指标体系发展和创新的重要前提。同样的，发展性的要求也是推进专业学位研究生教育实践基地质量的重要前提。发展性原则成为专业学位研究生教育实践基地质量评估指标体系建构的行动准则。专业学位研究生教育实践基地质量评估指标体系建构中需要坚持时代性原则的根本原因在于理论和实践的不断发展，这就要求在专业学位研究生教育实践基地质量评估指标体系构建的进程中要认清变化了的实践形势和评价所需要的理论指导和路径支持，不断探索专业学位研究生教育实践基地质量评估指标体系构建的新方法和新模式。

（二）构建的具体原则

1. 针对性原则

不同的专业有不同的特点，因此，没有一个放之四海而皆准的不变的具体的指标体系。不同专业间的指标有其具体和灵活的要求，每个专业的具体指标又是有差别性和针对性的。这里的针对性是指目标的针对性，即在专业学位研究生教育实践基地质量评估指标体系构建的过程中，始终要围绕着科学评价教育实践基地人才培养质量的最终目标。

一般认为，质量评估的目的是引导、帮助被评估对象实现其目标及检验其目标实现的程度。这就要求我们在设计和选择专业学位研究生教育实践基地质量评价指标时，应从评价对象即专业学位研究生教育实践基地的建设质量出发，正确认识教育实践基地建设的目标内涵，坚持培养大批熟悉行业实际、了解行业发展前沿动态、具有较强职业实践能力的高层次专门人才，对此指标的选取亦应紧紧围绕育人目标，找准育人关键要素和核心要点，增强指标体系的针对性。在具体实践中，我们可以运用系统图标分解法，将一级指标逐级分解成具有可操作性的更低一级的指标。同时，育人目标的实现是通过层级分目标的实现来保证的。实践基地质量评级的战略目标同样是以分层级的方式来实现的。这就要求一定层级的评估指标必须与同一层级的绩效评估目的相一致，要服从和服务于同一层级目的的达成。❶

2. 可比性原则

专业学位研究生教育实践基地质量评估指标体系构建的可比性原则，可以归结为"横向比较"与"纵向对接"。具体而言，我们在设计和选择指标时要注

---

❶ 彭国甫. 地方政府公共管理事业管理绩效评价研究 [M]. 长沙：湖南人民出版社，2004：160.

意两个方面的可比性：一是横向的可比性，即同一专业的不同实践基地的质量对比；二是纵向的可比性，即通过不同时期、不同阶段的实践基地的对比，反映教育实践基地发展变化、建设水平及育人质量的高低。

我们在指标体系的构建中要保证各个指标项之间具有相对的独立性，同一层级的指标不能重叠交叉，否则没有可比性；同时，评价指标体系必须反映教育实践基地建设的共同属性，即保持质的一致性，这样才能比较两个具体评价对象在这一方面量的差距。需要注意的是，运用实践基地质量评估指标在不同实践基地进行横向比较时，要求除指标的口径、范围必须一致外，一般用相对数、比例数指数和平均数等进行比较才具有可比性。而要保证同一单位不同时间段的纵向可比性，就要求在设计教育实践基地评价指标时，既要充分体现当时教育实践基地实际需要与客观条件的相对稳定性，又要对未来的近期发展有所预见，力求一定的连续性。一言以蔽之，可比性原则要求在专业学位研究生教育实践基地质量评估体系的构建中尽量多地使用相对指标，以便于对不同对象进行比较，但为了反映对象之间规模上的差异，应该选取一些绝对指标，同时确保各个指标的计量范围、口径一致，以进行增值评估。❶

3. 可行性原则

设计得再完美的指标如果在现实中不具有可行性，也不能充分发挥它应有的作用。可行性原则要求评价指标的设置首先要便于进行具体操作。这就要求我们在设计专业学位研究生教育实践基地质量评估指标时，既要立足教育实践基地建设的实际，不能贪大求全，防止指标体系过于繁杂，评价成本过高，也不能设计得过于简单，难以反映教育实践基地的质量水平。教育实践基地质量评估指标体系应当具有较强的可操作性，较易执行和应用，并且使被考核者也比较容易按照这一指标体系进行自我衡量。

具体而言，在构建专业学位研究生教育实践基地质量评估指标体系的过程中，可行性的原则主要包括以下几个方面的内容。首先，教育实践基地质量评估指标

---

❶ 宋农村 . 县级政府教育政绩评级指标体系研究 [M]. 北京 : 人民出版社，2011 : 155.

体系要具有现实可行性，即实际可操作性。可行性的核心思想便是可操作性，主要体现在某一指标能否获得充足的相关信息。如果渠道不畅通，不能获取充足的相关信息，不管评价指标设计得如何好，也不过是水中月、镜中花。构建评价指标体系的目的是对教育实践基地质量进行准确的评估。因此，在具体指标的设计和选取上应尽量选择具有共性的综合指标并保持口径的统一。指标体系的设置要避免过于烦琐复杂，做到指标含义明确，同时指标体系所涉及的数据资料和资源便于收集，这样才能在运行中具有较强可操作性。其次，专业学位研究生教育实践基地质量评估指标体系要具有可测性。所谓可测性，是指评价指标可以用操作化的语言描述和定义所规定的具体内容并运用现有的工具进行测量，从而获得明确的结论。不可量度一直以来是评价指标体系构建的难点，也是科学构建中需要不断克服的问题。因此，在下一步对专业学位研究生教育实践基地质量评估指标体系的构建中要坚持所选取指标的可量度性，且能够取得实际的数据。为了达到这一效果，能选用定量指标进行测量的地方尽量采用定量指标，在确实无法使用定量指标进行衡量的地方，再采用定性指标描述。定性描述也应具有直接可测性，不具有直接可测性的内容，应通过可测的间接指标来测量，并且尽量使用如"优、良、合格、不合格、差"等阶段性指标标准以增强测量结果的准确性和客观性，从而便于操作。最后，专业学位研究生教育实践基地质量评估指标体系的构建要具有可适应性。专业学位研究生教育实践基地质量评估指标体系的构建应该结合基地建设的实际情况来制定，凸显教育实践基地的优势与特色，并根据教育实践基地建设情况与人才培养目标来制定评价标准和指标，标准过高或者过低都无法达到评估的预期，从而不具有可行性。

4. 整体性原则

整体性原则作为一种辩证的观察原则和分析方法，是把一定的对象视为内容和结构完整的有机整体，坚持整体决定部分、部分影响整体的观点。专业学位研究生教育实践基地质量评估指标体系构建的整体性原则，可以通过评价指标体系结构的整体性及构建过程的整体性原则来说明。其一，评价指标体系结构的整体性。体系是展示特点、建立关系、发挥作用的技术承载。尽管每一个评价指标都会处于不同等级的整体系统中，但当其处于高级系统结构中时，整体性便是评价指标的内在属性。其二，构建中整体性原则的体现。专业学位研究生教育实践基地质量评估指标体系的构建是一个复杂的系统工程，这就需要将评价指标体系看作整体，树立全局观念，才能实现整体构建。

整体性原则要求评价指标体系能够完整、全面、系统地反映专业学位研究生教育实践基地质量评估指标的数量和质量要求。指标体系的内容应该能够全面系统地反映教育实践基地建设的目标和要求，不能在任何重要的方面有所纰漏，否则就会导致评价结果的巨大偏差。指标体系必须全面、准确、系统地反映教育实践基地的建设质量。教育实践基地人才培养效果一般具有迟滞性特征。正所谓"十年树木,百年树人",实践基地对研究生实践能力的提升很难实现"立竿见影"的效果，需要在未来较长的一段时间内才可逐渐显现。忽视实践基地人才培养工作的迟滞性，仅着眼其培养结果而轻视培养过程，就会导致基地人才培养出现功利化倾向，忽视人才培养过程的规范化。因此，重视对基地人才培养过程的评价才可对基地人才培养质量作出真实的反映。同时，实践基地质量评价是对基地在一定时间内合作育人效果和效率的评判。因此，需要对实践基地育人效果可量化、可观测的内容进行评价。

第二节　专业学位研究生教育实践基地 质量评估指标的确定

前一章中，已梳理了专业学位研究生教育实践基地质量评估体系的具体内容和基本指标。在此基础上，本节将借鉴 CIPP 评价模式理论，从背景评价、输入评价、过程评价、结果评价四大方面构建评估模型。为使评价指标更具科学性、合理性，采用德尔菲法对指标进行修正，最终明确专业学位研究生教育实践基地质量评估指标。

一、指标体系构建的理论指导

CIPP 评价模式是 20 世纪六七十年代美国著名教育评价专家斯塔弗尔比姆在批判目标评价模式的基础上提出的。CIPP 评价模式包括背景评价（context evaluation）、输入评价（input evaluation）、过程评价（process evaluation）、结果评价（product evaluation）。CIPP 评价模式的全程性、全面性特征符合教育实践基地质量评估的系统性要求，同时该评价模式有利于实现基地质量评估"以评促改""以评价促建"的目标。

（一）教育实践基地质量的背景评价

背景评价是根据社会发展需要和评价对象的需要，在特定的环境下判断是否有条件保证评价目标的实现。[1]教育实践基地的建立旨在搭建科教融合、产学结合的人才培养平台，以培养高层次应用型专门人才。实践基地教育目标的实现，首先需要合作单位具有相应的基础条件。因此，教育实践基地的背景评价需要考虑所合作单位是否与所培养的研究生专业密切相关，是否具有一定数量的相关专业技术或管理人员担任实践导师，是否具有一定的承载规模和能力，是否具备专业学位研究生实践所需的基本条件、相关设施及较为规范的管理制度等。

（二）教育实践基地质量的输入评价

输入性评价是在背景评价的基础上，对实现目标所需的条件、资源及各备选方案的相对优点所作的评价。[2]教育实践基地人才培养目标的实现需要高校与合作单位双方的共同努力，为基地的建设与完善提供必要的资金投入并完善

[1] STUFFLEBEAM D L，SHINKFIELD A J. Systematic Evaluation [M]. Boston：Kluwer-Nijhoff，1985：170-171.

[2] 肖远军 . CIPP 教育评价模式探析 [J]. 教育科学，2003（3）：42-45.

各项制度、健全各项管理机制。因此，对教育实践基地输入评价需考虑基地是否具有丰富的硬件条件、雄厚的师资力量和管理团队、必要的经费投入、完善的管理机制、科学合理的人才培养方案及教材等。

（三）教育实践基地质量的过程评价

过程评价是在方案实施过程中进行连续不断的监督、检查和反馈，本质上属于形成性评价。教育实践基地质量的过程评价是对基地质量的动态性评价，有利于了解基地运行情况及潜在的问题，可为修正方案提供依据与指导。教育实践基地质量的过程评价需考虑基地管理情况，明确基地运行过程是否符合管理制度与要求，是否按照原计划进行；需考虑基地人才培养实施方案是否顺利进行，对学生的实践指导是否都到位等。

（四）教育实践基地质量的结果评价

结果评价是对目标达到程度所作的评价。教育实践基地质量的结果评价是对基地建设目标达成程度的评价，是对实践基地人才培养效果的判断与最终检验。专业学位研究生教育实践基地建设，旨在搭建多层次、多渠道相互融合的专业学位研究生培养平台，以深化产学研合作、培养高层次专门型人才。而实践基地人才培养质量直接表现在研究生学位论文、实践成果及就业情况等方面。因此，对教育实践基地质量的评价要考虑研究生学位论文选题来源及其质量，研究生实践成果是否获得社会、有关部门、共建单位的认可和采纳，是否帮助共建单位解决或部分解决了业务中的实际问题，或专业实践成果已申请专利、公开发表，或获得科技竞赛、创新创业活动等相关奖项；同时，也需考虑研究生在专业实践结束后与共建单位达成的正式就业意向或就业专业对口率基本情况等。

二、指标体系的初步确定

本书以 CIPP 评估模式为理论指导，以政策要求为导向，以事实为落脚点，坚持评估指标体系的基本原则与具体原则，初步构建出专业学位研究生教育实践基地质量评估三级指标体系，其包括基地条件、管理体制、人才培养、合作效果 4 个一级指标，导师团队、基地团队、基础设施等 15 个二级指标，以及实践型导师与学生比例等 37 个三级指标（见表 6-1）。

表 6-1　教育实践基地质量评价指标体系

一级指标	二级指标	三级指标
基地条件 A1	导师团队 B1	实践型导师与学生比例 C1
		实践型导师正高职称占比 C2
	基地团队 B2	基地研发团队人数 C3
		基地管理队伍人数 C4
	基础设施 B3	实践教学条件 C5
		省部级以上科研平台 C6
		同时可接纳的学生规模 C7
		占本校该类型（领域）学生总数的比例 C8
	资金投入 B4	实践基地单位投入经费（年均）C9
		学校投入经费（年均）C10
管理体制 A2	规章制度 B5	制度体系建设情况 C11
		制度执行情况 C12
	组织机构 B6	质量保障体系 C13
		联合培养导师评聘方式及标准完备程度 C14
	管理运行 B7	定期交流情况 C15
		实践总结情况 C16
		学生对基地管理的满意度 C17
		基地导师对基地管理的满意度 C18
人才培养 A3	研究生入驻 B8	年均实践人数 C19
		人均实践时长 C20

续表

一级指标	二级指标	三级指标
人才培养 A3	实践指导 B9	实践型导师参与研究生人才培养方案的制定情况 C21
		实践型导师讲案例类课程门数／参与编写教材册数 C22
		实践型导师实践指导情况 C23
	评估考核 B10	实践过程考核情况 C24
		实践结果考核情况 C25
	学员评价 B11	学员对实践教学的满意度 C26
		学员对实践指导教师的满意度 C27
合作效果 A4	学位论文 B12	论文来自基地项目比例 C28
		学位论文优秀率比例 C29
	实践成果 B13	科技竞赛获奖的学生数量及占比 C30
		申请专利的学生数量及占比 C31
		公开发表论文的学生数量及占比 C32
		基地导师合作科研项目及其效益、科研成果及其转化 C33
	就业情况 B14	在基地就业比例 C34
		学生就业与行业相关比例 C35
	学员评价 B15	学员对实践学习结果的满意度 C36
		教师对学员实践学习结果的满意度 C37

（一）应用德尔菲法修正评估指标体系

1. 德尔菲法

德尔菲法，又称"专家调查法"。该方法由预测者通过函询方式反复征求专家的意见，然后将专家趋于一致的意见作为最后预测的根据。德尔菲法一般适用于长期预测。

（1）德尔菲法的预测程序

一是选择专家。预测者根据预测目的，选择预测项目领域的专家，其人数视项目大小而定，一般在 10~20 人为宜。

二是提出要求。预测者将预测项目和预测目标的背景材料传递给所选定的专家，要求每位专家讲明有什么特别资料可以用来分析这些问题及这些资料的使用方法。同时，也向专家们提供有关资料。

三是收集第一轮调查材料。专家按照预测者的要求对所预测事物的发展趋势提出各自的看法，并说明依据和理由，书面答复预测者。

四是向专家反馈汇总材料，进行第二轮调查。预测者把收集来的专家预测意见加以归纳整理，对不同的预测结果分别说明其依据和理由，然后将整理资料反馈给各位专家，要求每位专家修改自己原来的预测，也可提出其他见解。

五是反复征询专家意见至基本趋于一致。专家接到反馈材料后，就各种预测意见及其依据和理由进行分析，再次进行预测，提出修改后的预测意见及其依据和理由又一次反馈给预测者。这样反复征询、归纳、修改，直到专家们的预测意见基本趋于一致为止。调查的次数根据具体情况和需要而定。

六是综合基本趋于一致的专家意见，确定预测值。将基本趋于一致的专家预测值采用平均的方法进行统计，其结果便可作为预测值。

（2）德尔菲法的特点

从上述预测程序可见德尔菲法具有下列三个特点。一是匿名性。专家们彼此之间不见面，各自独立地提出预测意见，因而可以免除心理因素的干扰，保证每位专家能够客观地提出自己的见解，做到集思广益。二是反馈性。反馈表现在反复调查、整理归纳和修正，但不是漫无目的，而是有组织、有步骤地进行。三是收敛性。经多轮调查后，专家们的意见就会逐渐收敛，趋于一致。

2. 专业学位研究生教育实践基地质量评估指标筛选过程

为了使评价指标更具科学性、合理性，我们采用了德尔菲法对指标体系进行了修正。

（1）专家的选择

专家选择是影响德尔菲法研究结果的关键因素之一。本书遴选研究生专业发展领域的专家、学者共计 16 人，这些专家在研究生教育领域具有较丰富的工作经验，从事相关教学、科研和管理工作，平均工作年限为 18.79 年，最高年限为 38 年，最低年限为 10 年。在所有参加调查的专家中，表示对评价指标很熟悉的占 55.6%，比较熟悉的占 44.4%，这说明专家们对于研究生实践基地的问题有深入了解，对指标有客观的认识，能够为指标体系的构建提供客观的数据，其意见和建议更具代表性。通过问卷数据得到所选专家的权威系数具体见表 6-2，说明专家的权威程度较高。根据专家权威程度与预测精度之间的函数关系可知，本书研究的预测精度也较高。

表 6-2　专家权威系数表

判断依据	判断系数 Ca	熟悉程度 Cs	权威程度 Cr
基地条件	0.9168	0.8766	0.8967
管理体制	0.9106	0.8205	0.8656
人才培养	0.8764	0.7631	0.8198
合作效果	0.8667	0.7981	0.8324

（2）第一轮专家问卷调查

①问卷的发放

第一轮专家问卷调查的目的是征求专家对研究团队初拟的专业学位研究生教育实践基地质量评估指标体系的修改意见，并作适切度问询。问卷包括简介、专家信息区、填写提示、一级指标划分咨询表（4 项）、二级指标划分咨询表（15 项）、三级指标划分咨询部（37 项）。专家只需按项目勾选恰当的适切度值（1、2、3、4、5）。1—5 代表适切度，程度依次增加。鉴于初拟框架在推导过程中采用了文献研究法、访谈法，也征询过部分专家的意见，问卷具有较高的信度和效度。

②问卷结果统计

专家对各级指标适切度的打分情况如表 6-3、表 6-4、表 6-5 所示。通过调查进一步分析专家对各指标项适切度评分的均值和离散分布情况。

表 6-3 数据所示，4 个一级指标适切度调查的平均数均在 4.6 以上，标准差亦在 1.0 以下，说明专家对一级指标的认同度高，一级指标设计合理。

表 6-3　专家对一级指标评价情况

指标项目	专家答题情况					描述项	
	非常合适（5分）/人	比较合适（4分）/人	一般（3分）/人	比较不合适（2分）/人	不合适（1分）/人	平均分	标准差
基地条件 A1	12	3	1	0	0	4.6875	0.583
管理体制 A2	13	3	0	0	0	4.8125	0.390
人才培养 A3	12	3	1	0	0	4.6875	0.583
合作效果 A4	14	2	0	0	0	4.8750	0.331

表 6-4 数据所示，15 个二级指标中，平均数低于 4.0 的共有 5 项，分别是导师团队 B1、基地团队 B2、组织机构 B6、学员评价 B11 和学员评价 B15。这说明，这几项指标需要进一步斟酌。其他指标均在 4.0 及以上，且标准差在 1.0 以下，说明其他指标认可度高、适切度高。同时，我们也可发现，相对于一级指标，二级指标的各项标准差数值较高，说明专家对二级指标的认识呈一定的离散性（见表 6-4）。

表 6-4　专家对二级指标评价情况

指标项目	专家答题数					描述项	
	非常合适（5分）/人	比较合适（4分）/人	一般（3分）/人	比较不合适（2分）/人	不合适（1分）/人	平均分	标准差
导师团队 B1	2	7	3	3	1	3.375	1.111
基地团队 B2	3	6	4	2	1	3.500	1.118
基础设施 B3	5	8	3	0	0	4.125	0.696
资金投入 B4	8	6	2	0	0	4.375	0.696
规章制度 B5	5	9	2	0	0	4.188	0.634

续表

指标项目	专家答题数					描述项	
	非常合适（5分）/人	比较合适（4分）/人	一般（3分）/人	比较不合适（2分）/人	不合适（1分）/人	平均分	标准差
组织机构 B6	1	8	5	1	1	3.438	0.933
管理运行 B7	4	9	3	0	0	4.063	0.658
研究生入驻 B8	3	10	3	0	0	4.000	0.612
实践指导 B9	4	10	2	0	0	4.125	0.599
评估考核 B10	4	9	3	0	0	4.063	0.658
学员评价 B11	0	7	7	2	0	3.313	0.682
学位论文 B12	6	8	2	0	0	4.250	0.661
实践成果 B13	5	9	2	0	0	4.188	0.634
就业情况 B14	5	8	3	0	0	4.125	0.696
学员评价 B15	0	6	7	2	1	3.125	0.857

　　三级指标调查统计结果如表 6-5 所示。与前两级指标征询不同，考虑到三级指标项目较多，故问卷采用二分法，即调查专家对三级指标设置的态度是同意或不同意。专家勾选"同意"计为"1"，勾选不同意计为"0"。从调查结果看，共有 10 项指标的同意比例达到 100%，12 项指标的同意比例达到 93.75%，8 项指标的同意比例在 80%~90%，5 项指标的同意比例在 60%~80%，仍有 4 项指标的同意比例在 60% 以下。其中，学员对实践学习结果的满意度 C36 和教师对学员实践学习结果的满意度 C37 这两项指标同意率在 50% 及以下，即有半数专家不赞同（见表 6-5）。

表 6-5　专家对三级指标评价的态度

指标项	同意	
	人数	占比 /%
C5、C6、C9、C10、C14、C20、C21、C31、C32、C11	16	100.00
C7、C8、C12、C15、C16、C19、C22、C24、C25、C28、C30、C33	15	93.75

续表

指标项	同意	
	人数	占比 /%
C17，C18，C23，C29，C34	14	87.50
C1，C2，C35	13	81.25
C3	12	75.00
C4	11	68.75
C13	10	62.50
C26，C27	9	56.25
C36	8	50.00
C37	7	43.75

③意见收集与指标修订

本书采用的德尔菲问卷为半开放式，专家除填写评估指标的适切度外，还可通过填写"修改意见"的形式进行反馈。经筛选，最后采纳的意见或建议如下。

一是将导师团队 B1 和基地团队 B2 合并为人员配备；

二是二级指标中的"组织机构 B6"名称内涵不清，其相对应的三级指标需再进一步斟酌；

三是学员评价 B11 和 B15 建议删去；

四是需进一步明确各指标的具体内涵。

根据量化统计分析一级专家的修改建议，研究团队对指标体系作了修改，具体如下。

一级指标：由于四项指标所获平均值较高，且标准差较低，本书认为一级指标已达成一致，不作修改。下一轮问卷将不再对该层指标进行专家意见征询。

二级指标：将"导师团队 B1"和"基地团队 B2"合并为人员配备 B1，删去学员评价 B11 和 B15。

三级指标：将"质量保障体系 C13"改为"机构设置情况"和"机构管理情况"，并删去二级指标学员评价 B11、B15 对应的三级指标。

同时，对指标内涵作了进一步修订。

（3）第二轮专家问卷调查

由表6-6可知，专家对二级指标的适切度评分值均在4.500分以上，且标准差较低，可见专家普遍赞同各二级指标项的构建。

表6-6　专家对二级指标评价情况（第二轮）

指标项目	专家答题数					描述项		
	非常合适（5分）/人	比较合适（4分）/人	一般合适（3分）/人	比较不合适（2分）/人	不合适（1分）/人	赞同率（非常合适与比较合适所占百分比/%）	平均分	标准差
人员配备 B1	9	6	1	0	0	93.750	4.500	0.612
基础设施 B2	9	7	0	0	0	100.000	4.563	0.496
资金投入 B3	14	2	0	0	0	100.000	4.875	0.331
规章制度 B4	11	5	0	0	0	100.000	4.688	0.464
组织机构 B5	9	7	0	0	0	100.000	4.563	0.496
管理运行 B6	12	4	0	0	0	100.000	4.750	0.433
研究生入驻 B7	11	5	0	0	0	100.000	4.688	0.464
实践指导 B8	14	2	0	0	0	100.000	4.875	0.331
评估考核 B9	9	7	0	0	0	100.000	4.563	0.496
学位论文 B10	12	4	0	0	0	100.000	4.750	0.433
实践成果 B11	10	5	1	0	0	93.750	4.563	0.609
就业情况 B12	9	7	0	0	0	100.000	4.563	0.496

在34项三级指标项目中有13项获得专家的一致同意，有10项获得93.75%的专家的同意，其他项专家赞同率亦达到80%以上。因此，我们认为三级指标的构建亦获得专家的认同，设计较为科学合理（见表6-7）。

表 6-7 专家对三级指标评价态度（第二轮）

指标项	同意	
	人数	占比 /%
C5，C6，C7，C9，C10，C15，C18，C19，C20，C21，C27，C29，C30	16	100.000
C1，C2，C11，C12，C13，C14，C16，C17，C22，C23	15	93.750
C3，C4，C25，C26，C28，C31	14	87.500
C8，C32，C33，C34	13	81.250

（4）共识率判断

通常认为，专家对所有题项的一致率达到 80% 以上即算达成共识，可以考虑停止继续进行新一轮的德尔菲专家调查。由表 6-6、表 6-7 可知，二级和三级指标项的共识率均达到 80% 以上。因此我们认为，拟定的专业学位研究生教育实践基地质量评价指标体系经两轮修改已达成共识，专家意见一致。加之问卷的整体稳定性较好，因此可以结束德尔菲问卷调查。最终指标体系见表 6-8。

表 6-8 专业学位研究生教育实践基地质量评估指标体系

一级指标	二级指标	三级指标
基地条件 A1	人员配备 B1	实践型导师与学生比例 C1
		实践型导师正高职称占比 C2
		基地研发团队人数 C3
		基地管理队伍人数 C4
	基础设施 B2	实践教学条件 C5
		省部级以上科研平台 C6
		同时可接纳的学生规模 C7
		占本校该类型（领域）学生总数的比例 C8
	资金投入 B3	实践基地单位投入经费（年均）C9
		学校投入经费（年均）C10

续表

一级指标	二级指标	三级指标
管理体制 A2	规章制度 B4	制度体系建设情况 C11
		制度执行情况 C12
	组织机构 B5	机构设置情况 C13
		机构管理情况 C14
		联合培养导师评聘方式及标准完备程度 C15
	管理运行 B6	定期交流情况 C16
		实践总结情况 C17
		学生对基地管理的满意度 C18
		基地导师对基地管理的满意度 C19
人才培养 A3	研究生入驻 B7	年均实践人数 C20
		人均实践时长 C21
	实践指导 B8	实践型导师参与研究生人才培养方案的制定情况 C22
		实践型导师讲案例类课程门数/参与编写教材册数 C23
		实践型导师实践指导情况 C24
	评估考核 B9	实践过程考核情况 C25
		实践结果考核情况 C26
合作效果 A4	学位论文 B10	论文来自基地项目比例 C27
		学位论文优秀率比例 C28
	实践成果 B11	科技竞赛获奖的学生数量及占比 C29
		申请专利的学生数量及占比 C30
		公开发表论文的学生数量及占比 C31
		基地导师合作科研项目及其效益、科研成果及其转化 C32
	就业情况 B12	在基地就业比例 C33
		学生就业与行业相关比例 C34

第三节　专业学位研究生教育实践基地
质量评估指标权重的确定

权重是以某种数量形式对比、权衡被评价事物总体中诸要素相对重要程度的量值，合理确定权重对评价或者决策具有重要的意义。专业学位研究生教育实践基地质量评估指标体系是各级评价指标的集合，而专业学位研究生教育实践基地质量评估指标体系的权重则表明各个指标之间的关系及其在评价指标体系中的作用、地位和重要程度。因此，权重的确定是专业学位研究生教育实践基地质量评估指标体系的重要内容。

专业学位研究生教育实践基地建设需协调政府、高校、企业单位等相关主体需求，建设过程涉及人、财、物、信息等资源，在建设和运行过程中已形成一个相互关联、多样因素构成的复杂系统。要对专业学位研究生教育实践基地质量进行分析与评估决策，单纯依靠主观判断或进行质性研究是难以保证评估的科学性与全面性的。而试图依靠数据计量追求纯粹理性的教育政策评估，在实践过程中被证实是一种"没有实际意义的伪评估" ❶。层次分析法（The Analytic Hierarchy Process，AHP）是由美国运筹学家萨蒂提出的一种权重决策分析方法，其主要思想为将一个复杂的目标问题分解成相关联的若干层次，构建递进层次分析结构模型，确定各层次因素权重。该方法将问题客观信息及评估者对问题的认知及偏好纳入考量范畴，并将评估者的比较、判断运用量化的方法进行处理和分析，有效地将主观评价与客观量化评价相结合。因此，本书采用层次分析法（AHP）来确定指标的权重。

一、层次分析法

层次分析法是用于处理有限数量方案的多目标决策问题时最常用并且也是

---

❶ 黄明东，陈越，姚宇华.教育政策效果评估指标体系构建研究——基于后实证主义方法论的视角 [J].教育发展研究，2016，36（1）：1-6.

最重要的方法，其将定性分析与定量分析结合起来，能有效处理那些难以完全用定量方法来分析的复杂多目标问题。它的基本思想是把复杂问题按总目标、子目标、评价标准及具体方案的顺序分解为不同层次，然后利用求判断矩阵的特征向量的方法，在低层通过两两比较得出各因素对上一层的影响权重，并逐层向上推进，最后利用加权和的方法递阶归并，以求出各方案对总目标的影响权数，权数最大者对应的方案即为最优方案。

（一）层次分析法的优点

一是将处理问题的对象视为一个系统，按照分解、比较、判断、综合的思维方式进行决策，成为继机理分析、统计分析之后发展起来的系统分析的重要工具。

二是定性分析与定量分析相结合，能够处理许多用通常的最优化技术无法着手解决的实际问题，因为通常的最优化方法只能用于定量分析。

三是输入的信息主要是决策者的选择和判断。运用 AHP 的决策过程，充分反映了决策者对决策问题的认知能力。

四是使决策者与决策分析者能够相互沟通，决策者甚至可以直接应用它，这就增加了决策的有效性。

五是分析时所需要的定量数据不多，但对问题的本质、问题所涉及的因素及其内在关系分析得比较透彻、清楚。

六是思路简单明了，它将决策者的思维过程系统化、数字化和模型化，便于计算，容易被人们所接受，便于决策者了解和掌握。

七是这种方法适用于多准则、多目标复杂问题的决策分析，可用于地区经济发展方案比较、科学技术成果评比、资源规划分析，以及企业人员素质测评，应用范围非常广泛。

（二）层次分析法的步骤

AHP 的基本思路是先分解后综合的系统思想。基于这种思想，必须将所要分析的问题层次化、步骤化，即将问题分解成不同层次的组成因素，按照层次间的隶属关系及因素间的优劣关系，形成一个多层次分析结构模型，最终归结为最低层（方案、措施、指标等）相对于最高层（总目标）的相对重要程度的权值或相对优劣次序的问题。其工作程序如图 6-1 所示。

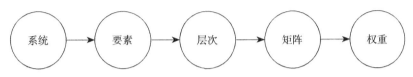

图 6-1　层次分析法的工作程序

1. 明确问题

首先，要明确要解决什么问题，所掌握的信息是否充分。这需要弄清问题的范围、目标、结构及涉及的各因素之间的相互关系等；还需要相关管理者、决策者召开关于所要处理问题的研讨会，讨论决策原则和决策方案。

其次，广泛收集信息，通过对系统的深刻认识，确定该系统的总目标，弄清规划决策所涉及的范围，所要采取的措施方案和政策，实现目标的准则、策略和各种约束条件等。

2. 建立层次结构

首先，通过分析将复杂问题分解为由元素组成的各个部分。然后，将这些元素按相互之间的关系分为若干组，并按最高层、中间层和最低层的形式排列起来，形成多层次的结构模型。本层次的元素作为准则对下一层次的某些元素起支配作用，同时又受到上一层次元素的支配。

最高层，即解决问题要达到的预定总目标，这一层中只有一个元素，通常也称为"目标层"。

中间层，这一层包括了总目标下的若干级子目标（在一级子目标下还有二级、三级子目标），它通常可以细分，由若干层次组成，所以也称为"准则层"。

最低层，即实现总目标可供选择的方案，也称为"方案层"。典型的层次结构如图 6-2 所示。

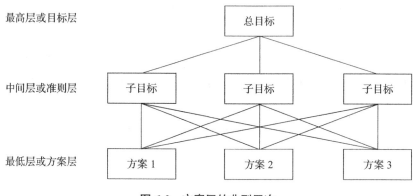

图 6-2　方案层的典型层次

如果某个元素与下一层次的所有元素均有联系，则称该元素与下一层次存在着完全的层次关系，否则称为不完全的层次关系。层次结构中的层次数与研究问题的复杂程度及分析的需要有关，一般可以不受限制。

3. 构造判断矩阵

建立层次结构模型之后，要构造出判断矩阵。判断矩阵是从定性过渡到定量的重要环节，是通过两两比较得出的。

层次结构反映因素之间的关系，但准则层中的各准则在目标衡量中所占的比重在不同决策者的心目中并不一定相同。❶当涉及某些问题时，一些元素对于每一个人来说可能会有不同的观念，因此对于这样的元素来说，不容易得出准确的评价结果，甚至可能自相矛盾。

在各层元素之间进行两两比较，判断它们对于上一层次各个元素的重要程度，并根据一定的比率标度将这种相对重要性定量化。相对重要性的量化很难精确。经过研究表明，当两两比较的因素过多，人的判断会受到很大影响，普

---

❶ 赵焕臣，等. 层次分析法——一种简易的新决策方法 [M]. 北京：科学出版社，1986.

遍来说在 7±2 范围比较合适。如以 9 为限，用 1~9 尺度表示它们之间的差别正合适。并且在比较时，做 $n(n-1)/2$ 次两两判断是有必要的，这样可以提供更多的信息，也可以通过各种不同方面的反复比较，得出一个比较合理的排序。层次分析法通常采用 1~9 标度法，即用自然数 1~9 及其倒数来表示，标度及其含义如表 6-9 所示。

表 6-9　1~9 标度及其含义

标度	含义
1	C_i 元素和 C_j 元素的影响相同
3	C_i 元素比 C_j 元素的影响稍强
5	C_i 元素比 C_j 元素的影响强
7	C_i 元素比 C_j 元素的影响明显强
9	C_i 元素比 C_j 元素的影响绝对强
2，4，6，8	C_i 元素比 C_j 元素的影响之比在上述两个相邻等级之间
1，1/2，…，1/9	C_i 元素比 C_j 元素的影响之比为上面的互反数

设某层有 n 个元素，a_{ij} 表示该层第 i 个元素与第 j 个元素比较所得的重要性的标度，则矩阵称为“判断矩阵”。判断矩阵具有如下性质：$a_{ij}=\frac{1}{a_{ij}}$，判断矩阵中的元素 a_{ij} 可以由决策者利用知识和经验估计出来。

$$\boldsymbol{A}=\begin{pmatrix} a_{11} & a_{12} & \cdots & a_{13} \\ a_{21} & a_{22} & \cdots & a_{23} \\ \vdots & \vdots & \ddots & \vdots \\ a_{n1} & a_{n2} & \cdots & a_{n3} \end{pmatrix} \tag{6-1}$$

4. 层次单排序

层次单排序就是根据所得的判断矩阵，计算对于上一层次中某个因素而言，本层次中与之有联系的因素的重要性次序的权值。[1] 这一过程的主要目的是计算出每一个判断矩阵的特征值及特征向量，要计算出这两个值，就要利用公式 $Aw = \lambda_{max}w$。其中 A 为判断矩阵，λ_{max} 为判断矩阵的最大特征值，w 就是相应的特征向量，组成特征向量的每一个元素 W_i，即为所要求的层次单排序的权重值。

求判断矩阵的特征向量 W 和最大特征值 λ_{max}，可以使用和法、根法和幂法进行计算，这里采用和法进行计算。

和积法的基本过程是先把判断矩阵 A 的每一列向量化为归一化的向量，再对这个新矩阵的每一行向量的元素采用算术平均，最后归一化，即得到排序权重向量。设 $A = (a_{ij})_{n \times n}$，其计算步骤如下：

①将矩阵 A 的每个列向量归一化得到 $B = (b_{ij})_{n \times n}$：

$$b_{ij} = \frac{a_{ij}}{\sum_{k=1}^{n} a_{ij}} \quad (i,j = 1, 2, 3, \cdots, n) \tag{6-2}$$

② $$W_i = \frac{1}{n} \sum_{j=1}^{n} b_{ij}, \quad (i = 1, 2, 3, \cdots, n) \tag{6-3}$$

③ $$\lambda_{max} = \frac{1}{n} \sum_{j=1}^{n} \frac{(Aw)_j}{W_j} \tag{6-4}$$

其中，$(Aw)_j$ 为 Aw 的第 j 个分量，$W = (W_1, W_2, W_3, \cdots, W_n)^T$

5. 一致性检验

当判断矩阵中的元素完全满足 $a_{ii} = 1, a_{ij} = \frac{1}{a_{ji}}$ 和 $a_{ij} = \frac{a_{ik}}{a_{jk}}$ 这三个性质时，我们称判断矩阵具有完全的一致性。此时，判断矩阵只有一个非零特征根 $\lambda_{max} = n$，这也是最大特征；其余特征根均为零。一般情况下，根据经验判断确定的标度值构成的判断矩阵不一定完全满足这三个性质，这就要求我们检验判断矩阵的一致性。

---

[1] 赵焕臣，等.层次分析法——一种简易的新决策方法 [M].北京：科学出版社，1986.

一致性指标为

$$CI = \frac{\lambda_{max} - n}{n - 1} \qquad (6\text{-}5)$$

其中，n 为判断矩阵的阶数。一致性指标 CI 是衡量判断矩阵 A 对其主特征向量 W 中原构成的矩阵偏离程度的一个尺度。

定义随机一致性指标均值 RI：

对 $n = 3\sim9$ 阶，经过计算，可以分别得出它们的 RI，考虑到 1、2 阶判断矩阵总有完全一致性，其 RI 的数值自然为 0。由此，1~9 阶判断矩阵的 RI 如表 6-10 所示。

表 6-10 矩阵阶数为 1~9 的 RI 取值

阶数	1	2	3	4	5	6	7	8	9
RI	0.00	0.00	0.58	0.90	1.12	1.24	1.32	1.41	1.45

表中 $n = 1$、2 时 RI = 0，是因为 1、2 阶的正互反矩阵总是一致阵。

计算一致性比率 CR：

$$CR = \frac{CI}{RI} \qquad (6\text{-}6)$$

对于 $n > 3$ 的判断矩阵 A，将计算得到的 CI 与同阶（指 n 相同）的 RI 相比，两个的比值即为 CR。当比值小于或者等于 0.1（即 CR < 0.10）时认为 A 的不一致程度在容许范围之内，则表示通过检验；当比值大于 0.1 时，则判断矩阵没有通过一致性检验，就需要对判断矩阵作适当的修正并继续检验直至通过。

6. 各层元素对目标层的合成权重

层次分析法的最终目的是求得底层即方案层各元素关于目标层的排序权重。为实现最终目的，需要从上而下逐层进行各层元素对目标的合成权重的计算。

设已计算出的第 k–1 层 n_{k-1} 个元素相对于目标的合成权重为

$$w^{(k-1)} = \left(w_1^{(k-1)}, w_2^{(k-1)}, \cdots, w_{n_{k-1}}^{k-1} \right)^{\mathrm{T}} \qquad (6\text{-}7)$$

再设第 k 层的 n_k 个元素关于第 k–1 层第 j 个元素（$j = 1, 2, 3, \cdots, n_{k-1}$）的单一准测排序权重向量为

$$p_j^{(k)} = (p_{1j}^{(k)}, p_{2j}^{(k)}, p_{3j}^{(k)}, \cdots, p_{n_{kj}}^{(k)}), \ j = 1, 2, 3, \cdots, n_{k-1} \qquad (6\text{-}8)$$

第 k 层的 n_k 个元素关于目标层的合成权重即为

$$w^{(k)} = p^{(k)} w^{(k-1)} \qquad (6\text{-}9)$$

分解可得

$$w^{(k)} = p^{(k)} p^{(k-1)} p^{(k-2)} \cdots p^{(3)} w^{(2)} \qquad (6\text{-}10)$$

将式（6-10）写成分量形式，则有

$$w_i^{(k)} = \sum_{j=1}^{n_{k-1}} p_{ij}^{(k)} w_j^{(k-1)}, \ i = 1, 2, 3, \cdots, n_k \qquad (6\text{-}11)$$

注意：$w^{(2)}$ 是第 2 层元素对目标层的排序权重向量，实际上是单准则下的排序权重向量。

各层元素对目标层的合成排序权重向量都可以满意接受，同单一准则下的排序问题一样，需要进行综合一致性检验。

若 k 层的综合一致性指标 $CR^{(k)} < 0.1$ 时，则可以认为递阶层次结构在第 k 层以上的判断具有整体满意的一致性。

二、评价指标权重的专家咨询

（一）专家的遴选

为避免研究者自身的价值偏好和主观臆断，课题组邀请了 20 位专家填写"专业学位研究生教育实践基地质量评估指标体系 AHP 专家调查"问卷。其中，

高校专业学位研究生导师 10 人，实践基地导师 6 人，实践基地管理者 4 人，这样使专家的选择兼顾了多元主体，能够从不同角度对实践基地质量的评估标准进行思考，确保指标权重的科学性和合理性。

（二）专家咨询问卷

本书设计权重判断表，对之前建立的专业学位研究生教育实践基地质量评估指标体系各项指标的权重进行判断，为下一步构建权重判断矩阵和数学模型做准备。

三、评价指标权重的配置过程

利用层次分析法，分别计算准则层（一级评价指标）、要素层（二级评价指标）和方案层（三级评价指标）具体指标的权重。

（一）一级评价指标权重的配置

根据指标体系，利用上述标度法，通过专家咨询法进行问卷调查，选取本领域多位专家，分别对指标的重要程度进行打分，然后对打分结果取平均值得到两两判断矩阵（见表 6-11）。

表 6-11　评价指标两两判断矩阵（一级指标）

指标层	基地条件 A1	管理体制 A2	人才培养 A3	合作效果 A4
基地条件 A1	1.0000	2.7347	2.5714	4.8857
管理体制 A2	0.3657	1.0000	2.4571	1.8776
人才培养 A3	0.3889	0.4070	1.0000	1.9206
合作效果 A4	0.2047	0.5326	0.5207	1.0000

首先，计算出判断矩阵的最大特征值 $\lambda_{max} = 4.1130$，然后进行一致性检验，需要计算一致性指标 CI：

$$CI = \frac{\lambda_{max} - n}{n-1} = \frac{4.1130 - 4}{4 - 1} = 0.0377 \qquad (6\text{-}12)$$

平均随机一致性指标 RI = 0.9。随机一致性比率：

$$(6\text{-}12)\ CR = \frac{CI}{RI} = \frac{0.0377}{0.9} = 0.0418 < 0.10 \qquad (6\text{-}13)$$

由于 CR 小于 0.1，因此可以认为判断矩阵的构造是合理的，因此我们计算出指标的权重（见表 6-12）。

表 6-12　评价指标的权重（一级指标）

指标层	权重
基地条件 A1	0.2014
管理体制 A2	0.1929
人才培养 A3	0.3743
合作效果 A4	0.2214

（二）二级指标权重的配置

1.基地条件中各二级指标权重的配置

我们采用层次分析的方法求出指标权重，构造出判断矩阵 $S = (u_{ij})_{p \times p}$，见表 6-13。

表 6-13　评价指标矩阵（基地条件）

指标层	人员配备 B1	基础设施 B2	资金投入 B3
人员配备 B1	1.0000	3.3333	3.0000
基础设施 B2	0.3000	1.0000	2.2857
资金投入 B3	0.3333	0.4375	1.0000

首先，计算出判断矩阵的最大特征值 $\lambda_{max} = 3.0972$，然后进行一致性检验，需要计算一致性指标 CI：

$$CI = \frac{\lambda_{max} - n}{n-1} = \frac{3.0972 - 3}{3 - 1} = 0.0486 \qquad （6\text{-}14）$$

平均随机一致性指标 RI = 0.58。随机一致性比率：

$$CR = \frac{CI}{RI} = \frac{0.0486}{0.58} = 0.0838 < 0.10 \qquad （6\text{-}15）$$

由于 CR 小于 0.1，因此可以认为判断矩阵的构造是合理的，因此，我们计算出指标的权重（见表 6-14）。

表 6-14　评价指标的权重（基地条件）

指标层	权重
人员配备 B1	0.3590
基础设施 B2	0.3378
资金投入 B3	0.3032

2. 管理体制中二级指标权重的配置

我们采用层次分析的方法求出指标权重，构造出判断矩阵 $\boldsymbol{S} = (u_{ij})_{p \times p}$，见表 6-15。

表 6-15　评价指标判断矩阵（管理体制）

指标层	规章制度 B4	组织机构 B5	管理运行 B6
规章制度 B4	1.0000	2.7143	3.7905
组织机构 B5	0.3684	1.0000	1.8381
管理运行 B6	0.2638	0.5440	1.0000

首先计算出判断矩阵的最大特征值 $\lambda_{max} = 3.0083$，然后进行一致性检验，需要计算一致性指标 CI：

$$CI = \frac{\lambda_{max} - n}{n-1} = \frac{3.0083 - 3}{3 - 1} = 0.0042 \qquad (6\text{-}16)$$

平均随机一致性指标 RI = 0.58。随机一致性比率：

$$CR = \frac{CI}{RI} = \frac{0.0042}{0.58} = 0.0072 < 0.10 \qquad (6\text{-}17)$$

由于 CR 小于 0.1，因此可以认为判断矩阵的构造是合理的，因此我们计算出指标的权重（见表 6-16）。

表 6-16　评价指标的权重（管理体制）

指标层	权重
规章制度 B4	0.3193
组织机构 B5	0.3243
管理运行 B6	0.3564

3. 人才培养中二级指标权重的配置

我们采用层次分析的方法求出指标权重，构造出判断矩阵 $\boldsymbol{S} = (u_{ij})_{p \times p}$，见表 6-17。

表 6-17　评价指标的判断矩阵（人才培养）

指标层	研究生入驻 B7	实践指导 B8	评估考核 B9
研究生入驻 B7	1.0000	2.1238	2.6762
实践指导 B8	0.4709	1.0000	2.7619
评估考核 B9	0.3737	0.3621	1.0000

首先计算出判断矩阵的最大特征值 $\lambda_{max} = 3.0689$，然后进行一致性检验，需要计算一致性指标 CI：

$$CI = \frac{\lambda_{max} - n}{n-1} = \frac{3.0689 - 3}{3 - 1} = 0.0345 \qquad (6\text{-}18)$$

平均随机一致性指标 RI=0.58。随机一致性比率：

$$CR = \frac{CI}{RI} = \frac{0.0345}{0.58} = 0.0594 < 0.10 \qquad (6\text{-}19)$$

由于 CR 小于 0.1，因此可以认为判断矩阵的构造是合理的，因此我们计算出指标的权重（见表 6-18）。

表 6-18 评价指标的权重（人才培养）

指标层	权重
研究生入驻 B7	0.2485
实践指导 B8	0.5456
评估考核 B9	0.2059

4. 合作效果中二级指标权重的配置

我们采用层次分析的方法求出指标权重，构造出判断矩阵 $\boldsymbol{S} = (u_{ij})_{p \times p}$，见表 6-19。

表 6-19 评价指标的矩阵（合作效果）

指标层	学位论文 B10	实践成果 B11	就业情况 B12
学位论文 B10	1.0000	2.3633	3.2667
实践成果 B11	0.4231	1.0000	2.6190
就业情况 B12	0.3061	0.3818	1.0000

首先计算出判断矩阵的最大特征值 $\lambda_{\max} = 3.0455$，然后进行一致性检验，需要计算一致性指标 CI：

$$CI = \frac{\lambda_{\max} - n}{n-1} = \frac{3.0455 - 3}{3-1} = 0.0227 \qquad (6\text{-}20)$$

平均随机一致性指标 RI=0.58。随机一致性比率：

$$CR = \frac{CI}{RI} = \frac{0.0227}{0.58} = 0.0392 < 0.10 \qquad (6\text{-}21)$$

由于 CR 小于 0.1，因此可以认为判断矩阵的构造是合理的，因此我们计算出指标的权重（见表 6-20）。

表 6-20　评价指标的权重（合作效果）

指标层	权重
学位论文（B10）	0.3473
实践成果（B11）	0.3915
就业情况（B12）	0.2612

（三）三级指标权重的配置

1. 人员配置中三级指标权重的配置

我们采用层次分析的方法求出指标权重，构造出判断矩阵 $S = (u_{ij})_{p \times p}$，见表 6-21。

表 6-21　评价指标的矩阵（人员配置）

指标层	实践型导师与 学生比例 C1	实践型导师 正高职称占比 C2	基地研发 团队人数 C3	基地管理 队伍人数 C4
实践型导师与 学生比例 C1	1.0000	4.2857	4.1429	5.8571
实践型导师正高 职称占比 C2	0.2333	1.0000	1.6952	2.2109
基地研发团队 人数 C3	0.2414	0.5899	1.0000	2.1111
基地管理队伍 人数 C4	0.1707	0.4523	0.4737	1.0000

首先计算出判断矩阵的最大特征值 $\lambda_{max} = 4.0590$，然后进行一致性检验，需要计算一致性指标 CI：

$$CI = \frac{\lambda_{max} - n}{n-1} = \frac{4.0590 - 4}{4 - 1} = 0.0197 \tag{6-22}$$

平均随机一致性指标 RI = 0.9。随机一致性比率：

$$CR = \frac{CI}{RI} = \frac{0.0197}{0.9} = 0.0218 < 0.10 \qquad (6\text{-}23)$$

由于 CR 小于 0.1，因此可以认为判断矩阵的构造是合理的，因此我们计算出指标的权重（见表 6-22）。

表 6-22　评价指标的权重（人员配置）

指标层	权重
实践型导师与学生比例 C1	0.1916
实践型导师正高职称占比 C2	0.2254
基地研发团队人数 C3	0.2721
基地管理队伍人数 C4	0.2009

2. 基础设施中三级指标权重的配置

我们采用层次分析的方法求出指标权重，构造出判断矩阵 $S = (u_{ij})_{p \times p}$，见表 6-23。

表 6-23　评价指标的矩阵（基础设施）

指标层	实践教学条件 C5	省部级以上科研平台 C6	同时可接纳的学生规模 C7	占本校该类型（领域）学生总数的比例 C8
实践教学条件 C5	1.0000	3.3333	2.8571	4.7619
省部级以上科研平台 C6	0.3000	1.0000	2.9333	2.1918
同时可接纳的学生规模 C7	0.3500	0.3409	1.0000	1.3810
占本校该类型（领域）学生总数的比例 C8	0.2100	0.4562	0.7241	1.0000

首先计算出判断矩阵的最大特征值 $\lambda_{max} = 4.1350$，然后进行一致性检验，需要计算一致性指标 CI：

$$CI = \frac{\lambda_{max} - n}{n - 1} = \frac{4.1350 - 4}{4 - 1} = 0.0450 \qquad (6\text{-}24)$$

平均随机一致性指标 RI = 0.9。随机一致性比率：

$$CR = \frac{CI}{RI} = \frac{0.0450}{0.9} = 0.0500 < 0.10 \qquad (6-25)$$

由于 CR 小于 0.1，因此可以认为判断矩阵的构造是合理的，因此我们计算出指标的权重（见表 6-24）。

表 6-24　评价指标的权重（基础设施）

指标层	权重
实践教学条件 C5	0.3276
省部级以上科研平台 C6	0.2443
同时可接纳的学生规模 C7	0.2413
占本校该类型（领域）学生总数的比例 C8	0.1868

3. 资金投入中三级指标权重的配置

我们采用层次分析的方法求出指标权重，构造出判断矩阵 $S = (u_{ij})_{p \times p}$，见表 6-25。

表 6-25　评价指标的矩阵（资金投入）

指标层	实践基地单位投入经费（年均）C9	学校投入经费（年均）C10
实践基地单位投入经费（年均）C9	1.0000	2.6667
学校投入经费（年均）C10	0.3750	1.0000

用 MATLAB 软件计算判断矩阵 S 的最大特征值 $\lambda_{max} = 2$，并计算出指标的权重（见表 6-26）。

表 6-26　评价指标的权重（资金投入）

指标层	权重
是实践基地单位投入经费（年均）C9	0.5145
学校投入经费（年均）C10	0.4855

4.规章制度中三级指标权重的配置

我们采用层次分析的方法求出指标权重，构造出判断矩阵 $S = (u_{ij})_{p \times p}$，见表 6-27。

表 6-27　评价指标的矩阵（规章制度）

指标层	制度体系建设情况 C11	制度执行情况 C12	联合培养导师评聘方式及标准完备程度 C13
制度体系建设情况 C11	1.0000	1.3619	1.7633
制度执行情况 C12	0.7343	1.0000	2.6190
联合培养导师评聘方式及标准完备程度 C13	0.5671	0.3818	1.0000

首先计算出判断矩阵的最大特征值 $\lambda_{\max} = 3.0554$，然后进行一致性检验，需要计算一致性指标 CI：

$$CI = \frac{\lambda_{\max} - n}{n - 1} = \frac{3.0554 - 3}{3 - 1} = 0.0277 \qquad （6\text{-}26）$$

平均随机一致性指标 RI = 0.58。随机一致性比率：

$$CR = \frac{CI}{RI} = \frac{0.0277}{0.58} = 0.0477 < 0.10 \qquad （6\text{-}27）$$

由于 CR 小于 0.1，因此可以认为判断矩阵的构造是合理的，因此我们计算出指标的权重（见表 6-28）。

表 6-28　评价指标的权重（规章制度）

指标层	权重
制度体系建设情况 C11	0.3434
制度执行情况 C12	0.3875
联合培养导师评聘方式及标准完备程度 C13	0.2691

5. 组织机构中三级指标权重的配置

我们采用层次分析的方法求出指标权重，构造出判断矩阵 $S = (u_{ij})_{p \times p}$，见表 6-29。

表 6-29　评价指标的矩阵（组织机构）

指标层	机构设置情况 C13	机构管理情况 C14
机构设置情况 C14	1.0000	2.6190
机构管理情况 C15	0.3818	1.0000

用 MATLAB 软件计算判断矩阵 S 的最大特征值 $\lambda_{max} = 2$，并计算出指标的权重（见表 6-30）。

表 6-30　评价指标的权重（组织机构）

指标层	权重
机构设置情况 C14	0.4313
机构管理情况 C15	0.5687

6. 管理运行中三级指标权重的配置

我们采用层次分析的方法求出指标权重，构造出判断矩阵 $S = (u_{ij})_{p \times p}$，见表 6-31。

表 6-31　评价指标的矩阵（管理运行）

指标层	定期交流情况 C16	实践总结情况 C17	学生对基地管理的满意度 C18	基地导师对基地管理的满意度 C19
定期交流情况 C16	1.0000	2.0476	1.0000	1.9810
实践总结情况 C17	0.4884	1.0000	1.9810	2.3619
学生对基地管理的满意度 C18	1.0000	0.5048	1.0000	3.3333
基地导师对基地管理的满意 C19	0.5048	0.4234	0.3000	1.0000

首先计算出判断矩阵的最大特征值 $\lambda_{\max} = 4.2625$，然后进行一致性检验，需要计算一致性指标 CI：

$$\text{CI} = \frac{\lambda_{\max} - n}{n-1} = \frac{4.2625 - 4}{4-1} = 0.0875 \qquad (6\text{-}28)$$

平均随机一致性指标 RI=0.9。随机一致性比率：

$$\text{CR} = \frac{\text{CI}}{\text{RI}} = \frac{0.0875}{0.9} = 0.0972 < 0.10 \qquad (6\text{-}29)$$

由于 CR 小于 0.1，因此可以认为判断矩阵的构造是合理的，因此我们计算出指标的权重（见表 6-32）。

表 6-32　评价指标的权重（管理运行）

指标层	权重
定期交流情况 C16	0.2589
实践总结情况 C17	0.2409
学生对基地管理的满意度 C18	0.2512
基地导师对基地管理的满意 C19	0.2490

7. 研究生入驻中三级指标权重的配置

我们采用层次分析的方法求出指标权重，构造出判断矩阵 $\boldsymbol{S} = (u_{ij})_{p \times p}$，见表 6-33。

表 6-33　评价指标的矩阵（研究生入驻）

指标层	年均实践人数 C20	人均实践时长 C21
年均实践人数 C20	1.0000	1.4571
人均实践时长 C21	0.6863	1.0000

用 MATLAB 软件计算判断矩阵 $\boldsymbol{S}$ 的最大特征值 $\lambda_{\max} = 2$，并计算出指标的权重（见表 6-34）。

表 6-34 评价指标的权重（研究生入驻）

指标层	权重
年均实践人数 C20	0.4987
人均实践时长 C21	0.5013

8. 实践指导中三级指标权重的配置

我们采用层次分析的方法求出指标权重，构造出判断矩阵 $S = (u_{ij})_{p \times p}$，见表 6-35。

表 6-35 评价指标的矩阵（实践指导）

指标层	实践型导师参与研究生人才培养方案的制定情况 C22	实践型导师讲案例类课程门数 / 参与编写教材册数 C23	实践型导师实践指导情况 C24
实践型导师参与研究生人才培养方案的制定情况 C22	1.0000	1.2190	1.8408
实践型导师讲案例类课程门数 / 参与编写教材册数 C23	0.8203	1.0000	1.5850
实践型导师实践指导情况 C24	0.5432	0.6309	1.0000

首先计算出判断矩阵的最大特征值 $\lambda_{\max} = 3.0002$，然后进行一致性检验，需要计算一致性指标 CI：

$$CI = \frac{\lambda_{\max} - n}{n-1} = \frac{3.0002 - 3}{3 - 1} = 0.0001 \qquad (6-30)$$

平均随机一致性指标 RI=0.58。随机一致性比率：

$$CR = \frac{CI}{RI} = \frac{0.0001}{0.58} = 0.000172 < 0.10 \qquad (6-31)$$

由于 CR 小于 0.1，因此可以认为判断矩阵的构造是合理的，因此我们计算出指标的权重（见表 6-36）。

表 6-36　评价指标的权重（实践指导）

指标层	权重
实践型导师参与研究生人才培养方案的制定情况 C22	0.2687
实践型导师讲案例类课程门数/参与编写教材册数 C23	0.2601
实践型导师实践指导情况 C24	0.4712

9. 考核评估中三级指标权重的配置

我们采用层次分析的方法求出指标权重，构造出判断矩阵 $S = (u_{ij})_{p \times p}$，见表 6-37。

表 6-37　评价指标的矩阵（考核评估）

指标层	实践过程考核情况 C25	实践结果考核情况 C26
实践过程考核情况 C25	1.0000	2.7619
实践结果考核情况 C26	0.3621	1.0000

用 MATLAB 软件计算判断矩阵 S 的最大特征值 $\lambda_{\max} = 2$，并计算出指标的权重（见表 6-38）。

表 6-38　评价指标的权重（考核评估）

指标层	权重
实践过程考核情况（C25）	0.4656
实践结果考核情况（C26）	0.5344

10. 学位论文中三级指标权重的配置

我们采用层次分析的方法求出指标权重，构造出判断矩阵 $S = (u_{ij})_{p \times p}$，见表 6-39。

表 6-39　评价指标的矩阵（学位论文）

指标层	论文来自基地项目比例 C27	学位论文优秀率比例 C28
论文来自基地项目比例 C27	1.0000	3.2381
学位论文优秀率比例 C28	0.3088	1.0000

用 MATLAB 软件计算判断矩阵 $\boldsymbol{S}$ 的最大特征值 $\lambda_{max} = 2$，并计算出指标的权重（见表 6-40）。

表 6-40   评价指标的权重（学位论文）

指标层	权重
论文来自基地项目比例 C27	0.6067
学位论文优秀率比例 C28	0.3933

11. 实践成果中三级指标权重的配置

我们采用层次分析的方法求出指标权重，构造出判断矩阵 $\boldsymbol{S} = (u_{ij})_{p \times p}$，见表 6-41。

表 6-41   评价指标的矩阵（实践成果）

指标层	科技竞赛获奖的学生数量及占比 C29	申请专利的学生数量及占比 C30	公开发表论文的学生数量及占比 C31	基地导师合作科研项目及其效益、科研成果及其转化 C32
科技竞赛获奖的学生数量及占比 C29	1.0000	3.4490	2.1429	2.7714
申请专利的学生数量及占比 C30	0.2899	1.0000	1.6508	1.0286
公开发表论文的学生数量及占比 C31	0.4667	0.6058	1.0000	4.0762
基地导师合作科研项目及其效益、科研成果及其转化 C32	0.3608	0.9722	0.2453	1.0000

首先计算出判断矩阵的最大特征值 $\lambda_{max} = 4.0459$，然后进行一致性检验，需要计算一致性指标 CI：

$$CI = \frac{\lambda_{max} - n}{n - 1} = \frac{4.0459 - 4}{4 - 1} = 0.0153 \qquad (6\text{-}32)$$

平均随机一致性指标 RI = 0.9。随机一致性比率：

$$CR = \frac{CI}{RI} = \frac{0.0153}{0.9} = 0.0170 < 0.10 \qquad (6\text{-}33)$$

由于 CR 小于 0.1，因此可以认为判断矩阵的构造是合理的，因此我们计算出指标的权重（见表 6-42）。

表 6-42　评价指标的权重（实践成果）

指标层	权重
科技竞赛获奖的学生数量及占比 C29	0.2498
申请专利的学生数量及占比 C30	0.2467
公开发表论文的学生数量及占比 C31	0.2613
基地导师合作科研项目及其效益、科研成果及其转化 C32	0.2422

12. 就业情况中三级指标权重的配置

我们采用层次分析的方法求出指标权重，构造出判断矩阵 $\boldsymbol{S} = (u_{ij})_{p \times p}$，见表 6-43。

表 6-43　评价指标的矩阵（就业情况）

指标层	在基地就业比例 C33	学生就业与行业相关比例 C34
在基地就业比例 C33	1.0000	2.1238
学生就业与行业相关比例 C34	0.4709	1.0000

用 MATLAB 软件计算判断矩阵 $\boldsymbol{S}$ 的最大特征值 $\lambda_{\max} = 2$，并计算出指标的权重（见表 6-44）。

表 6-44　评价指标的权重（就业情况）

指标层	权重
在基地就业比例 C33	0.4512
学生就业与行业相关比例 C34	0.5488

最终，专业学位研究生教育实践基地质量评估指标体系中各层级、各指标的权重见表6-45。

表 6-45　专业学位研究生教育实践基地质量评价指标体系

目标层	准则层	权重/%	要素层	权重/%	方案层	权重
专业学位研究生教育实践基地质量评估指标体系	基地条件 A1	20.14	人员配备 B1	35.90	实践型导师与学生比例 C1	19.16
					实践型导师正高职称占比 C2	33.54
					基地研发团队人数 C3	27.21
					基地管理队伍人数 C4	20.09
			基础设施 B2	33.78	实践教学条件 C5	32.76
					省部级以上科研平台 C6	24.43
					同时可接纳的学生规模 C7	24.13
					占本校该类型领域学生总数的比例 C8	18.68
			资金投入 B3	30.32	实践基地单位投入经费年均 C9	51.45
					学校投入经费年均 C10	48.55
	管理体制 A2	19.29	规章制度 B4	31.93	制度体系建设情况 C11	34.34
					制度执行情况 C12	38.75
					联合培养导师评聘方式及标准完备程度 C13	26.91
			组织机构 B5	32.43	机构设置情况 C14	43.13
					机构管理情况 C15	56.87
			管理运行 B6	35.64	定期交流情况 C16	25.89
					实践总结情况 C17	24.09
					学生对基地管理的满意度 C18	25.12
					基地导师对基地管理的满意度 C19	24.90
	人才培养 A3	37.43	研究生入驻 B7	24.85	年均实践人数 C20	49.87
					人均实践时长 C21	50.13

续表

目标层	准则层	权重/%	要素层	权重/%	方案层	权重
专业学位研究生教育实践基地质量评估指标体系	人才培养 A3	37.43	实践指导 B8	54.56	实践型导师参与研究生人才培养方案的制定情况 C22	26.87
					实践型导师讲案例类课程门数/参与编写教材册数 C23	26.01
					实践型导师实践指导情况 C24	47.12
			评估考核 B9	20.59	实践过程考核情况 C25	46.56
					实践结果考核情况 C26	53.44
	合作效果 A4	22.14	学位论文 B10	34.73	论文来自基地项目比例 C27	60.67
					学位论文优秀率比例 C28	39.33
			实践成果 B11	39.15	科技竞赛获奖的学生数量及占比 C29	24.98
					申请专利的学生数量及占比 C30	24.67
					公开发表论文的学生数量及占比 C31	26.13
					基地导师合作科研项目及其效益、科研成果及其转化 C32	24.22
			就业情况 B12	26.12	在基地就业比例 C33	45.12
					学生就业与行业相关比例 C34	54.88

第四节　专业学位研究生教育实践基地质量评估体系的实证评估

专业学位研究生教育实践基地质量评估体系的构建旨在以评促建，以评促改，因此需要根据实际应用对其进行有效性检验以使其充分发挥评估功能。为了验证专业学位研究生教育实践基地质量评估指标体系的适用性与合理性，以进一步完善和优化指标体系，本书开展了实证评估。

一、实证评估对象

实证研究旨在检验指标体系的科学性与可行性。为保证选取对象的代表性和广泛性，实证研究需要选取不同学科不同类型的专业学位研究生教育实践基地来进行评估，故本次选取了 D 大学和 G 大学的相关实践基地为评估对象。

D 大学是教育部直属高校、首批"双一流"高校，是涵盖哲学、经济学、法学、教育学、文学、历史学、理学、工学、农学、管理学、艺术学 11 个学科门类的综合性研究型大学。学校设有 82 个本科专业、24 个博士学位授权一级学科、37 个硕士学位授权一级学科、1 个博士专业学位授权点和 21 个硕士专业学位授权点，以及 22 个博士后科研流动站，形成了层次分明、类型多样的学科专业体系和人才培养体系。G 大学是由教育部与地方政府共建的综合性大学，拥有全日制普通本科专业 82 个、一级学科博士学位授权点 8 个、专业博士点 1 个、博士后科研流动站 3 个、一级学科硕士学位授权点 30 个、硕士专业学位授权点 21 个，学科专业涵盖 10 大门类。两所大学近年来响应国家关于专业学位研究生教育改革的号召，致力于建立以提升职业能力为导向的专业学位研究生培养模式，大力加强实践基地建设。

根据本次实证目的并结合两所高校实践基地的建设情况，最终选取了 10 所实践基地进行考查（见表 6-46）。

表 6-46　评估基地

序号	实践基地	依托单位
1	金融学专业实践基地	×××证券××分公司
2	法律专业实践基地	×××中级人民法院
3	学科教学专业实践基地	×××××初中
4	心理专业实践基地	×××心理咨询有限公司
5	文学专业实践基地	×××广播电视台
6	机械专业实践基地	×××精密机械制造有限公司
7	材料与化工专业实践基地	×××水泥有限公司

序号	实践基地	依托单位
8	农业学专业实践基地	×××种苗开发有限公司
9	临床医学专业实践基地	×××医院
10	公共管理专业实践基地	××区×××社区

二、实证评估程序与评估结果

课题组与 D 大学、G 大学合作，依托其省级专业学位研究生教育实践基地的验收工作，向两所大学的评估小组提交研究评估指标体系。同时，课题组成员参与两所学校专业学位研究生教育实践基地建设评估方案的制定，并成为评估专家小组成员。评估方式以材料审核评估为主，同时辅以召开座谈会、实地考察等方式；而对评估指标体系中学生、基地导师对基地满意度的调查则以问卷调查为主。最终评估小组成员依据本项研究所研制出的评价指标体系对各基地建设的情况进行逐项打分。

关于评分计算方法，本书采用的是综合评估方法。课题组对评估小组的各位专家发放评估指标评分问卷，通过加权平均法，分别计算出实践基地各级指标的综合评分并进行分析。综合评估法的计算公式为：$W_i = \sum_{j=1}^{n} a_j d_{ij}$。$W_i$ 是第 i 个评估对象得分，a_j 是第 j 个评估指标的权重，d_{ij} 是第 i 个评估对象在第 j 个评估指标下的评估值。由于实践基地评估指标数量多，为求出实践基地的综合评价分数，首先逐一进行单目标无量纲化处理，即把每个指标都转换成等价的 100 分；其次，专家根据该指标的理想状态与实际情况进行比较，给出具体的分数；最后，将各位专家的打分情况归一处理后得出 10 个实践基地的综合评分及排名。具体结果见表 6-47。

表 6-47 各实践基地综合得分及排名

专业方向	得分	排名
金融学	71.45	10
法律	82.18	4
学科教学	86.07	2
心理学	81.71	5
文学	79.26	7
机械	73.76	9
材料与化工	74.14	8
农业	79.48	6
临床医学	89.24	1
公共管理	82.37	3

由表 6-47 所展示的整体综合评价得分及排名情况可以看出，实践基地的得分具有层次性，该指标能够直观地反映不同基地的建设水平。在 10 个实践基地中，得分在 85~90 分段的有临床医学和学科教学两个专业的实践基地，得分在 80~85 分段的有公共管理、法律及心理学 3 个专业的实践基地，得分在 75~80 分段的有农业、文学、机械、材料与化工、金融学 5 个专业的实践基地。这表明不同专业的实践基地在建设水平上有所差别。

为了进一步明晰各专业实践基地建设在各个方面的表现情况，我们将一级指标各基地得分情况进行了比较。由表 6-48 可以看出，总体来看，一级指标各基地得分排名与最后得分排名保持一致性，说明评价指标的评价结果具有较高的信效度。但也看到，金融学在"基地条件"方面得分为 85.32，排名较高，为第 3 名，但是在"管理体制""人才培养""合作效果"等方面排名均靠后，最后导致总分偏低，排名为第十名。这说明所评估的金融学专业方向的"×××证券××分公司"实践基地尽管在人才培养方面条件较为完善，但是培养过程却不尽如人意。与此相反，公共管理专业的"××区×××社区"实践基地，尽管基地条件有待提升，但是人才培养过程较为扎实，培养效果较为明显。这提醒我们，在进行专业学位研究生教育实践基地建设的过程中，不能仅仅在基地条件上下功夫，更为重要的是要注重基地人才培养过程，无论是管理体制机制的完善，还是人才的具体指导培养，都应该注重。只有如此，才能提升人才培养的合作效果，进而实现基地的人才培养目标。

表 6-48 各基地具体指标得分及排名

专业方向	基地条件 20.14%		管理体制 19.29%		人才培养 37.43%		合作效果 22.14%		总分	
	得分	排名	得分	排名	得分	排名	得分	排名	得分	排名
金融学	85.32	3	74.53	8	70.76	10	60.54	10	71.45	10
法律	83.53	5	82.86	4	85.32	3	78.75	6	82.18	4
学科教学	89.54	2	85.54	2	86.83	2	85.98	2	86.07	2
心理学	85.12	4	84.14	3	80.54	6	82.14	4	81.71	5
文学	83.15	6	78.83	7	78.94	7	80.21	5	79.26	7
机械	75.43	10	72.58	9	72.75	9	78.32	8	73.76	9
材料与化工	78.93	9	71.89	10	75.12	8	73.43	9	74.14	8
农业	81.43	8	79.56	6	80.72	5	79.13	7	79.48	6
临床医学	93.56	1	87.65	1	90.31	1	88.93	1	89.24	1
公共管理	81.78	7	80.62	5	83.91	4	85.54	3	82.37	3

三、对评价指标体系普遍适用性的讨论

总体来看，评价指标体系能够较为客观、真实地反映实践基地建设情况及水平，评价指标普遍适用性较高。但在实证过程中我们亦明显感受到，由于每个专业的学习要求与培养目标的差异性，对实践基地很难有放之四海而皆准的评价指标体系。

首先，在基地条件维度，由于各个专业性质的不同，其专业学位研究生所需要接受的实践训练差异性较大，因此对实践基地条件的要求具有一定的区别。如对于教育专业学位，其实践基地一般为各级各类学校，对其要求只要是专业

正规的学校，能满足专业学位研究生教育实践在人员配备、基础设施等方面的需求即可。而对于机械、材料与化工等工程类专业学位研究生教育而言，因其实践过程所进行的实验对场地条件、设施仪器等要求较高，且在实践过程中需要有理论与实践经验均较为丰富的实践导师进行指导，因此其实践基地建设对于实践导师、研发团队等人员配备，基地环境、实验仪器设备及科研平台等基础设施均有其相对较高的独特要求，而由此所需投入的经费将会更高。因此，不同专业学位研究生教育实践要求不同，基地条件建设的重点与方向也不同，由此对基地条件的评估亦应根据专业实践的实际需求进行有针对性的评价。

其次，在管理体制方面，各个专业的实践基地可根据其建设及运转的实际情况，细化三级指标，并对指标进行有针对性的说明。如针对工程类专业学位研究生教育实践基地，因其在实践过程中，相关实验设备器械及实验过程具有一定的危险性，这就要求更为重视安全管理方面的要求。

再次，在人才培养方面，各专业学位研究生实践训练内容的差异性，要求在研究生入驻、实践指导及评估考核等方面的具体评价要点更具针对性。关于研究生入驻，应根据基地的性质和实际情况进行有区别的评价，如工程类专业教育实践基地在投入了大量的经费进行建设与运转的情况下，必然要求该基地能够接纳更多的研究生，以充分利用该基地的实训功能。而金融类、教育类、文学类等专业一般是以所合作的某一机构或公司所在地为实践基地，这种情况下，基地对研究生的接纳能力则会相对较弱，实践人数也会相对较少，因此，在基地研究生入驻方面，各专业对基地评估的标准应有所区别。又如，由于工程类与文史哲类专业的实践要求不同，实践导师对研究生的实践指导亦有所区别，因此各专业类别应根据其实际情况对实践指导方面的评价指标作进一步的细化与完善。

最后，在合作效果方面，各专业因其培养目标与专业发展的差异性，在实践成果、就业情况等方面存在一定的区别。在实践成果方面，无论是专利的申请抑或科研成果的效益及转化等，文史哲类的专业学位研究生在这方面较少涉及，而机械、材料与化工、电子信息等工科类专业学位研究生在这方面所获得的成果较多；又如，某些专业相对其他专业的学术论文刊发难度较小，评价指标就不能"一刀切"。在就业情况方面，因各专业的实践基地的性质不同，学生在基地就业的概率亦存在大小之差，因此，学生在基地就业比例并不一定能够表示其合作效果的大小。如临床医学专业学位研究生的实践基地，一般设置在省市级优质的医院，但在这些医院进行实训的学生毕业后能留下就业的概率是相对较低的；工程类专业的实践基地，多设置在企业中，学生留在基地进行就业的难度相对较小，其就业比例相对临床医学类专业较高。因此，将所有的专业按照一个具体的标准对其合作效果进行评价，很难保证评价的公平性与合理性。

总的来看，本书所构建的评级指标体系为基地质量评估提供了一个具体的参照。各专业的实践基地在具体应用中，可根据本专业实践基地人才培养的具体实际及特殊性，对第三级评价具体指标进行修订完善；同时，应该根据每个专业的实践基地人才培养目标及方式、方法的特色与侧重点的不同来修订完善具体评价指标的权重，以使指标符合该基地建设的实际情况，进而提高指标体系的科学性和可操作性，对基地建设情况进行合理、正确的评估。这亦是本书的一大遗留问题，是后续研究方向。

第七章 专业学位研究生教育实践基地建设的策略与保障

作为多方主体联合培养高层次专业型人才的实践平台，在协商共治理念指导下，进行专业学位研究生教育实践基地建设是加快推进新时代专业学位研究生教育高质量发展的必然选择。这就要求专业学位研究生教育实践基地应明确互利共赢的产教融合目标，形成多元利益主体协商共治动力并促进信息交流与资源融合。此外，专业学位研究生教育实践基地的建设需要完善基地准入机制、健全组织机构与管理制度、完善"双师型"导师制度和基地考核制度，并加大投入，完善政策扶持体系。

第一节 专业学位研究生教育实践基地建设策略

专业学位研究生教育实践基地是政府、行业、企业、高校、科研院所联合培养高层次专业型人才的实践教育载体，有力地肩负起我国专业学位研究生的人才培养工作，推动了专业学位研究生教育模式改革，对于提升专业学位研究生的实践能力、社会责任感与就业竞争力大有裨益。随着中国特色社会主义进入新时代，推进国家治理体系与治理能力现代化建设按下了快车键，我国致力于打造共治共享的社会治理格局。作为多方主体联合培养高层次专业型人才的实践平台，教育实践基地的建设应遵循多元主体协商共治的原则，激励多元主体共同推动基地的发展，提高基地育人质量。

协商共治是指在社会公共事务的治理过程中，由政府、社区、非政府组织和社会公民等多元主体，就某个共同关心的公共事务进行广泛交流、平等协商，从而达成社会共识的社会治理模式。多元、协商、平等及共赢是其基本特征。❶协商共治主要着眼于多元主体的协同价值，实现路径依赖技术手段、整合功能与协作机制，对资源、目标、资本、制度及载体等因素进行调控，通过有效的利益激发稳定协同关系，同时不断深化协作互动机制建设，尤其是利用信息技术资源与制度调控方式，增强协商共治的科学性与实效性。❷在协商共治理念指导下，进行专业学位研究生教育实践基地的建设，需要调动内外部关联要素以开放系统的形式激活教育实践基地建设的因子集群。具体来看，是指在相关法律与制度框架内，建立要素之间的协调沟通桥梁，实现跨界的对话与协商决策，真正构建利益相关群体，确保专业学位研究生教育实践基地的高质量建设。从这一角度讲，协商共治对于满足具有多元主体性、协同机制性与组织目的性特征的载体具有适用价值。高校专业学位研究生教育实践基地建设所遵循的实践性、社会性与多样化原则，依赖于多主体协商共治模式的形成，而在有效的协商共治过程中，社会实践性、制度与标准体系的建设，以及多主体科学的分工机理成为专业学位研究生教育实践基地建设的核心要点。

　　首先，专业学位研究生教育实践基地建设以社会实践性为导向。专业学位研究生教育实践基地作为培养专业学位研究生实践能力的载体，其规划设计必须从职业实践能力入手，积极构建起"以实践为中心"的培养模式，在结构布局、功能选择、设备采购等方面坚持实践性原则，满足实践基地所要承载培养的专业能力同职业岗位相契合的要求，使基地学生胜任职业领域的工作任务且达到较高的专业能力水平。因此，高校专业学位研究生教育实践基地建设要以社会岗位实践为根本导向，基于协商共治理念，致力于建立政产学研深度合作关系，引入社会力量参与建设全过程，促使政府、社会及相关研究机构成为基地建设的外部质量保障系统。反之，实践性的缺失将导致多方合作需求难以得到满足，协商共治的利益共谋价值逐渐丧失。

---

❶ 王红梅. 社会治理如何实现多元协商共治 [J]. 人民论坛，2019（13）：90-91.

❷ 白列湖. 协同论与管理协同理论 [J]. 甘肃社会科学，2007（5）：234-236.

其次，专业学位研究生教育实践基地建设以制度与标准体系建设为着力点。专业学位研究生教育实践基地的建设以满足社会职业对专业学位研究生实践能力的要求为出发点，根据企业的岗位需要优化建设要素，打造与职业资格认证相衔接的培育载体，包括实践基地的建设标准要与企业生产要求相匹配、实践基地承载的实践教学标准需要社会专业人员参与协商、实践基地人才培养方式同企业培训方式相融通等。总之，专业学位研究生教育实践基地的建设要以满足社会需求为根本准绳，从而真正成为培养应用型人才的摇篮。由此可见，科学的制度与标准体系是专业学位研究生教育实践基地建设的重要内容，也是形成协商共治氛围的关键因素。

最后，专业学位研究生教育实践基地的建设以多主体共同参与的科学的分工机理为旨归。专业学位研究生教育实践基地建设不是单一主体的独角戏，而是政府、行业企业、大学及科研院所等共同参与的大合唱。政府的顶层设计、行业企业的积极参与、科研院所的科研支持是影响教育实践基地建设真正发挥作用的基本前提。从多元主体的视角对基地建设的质量标准进行治理与评价，更有利于提升实践基地的应用价值，而在治理体系框架下建立有效的协同分工机理，明确利益相关者的责权利关系则是协商共治视角下专业学位研究生教育实践基地建设的重要基础。

一、互利共赢的产教融合目标：协商共治的重要基础

专业学位研究生教育实践基地建设属多主体协商共治的行为，在一个开放松散的组织体系中，保证组织运行的能动性与有效性必须首先确立共同的目标价值，否则协商共治将会丧失根本性动力，难以将个体目标与总体目标进行统一，容易产生消极怠工与形式主义倾向，导致教育实践基地的实践性价值及制度、标准体系难以实现。高校专业学位研究生教育实践基地建设必须以实现深度产教融合为前提，需要在校企合作中实现影响因子之间的利益平衡，实现教育实践基地实践性及基地建设的标准化，以此形成长效的运行机制。

构建互利共赢的产教融合发展机制是建立统一目标价值的关键性举措，也是促进教育实践基地协商共治建设的重要基础。深度产教融合的核心要点是校企双方形成利益共同体关系，首要条件是实现供需关系的对接，进而推进优势资源互补，建立工作室、技能创新中心等载体，联合开发技术研发项目，实现科技成果转化，而教育实践基地的搭建则是合作展开的重要支撑。例如，北京航空航天大学提出了创建以支撑学生自主创新活动为主的"创新研究平台"和以研究生实验实践教学为主的"创新培育平台"的二级建设方案，依托国家级研究生教育创新基地建设项目，建成了一系列研究生教育实践基地，实现了资源的有机整合，极具先进性和创新性。❶

　　具体来看，在深度产教融合发展机制建设过程中，高校需要落实供给侧结构性改革，要以企业需求为根本导向，充分激发专业学位研究生教育实践基地的主体性价值，为专业学位研究生培养工作发挥实际价值，积极构建实践基地内部的教—研—训的一体化运行机制。首先，高校应以岗位需求及市场需求为导向，积极优化专业学位研究生人才培养方案，尤其是实践课程方案。课程设计要凸显实践性、应用性和职业性，加强专业学位研究生实践能力与创新能力培养，并为专业学位研究生获取职业资格证书搭建平台，继而凸显教育实践基地的职业性与实践性。其次，高校应以实践能力培养为目标，不断创新专业实践模式与内容，充分激发教育实践基地的价值，实现校内外资源的交叉融合，以及教学、科研与实训的结合，采用案例教学、团队合作等方式，培养专业学位研究生的创新意识与实践能力。再次，不断强化"双师型"师资队伍建设。在结合教育实践基地实际状况的基础上，通过定期培养、企业交流与人才引入，打造符合教育实践基地要求的双师型教师团队。最后，高校要强化专业学位研究生教育实践基地建设工作的管理，确保各个环节能够按计划执行，以实践为中心，实行定期检查与考核制度，聘请社会第三方进行专业评估，并将评估结果及时公布。

---

❶ 王悦，冯秀娟，马齐爽.研究生创新基地建设的实践与探索——以北京航空航天大学为例[J].学位与研究生教育，2012（1）：16-20.

二、多元利益主体协商共治动力：协商共治的重要保障

在专业学位研究生教育实践基地的建设过程中，需要催生合作的根本动力。当然，对于不同性质的参与主体，产生的动力亦表现为不同的形式与状态，大致包括利益驱动的动力及社会责任驱动的动力，即利益性动力与职能性动力。由于合作动力存在差异性，在组织成员协作过程中产生了不同的意愿，但协作意愿并非一成不变，而是随着时间与外部条件的变化而变化，当动力增强时，合作意愿自然加大，也会产生良好的协调共治效果。政府、企业（行业）是专业学位研究生教育实践基地建设的外部治理主体，其动力是利益性动力与职能性动力的融合。不同主体对教育实践基地建设担负着不同的责任与使命，也只有形成多元融合的协商共治机制，才能从根本上保障教育实践基地的可持续运行与发展。因此，各利益相关者要明晰自身权责利，并予以贯彻落实。

首先，政府在教育实践基地的顶层设计层面要扮演好统筹者与服务者的角色。"顶层设计"的概念源自工程学，本义是统筹考虑项目各层次和各要素，追根溯源、统揽全局，做好宏观规划工作。除此之外，政府还负责外部保障工作，包括提供政策、统筹资金与土地等要素。政府是教育实践基地建设的动力源泉。一般来说，教育实践基地建设的经费与相关配套设施属于政府审批项目。虽然建设主体与实施载体是高校，但政府的顶层设计与保障性作用尤为关键。专业学位研究生教育实践基地具有一定的特殊性，服务于高层次人才的实践能力培养，同时兼顾与社会、市场之间紧密的合作关系，其复杂性远远大于高校一般性的实践基地，需要政府统筹发展方向，厘清校企之间的权责利。因此，一是建立并完善相关制度，确保企业参与校企合作的基本利益。联合教育、人社、财政、税务、金融、产业等多部门成立校企合作专门管理机构，搭建合作服务平台，形成一个集管理、咨询、协调于一体的管理体系。二是政府要及时出台建设专业学位研究生教育实践基地的专门政策，指导教育实践基地建设的原则与方向，同时保护高校建设的主体性权益，构建企业积极参与的激励机制。针对不同规模、不同行业的企业实际需求，制定相应的税收、奖励及金融政策。

税收政策方面，依据企业参与校企合作的程度给予税收上的优惠，针对企业服务学生实习、教师到企业锻炼等产生的税收，实施国税反馈、地税全免的政策等。奖励政策方面，对于积极参与校企合作并取得良好效果和社会影响的企业，给予精神上或物质上的奖励，如资金奖励、设备仪器奖励、荣誉奖励等。金融政策方面，通过调整信贷政策支持企业参与职业教育，如将校企合作与企业信用体系挂钩，赋予不同分值等。此外，政府还可通过培育第三方服务机构、购买教育培训服务、建设公共实训基地等方式支持企业参与合作。三是政府要严格把关高校的专业学位研究生教育实践基地建设，在区域范围内进行合理布局，实现资源的优势互补与共享，在进行科学论证后保障建设资金的科学使用。此外，政府要注意根据高校与企业的实际需求，有针对性、策略性地提供保障措施，避免"一刀切"，要以服务为宗旨，努力促成多元利益主体的协商共治建设局面。

其次，企业在专业学位研究生教育实践基地建设实际操作层面扮演着主导者的重要角色。教育实践基地致力于专业学位研究生的实践能力培养，是服务社会、服务企业的平台。在校企合作过程中，须明确作为校企合作的激励对象的企业的需求与动机，分析企业参与校企合作的内部动力要素及其相互作用关系，构成企业参与校企合作的动力机制。一般而言，企业参与校企合作的动力包括三个方面。一是企业服务人才培养的教育情感。支持教育被认为是一种美德，这几乎是全球共识。放眼世界，大部分优秀的企业家都会以不同的形式支持教育事业，从道德层面来看，这正是企业家在教育情怀驱使下的公益行为。企业家的情怀成为推动企业参与校企合作的原始动力，通过支持、参与教育，企业文化形象得以彰显，企业家精神也得到了充分的展现与诠释。二是企业参与职业教育的社会责任。现代企业社会责任要求企业放弃传统的利润最大化目标，在追求利润的同时，必须兼顾维护和增进社会福利，这是社会赋予企业的经济、法律、道德及人道主义的期望。三是企业人力资源发展的战略需要。现代企业的竞争除资本、技术竞争外，更大程度上是人力资源的竞争。为了更大限度地实现对人力资源的发展战略，国内外许多具备一定实力的企业不断加大对教育的支持与参与，甚至直接投资教育、兴办学校。这三个要素唯有协同耦合、激发牵制、形成合力，才能成为校企合作持续深入开展的有效动力机制。以企业群构成的行业组织或职教集团在教育实践基地建设过程中，要履行其指导职责，履行建设标准、规格制定的工作任务。"校企双方共同努力，设计最大限度满足需求的实践环节。"● 以西北大学为例，其同国内一百余家支柱企业建立了校企合作关系，构建了实践教育基地校企共建、共管机制，打造了一支产教融合型的教师指导团队，同时支持二级学院开放办学，以社会需求创新基地建设。

最后，提高与企业合作的匹配协同程度，使双方组织运行与利益实现最优化的共赢，高校亟须进行围绕办学观念、人才培养、合作机制等方面的变革。首先，高校要革新观念，正确认识专业学位研究生的培养目标，对标企业用人标准。高校必须正确认识到，专业学位研究生的培养目标是具有扎实理论基础并适应行业或职业实际工作需要的应用型高层次专门人才。因此，专业学位硕士教育对学生知识结构和能力结构、培养要求等各方面都着重突出"应用型、复合型、高层次"的人才培养特色，在培养过程中要注重对人才应用能力和实际工作能力的培养力度，而这也成为学校培养和企业实践要求的重要衔接点。校企共同育人，人才培养全程立足企业需求，全面实现专业与行业企业岗位对接、课程与职业标准对接、教学过程与生产过程对接。另外，积极寻求企业合作，与企业共建高标准实训基地、实验工厂、教学工厂。企业可以采用独资、合资等方式为学校购置教学设备、建设实训基地，或直接利用企业车间、基地等开展实践教学。其次，高校与企业要建立互信互利、共管共赢的合作机制。校企双方需坚持互信互利的基本原则，共同参与、共同管理，相互支持、相互依存，建立一套符合企业运行特征的合作机制，确保合作良性运作。

因此，以多元利益主体协商共治为纽带，遵循市场运作规律，是构建专业学位研究生教育实践基地建设的根本旨归。形成利益共同体，才能有效激发教育实践基地的建设活力。

● 卢颖，赫国胜.校企政三方校外文科类实践教育基地模式的探索 [J].现代教育管理，2015（6）：92-97.

三、信息交流与资源融合：协商共治的重要条件和体现

搭建有效的信息交流与资源融合平台是营造多主体协商共治局面的关键环节。在专业学位研究生教育实践基地建设的组织系统中，多主体间的信息沟通与交流发挥着重要作用。信息的公开、信息交流渠道的畅通、信息的直接性与权威性，以及优势资源互补与深度融合，是协商共治的重要表征。实际上，信息交流与资源融合关乎协商共治是否真正实现。在树立共同目标导向、形成强大合作动力的基础上，能否提高信息交流与资源融合的实效性便成为开创协商共治局面的"胜负手"。鉴于此，协商共治是保障高校专业学位研究生教育实践基地实践性、规范性与标准化建设的基本理念与重要条件。为实现多元主体在共同利益前提下的共治与善治，建立高效的信息交流与资源融合机制势在必行。❶

一方面，建立健全信息交流体系。充分利用 5G、大数据等现代技术手段保证对话沟通的时效性，搭建信息化交流平台，实现供求信息、技术信息、流程信息的及时传递。同时，建立信息资源库，保证教育实践基地建设参数与交流信息的价值存储。

另一方面，建立健全资源融合体系。首先，高校要明确自身在统筹内外部要素中的主体性作用，充分利用政策的引导与政府的保障，做好系统规划设计。其次，高校要加强对实践基地建设的统筹规划，以师资队伍建设为条件、以建设实践教育课程体系为核心、以强化合作模式为基础，不断完善实践基地的建设方案。高校要围绕专业学位研究生实践性的培养目标，在"以实践为中心"的理念指导下，科学设计教育实践基地建设方案，统筹安排专业学位研究生的理论课程与实践课程的有效衔接，充分发挥教育实践基地对于专业学位研究生实践能力提升的功能，因为实践基地是专业学位研究生高质量完成专业实践的重要载体。再次，高校应通过利用智库资源及社会服务职能，拓展经费来源渠道，为建立长期稳定的实践基地和构建校企协同培养机制奠定物质基

❶ 林莉萍. 当前我国研究生教育价值博弈与优化策略 [J]. 现代教育管理，2018（6）：124-128.

础。最后，高校要制定科学的实践基地导师聘任标准，满足研究生培养基本需求。

总之，高校专业学位研究生教育实践基地建设涉及教师、学生等多元主体，需要场地、资金、设备等多要素联动保障，兼具特殊性与复杂性。因此，系统的设计与论证是基本前提，继而促进资源的有效融合，最终确保教育实践基地建设的科学性。

第二节　专业学位研究生教育实践基地建设的保障条件

专业学位研究生教育实践基地高质量发展需要一定的条件为其保驾护航。其中，建设和完善专业学位研究生教育实践基地合作对象选择机制，选择合适的合作企业，是保障实践基地质量的重要前提条件；完善校企合作理事会制度和健全基地管理体制是实践基地有效运转的重要制度保障；加强导师队伍建设，构建"双师型"团队，是专业学位研究生教育实践基地育人目标的必然要求；完善考核机制是保障实践基地质量的重要手段；加大投入、完善政策扶持体系，是实践基地质量的物质保证。

一、完善基地准入机制

合作伙伴的选择是校企合作的基础，可以为合作奠定良好的开端。因此，建设和完善专业学位研究生教育实践基地合作对象选择机制，选择合适的合作企业，是保障实践基地质量的重要前提条件。

（一）校企合作选择原则

校企之间之所以会形成合作的决策，共建教育实践基地，均有各自的考量。

因此，在合作对象的选择上，需要遵循一定的原则，以保障合作对象选择的科学性，促进合作的顺利开展。校企合作伙伴的选择，需要遵循以下原则。

1. 平等信任原则

平等信任是高校与企业双方共建实践基地的基础，高校和企业都要坚持平等信任的原则。在合作过程中高校和企业双方不分高低、大小、主副问题，双方应在公平、平等的基础上合作，只有如此，才能认清自身的优劣势，并以理性客观的态度对对方的合作实力进行评估，以维持合作的持续性。此外，双方互相信任，亦是保障合作顺利进行的重要条件。只有互相信任，校企双方才能建立起合作共识，一起努力建设教育实践基地。如果双方没有对彼此的信任，那么合作过程将会困难重重，知识和技术也无法完成转化，预期目标将难以实现。

2. 兼容互补原则

校企双方兼容互补是合作得以达成的重要条件。为了使合作能够顺利进行，目标兼容和优势互补是前提条件，校企双方应具有资源共享、优势互补的迫切需求，才会有共建实践基地的积极性。合作企业的日常业务内容应与学生专业实践和专业发展的需求相契合。此外，高校和企业还要在管理方式和已有的知识积累方面具有一定的兼容性，否则就需要创造一些兼容性。但是兼容并不是说没有矛盾和摩擦，而是说双方要做到相互尊重，互不推卸，和平解决争端，才能保证合作顺利推进。基于优势和实力方面的考虑，高校会根据自身的人才培养目标和学校发展战略来寻找适合的企业进行合作，企业也会根据自身的短板和优势来寻找合适的高校，双方合作的达成既需要目标的兼容性，也需要优势的互补性，否则合作便没有意义。

3. 互利共赢原则

互利共赢是校企双方合作得以维系的重要保障。共建专业学位研究生教育实践基地，需要高校和企业的合作有共同的战略目标，在继承和发展各自特色的基础上，实现项目成果的收益最大化和所得利益的公平分配，使合作能够持续长久。

（二）校企合作选择步骤及基本要求

高校是专业学位研究生教育实践基地的主要承担者，需要夯实建设基础，做好维护工作，并给予相应的技术服务与支持，可以安排一定的专业骨干教师出任管理岗位，并适时深入企业生产一线，解决企业运营中出现的技术问题，为同企业建立友好合作关系提供必要的帮助。专业学位研究生教育实践基地的有效建设离不开校企合作，需要构建深度的校企合作机制，高校作为实践基地的发起者，应积极主动出击，探寻合作企业。一位学校负责专业学位研究生教育实践基地的负责人说："学校在选择合作企业时考虑了两个基本条件。一是企业技术含量较高，在行业内具有一定地位；二是企业有良好的合作意识，有与高校联合培养研究生的积极性和兴趣。"因此，高校应进行深入调研，多举办校企对接活动，建立常态化的沟通与对话机制，了解企业的基本情况与实际需求，根据自身的能力与专业优势，选择适宜的合作伙伴，创建实践基地。具体可从以下几个方面进行调研。

其一，对企业的技术实力与信誉进行调查，了解是否适合与其进行校企协同育人，与其合作能否提升大学生的实践能力与创新能力。

其二，从企业的角度出发，调查企业的需求，分析校企协同育人能为企业提供什么服务。

其三，了解学校的优势资源，分析学校能为企业发展提供什么服务，努力挖掘高校服务企业的核心竞争力。

而共建实践基地的合作单位应符合以下基本条件和要求。

一是依托单位及构成单位的主要业务能满足相关类别或领域专业学位研究生完成专业实践和实践教学任务的要求，在区域内具有行业代表性，具有长期稳定合作培养研究生和拓展合作范围的潜力。

二是有一定数量符合专业学位研究生指导教师基本条件的相关专业技术或业务人员，有必要的组织管理能力。

三是具备研究生生活、学习、工作所需的基本条件，能够提供劳动保护、卫生安全保障；具备相关专业项目、科研课题或成果转化与推广的条件，能运用团队学习、案例分析、现场研究、模拟训练等方法指导研究生。

四是依托单位重视并安排人力、物力配合研究生实践基地的建设与管理，能安排专人负责（或配合）对参加实践的研究生的管理、督促和接待等工作，并提供研究生完成项目必需的工具、资料及人员协助和指导。

二、健全组织机构与管理制度

（一）完善校企合作理事会制度

2010 年 7 月，教育部发布的《国家中长期教育改革和发展规划纲要（2010—2020 年）》第十三章第四十条强调，要扩大社会合作，探索建立高等学校理事会或董事会，健全社会支持和监督学校发展的长效机制，探索高等学校与行业、企业密切合作共建的模式，推进高等学校与科研院所、社会团体的资源共享，形成协调合作的有效机制，提高服务经济建设和社会发展的能力。这是我国第一次提出高职院校应设立理事会制度。2014 年，为推进中国特色现代大学制度建设，健全高等学校内部治理结构，促进和规范高等学校理事会建设，增强高等学校与社会的联系、合作，依据《中华人民共和国高等教育法》及《国务院办公厅关于建立和完善事业单位法人治理结构的意见》等国家有关规定，教育部发布了《普通高等学校理事会规程（试行）》，在宏观政策上明确了我国高校理事会建设的基本方向。2015 年，教育部印发的《高等职业教育创新发展行动计划（2015—2018 年）》提出，"鼓励中央企业和行业龙头企业、行业部门、高等职业院校等，围绕区域经济发展对人才的需求，牵头组建职业教育集团"。2017 年，国务院办公厅印发《关于深化产教融合的若干意见》，要求"建立健职业学校和高等学校理事会制度，鼓励引入行业企业、科研院所、社会组织等多方参与"。2018 年，教育部等六部门印发了《职业学校校企合作促进办法》，其第十七条表明"职业学校应当吸纳合作关系紧密、稳定的企业代表加入理事会（董事会），参与学校重大事项的审议"。从以上文件可以看出，国家对校企合作办学规范化、制度化十分重视，从"健全办学机制"到"组建职业教育集团"，再到"加入理事会"，一直引导校企合作向制度化方向发展。

理事会是指经选举或任命成立的具有行政、管理、司法等功能，对整个团体涉及的战略事项进行监督和指导的组织。理事会产生的动因主要是各方的内在需求。通过理事会会议，各方都能表达自己的意愿和想法，经过表决后将利益最大化，使各个成员都能共享资源。理事会制度的本质就是重大决策表决制，是保证理事会有效运作的、所有成员都能遵循的行动准则。普通高等学校理事会指国家举办的普通高等学校，根据面向社会依法自主办学的需要设立的由办学相关方面代表参加，支持学校发展的咨询、协商、审议与监督机构，是高等学校实现科学决策、民主监督、社会参与的重要组织形式和制度平台。

专业学位研究生教育实践基地的建设是校企合作的重要内容。校企合作理事会作为校企合作双主体治理机制的核心部门，其具体的运行应正视并尊重高校和企业各自的权利及其之间的博弈方式，正视并尊重校企双主体之间的利益需求，这是校企合作理事会运行的前提和基础。专业学位研究生教育实践基地的建设，需要完善的校企合作理事会制度的保障，以充分发挥理事会在咨询、协商、审议与监督等方面的作用，促进专业学位研究生教育实践基地的健康、有序、高质量发展。

（二）健全基地管理体制

高校是实践基地的核心，做好本校各级实践基地的规划和建设管理工作，要以合作建设专业学位研究生实践基地为契机，大力推进高校育人与行业实践的结合。要坚持把专业学位研究生实践基地建设作为提高专业学位研究生教育质量、改革研究生培养模式、推进产学研合作、促进高校为经济社会发展服务的重要举措。积极组织相关领域的研究生团队进入实践基地培养，把参与合作单位研发、运营、宣传、市场、行政管理等活动作为提升专业学位研究生实践能力的重要环节；积极推进相关管理工作向实践基地延伸，配合合作单位做好本校进入实践基地的导师和专业学位研究生团队的管理工作。

此外，学院（系）是实践基地建设与管理的主体，应全面履行各项管理职责。一是成立专业学位研究生实践工作小组，由分管副院长、副书记共同担任组长，思政教育与专业实践工作协同开展。二是制定实践基地相关管理制度和办法。三是负责专业实践研究生的选拔、派出、考核等各项工作。四是落实研究生与实践基地校外导师的双向选择。五是加强研究生在实践基地期间的思想政治教育工作。六是评估检查实践基地的建设与运行。

实践基地依托的企业等合作单位是专业学位研究生实践基地的建设与管理主体，应成立专业学位研究生实践基地管理委员会，具体负责制定和落实专业学位研究生实践基地管理办法、合作单位与高校合作计划及实施方案，提供必需的条件保障，积极营造鼓励创新、宽容失败的氛围。积极探索建立以企业为核心、以高校和科研院所为支撑的新形式，形成以企业需求和行业需要为导向、育人与实践无缝对接的新模式，开拓教育服务区域经济发展的新局面。

实践基地合作双方应联合成立"实践基地建设管理委员会"（以下简称"管理委员会"），在学校的统一领导下开展工作。管理委员会委员由双方成员组成，委员人数根据基地规模及承担的指导学生数量而确定，一般不少于5人。双方协商确定管理委员会负责人，一般由高校相关人员担任第一负责人。

管理委员会的主要职责为：

第一，制定实践基地建设发展规划，建立和完善实践基地相关规章制度。规范实践程序，制定符合实践基地情况的研究生专业实践手册。

第二，安排部署实践基地的专业实践，包括制订实践计划和实施方案、安排实践学生和实践指导教师、监督与管理实践过程、考核实践效果等。

第三，开展实践指导教师、实践教学任课教师的推荐、遴选及培训工作，不断加强实践教学师资队伍的建设。

第四，组织双方单位、校内外导师开展科研项目合作、课程开发与建设、教学案例编写、信息资源共享等。

第五，协助解决就业问题，为实践中表现突出的优秀毕业生提供就业信息咨询、协调就业岗位等服务。

第六，加强基地软、硬件设施建设，保证学生实践活动的正常运行。

第七，积极筹措实践基地建设及运行经费，合理预算和规范使用经费。

第八，协调处理实践基地建设及学生实践过程中出现的各种问题。

第九，不断加大双方多领域深层次合作力度，提升合作空间，拓展合作渠道。

同时，要注意完善管理委员会定期会议制度。建立定期会议制度，形成定期沟通机制，有利于加强有效交流与合作。定期的交流和沟通机制，有助于及时了解双方合作需求，互通政策信息，听取意见和建议，有效加强高校、行业、企业之间的沟通和联系，为校企合作办学奠定了共识和基础，也创造了更多合作机会和可能。在调研过程中，我们发现，专业学位研究生教育实践基地各主体缺乏有效的沟通交流会降低彼此的信任度，影响基地运行，并且交流合作仅限于合作主体之间，合作个体间基本无交流，这直接成为基地建设发展的绊脚石。在基地建设中，主体之间、个体之间、参与联合培养的学生与老师、合作双方的导师与导师之间都应该存在密切的交流与沟通。可以通过建立沟通交流平台、建立管理委员会定期会议制度、定期组织沟通交流座谈会等形式来构建基地建设的长效机制。学生在培养中作为主要参与者，应该积极主动地与双方导师和双方管理部门进行沟通，交换意见，增加合作交流切磋的机会，开阔眼界，增长知识面，从而提升自身的科研实践能力。实施高校作为基地建设的主体部门，应该与指导教师和二级单位的管理者及时开展有效的沟通和交流，关注研究生的科研兴趣及研究方向，有针对性地制定相应的目标任务。各基地可以根据与合作方的沟通交流，出台符合自身实际要求的规范制度，使现有的合作交流机制以规章制度的形式确立下来，保证合作的长期性与稳定性。

三、加强导师队伍建设，构建"双师型"团队

师资队伍是高校办学的主体，也是实践基地建设的重要支撑，其质量的优劣直接影响实践教学效果。[1]因此，高校在建设专业学位研究生教育实践基地的过程中，应注重基地的师资队伍建设，采用外部引进与内部培养相结合的方式，大力开展基地导师培训工作，努力提高教师的专业知识与素养，将内部培养作为师资队伍建设的核心要义。[2]同时，鼓励企业导师与高校导师进行有效交流，利用企业导师的实践优势与高校导师的理论优势，促进双方的共同提升，为实践基地建设提供有力的师资支持。[3]和传统的学术型研究生的培养不同，专业学位研究生联合培养基地的特征就在于"校内外双导师制"，有了这种制度后，如何发挥这种制度的优势就显得非常重要。

（一）完善基地实践型导师遴选机制

基地实践型导师是专业学位研究生在基地的第一责任人，其能力与水平直接关系基地人才培养的质量。基地实践型导师的主要职责是在专业实习、科研能力训练、科技创新、毕业论文（设计）撰写等实践教学环节对专业学位研究生进行指导，共同开展技术讲座、经验交流等，帮助学生积累工作经验，提高学生的科研、创新、实践能力。为保证实践基地的研究生培养质量，要完善基地研究生导师遴选机制，在合作企业中遴选一批思想政治素质过硬、师德高尚、实践经验丰富和学术水平较高的人员担任研究生实践教学的导师。

与校内专任导师的指导任务不同，基地实践型导师主要承担着对全日制专业学位研究生实践技能进行指导的重要任务，所以在遴选标准上，除了应该具备一定的学术能力，还要具备较强的应用能力和较高的实际操作水平。这里，

❶ 马凤才，郭永霞.研究生实践基地的功能及其实现 [J].高等理科教育，2014（3）：31-34，52.

❷ 王莉.教育硕士专业学位研究生课程设置现状及改进策略 [J].高等农业教育，2014（10）：93-96.

❸ 王海峰，刘宇航，罗长富，等.基于科技创新人才培养的科研院所研究生培养机制思考 [J].高等农业教育，2015（2）：111-115.

学历、职称等考量因素可以适当让位于丰富的实践经验和实践技能。这就要求高校在选聘基地实践型导师的时候，不应该只局限于高学历、高职称的人才，更应该注重挖掘社会生产生活中那些具有丰富的实践经验和精湛的实践技能的技术精英。

（二）明确校内外导师权责

专业学位研究生教育实践基地实行的是校内外双导师负责制，校内外导师职责不清容易产生职能冲突，甚至直接影响实践基地的良性运行。因此，高校与企业、科研院所共同制定实践基地管理办法时，应更加清晰、明确地对校内外导师的职责做出界定。校内导师负责研究生课程学习与研究方法的指导，与校外导师一起做好研究生学位论文的指导工作，校内导师应作为第一导师在论文的理论和方法上对学生予以指导，基地实践型导师在论文内容上对学生予以指导，双方共同负责研究生学位论文的质量。基地实践型导师还需要负责指导研究生的实践环节。同时，校内外导师要共同参与制定研究生在基地期间的培养细则，双方导师应互相配合与合作，定期就实践基地研究生的培养、科研活动等事项进行交流，共同提高专业学位研究生的培养质量。

需要注意的是，与企业有横向项目合作关系的校内导师可更多地参与校外专业实践的指导，与校外导师建立紧密的合作关系，如与校外导师商定学生的论文选题，并指导学生论文的后续写作；反之，与企业缺少横向项目合作联系的校内导师则应尽量少地参与实践基地的指导，让校外导师发挥更大的作用，校内导师可侧重对研究生的论文给予理论指导。

（三）完善基地实践型导师考核与退出制度

以明确的考核标准、公正的考核原则对基地实践型导师的专业素质、实践能力、指导水平等多方面进行考核，有利于提高基地实践型导师水平，有效保证基地实践型导师队伍的整体素质，进而保证基地人才培养的质量。

首先，要明确考核标准。对基地实践型导师的考核应结合其指导特性，并坚持过程性与结果性原则，明确全面而科学的评价标准。具体而言，考核标准可包括：导师的专业技术操作与技能的素质水平；导师参与研究生人才培养方案的制定情况；导师指导基地研究生实践过程情况，如对研究生的行业认知、实践动手能力、解决实际问题能力等方面的培养与指导，对学位论文的指导等；导师指导研究生的结果。同时，亦要加强对基地实践型导师的师德师风考核。其次，明确考核参与主体。为保证考核过程的公平公正，保障考核结果的准确性与有效性，应坚持考核主体的多元化的原则。对此，对于基地实践型导师的考核，应由基地管理委员会、基地专业学位研究生、校内导师及基地实践型导师本人共同参与。最后，正确使用考核结果。激励与考核是手段，服务于人才培养目的。考核机制建设重点不在于对实践型导师积极性的激发，而在于对导师积极性的维持和更深层次需求的满足。❶一方面，被考核导师应主动地根据考核结果进行反思，查缺补漏，实现自我提升。另一方面，基地应坚持正向激励与反向惩罚相结合的原则对待考评结果。根据考核结果，对表现优异者给予一定的绩效奖金、津贴等物质奖励，还要给予其在职称评定、职务晋升、评优评先等方面的优先权，以强化示范引领作用；对于表现不佳者，应给予一定的批评，对情况严重者需采取降薪、降职甚至淘汰等处罚。此外，对于出现"严重师德问题"者应一票否决。

（四）落实形式多样的培训制度

落实形式多样的培训制度，注重培养"双师型"导师的综合能力和素质，有助于促进全日制专业学位研究生"双师型"导师队伍的知识和技能提升，增强其实践教学指导的实效性，提高专业学位研究生的培养质量。

第一，开展互助形式的培训活动。高校可以充分利用导师资源，举办校

---

❶ 杨超，徐天伟.全日制专业硕士学位研究生"双导师制"建设的协同机制探索——基于利益相关者的视角 [J].研究生教育研究，2018（2）：77-82.

内校外导师交流会或导师基本素质培训活动。校内导师可以向基地实践型导师讲授教育学、心理学等基本知识，以及专业领域内相关理论知识，分享教学方法和教学经验，以避免校外导师在指导过程中出现实践与教学脱节的现象；而校外导师可以与校内导师分享实际生产操作中遇到的难题及解决办法，帮助校内导师提升动手能力等实践能力。这种形式的校内校外导师交流会，有助于"双师型"导师互相汲取所需知识，实现资源的合理利用，达到能力整合、共同进步的要求。

第二，开展多种形式的内培活动。校内专任导师承担了较大部分指导全日制专业学位研究生的责任，注重校内专任导师的"双师"素质培养，弥补其在应用能力上的缺失，保证校内专任导师的"双师"能力提升，能更好地提高其为教学和科研服务的水平。选派青年教师到基地挂职锻炼或参与实践教学，学习最前沿的专业技术，通过实践经验的不断丰富，逐渐弥补其学术理论上的不足，提高其实践动手能力和实践教学能力，为培养应用型、职业型的高层次专门人才创造有利条件。

四、完善基地考核机制

为了保障教育实践基地的质量水平，校企双方也需要联合构建考核评价机制，以便检验与诊断教育实践基地的实际效能。

（一）明确考核目标，细化基地量化标准

实践基地的建设目的是提高专业学位研究生的实践能力，因此，对基地的考核亦应明确实践基地的建设情况，以实现以评促建、以评促改的目的。因此，实践基地评估指标体系的构建应以实际应用为指导，以就业需求为目标，以综合素养和专业技能的提高为核心。

1. 考核指标的选择原则

专业学位研究生教育实践基地质量评估指标的选择应坚持"四统一"原则，即系统性与针对性相统一、过程性与结果性相统一、客观性与主观性相统一、可比性与普适性相统一。

系统性与针对性相统一原则。专业学位研究生教育实践基地的建设既是一个综合的有机系统，也是一个复杂的育人过程。教育实践基地的建设涉及人力、物力、财力、信息及时间资源等管理对象，包括基地的团队建设、基础条件、资金投入、管理制度及人才培养等数目繁多的指标要素。因此，指标的选取要注意从多维度考量，尽量覆盖实践基地建设的各个方面，保证评估指标体系的综合性与全面性。同时，需要正确认识教育实践基地的建设目标和内涵，坚持培养大批熟悉行业实际、了解行业发展前沿动态、具有较强职业实践能力的高层次专业人才，对此，指标的选取应紧紧围绕育人目标，找准育人的关键要素和核心要点，增强指标体系的针对性。

客观性与主观性相统一原则。专业学位研究生教育实践基地的建设是一个有机过程，对基地质量的评估需从定性与定量维度出发，坚持客观性与主观性相统一原则，唯有此才可对基地质量作出科学合理的评价。在评估时应注意获取基地建设的相关客观性数据信息，如基地的基础设施设备情况、基地建设的资金投入、教师团队与管理团队的构成、基地合作效果等方面。应从官方渠道获取精确性的客观数据，以确保对基地质量评估结果的客观性。同时，在评估时要充分考虑学生与导师等相关主体的切身体验与获得感，了解其对基地运行与基地育人的满意度等，体现相关主体的主观感知，从而更全面地对基地质量进行评估。

可比性与普适性相统一原则。对专业学位研究生教育实践基地质量进行评估的目的之一是对基地质量进行评价与反馈。在对基地质量评估结果进行具体分析时，应进行纵向比较与横向比较，即对同一基地的不同时期进行历时性纵向比较，抑或在全国范围内对不同基地的质量进行共时性横向比较。因此，应尽量选择全国通用的评估指标，以提高指标体系的可比性与普适性、认可度。

2. 考核指标的主要内容

对专业学位研究生教育实践基地的质量进行评估，既要考虑基地的条件，也要关注基地的管理情况；既要注重基地人才的培养，也要重视高校与合作单位的合作效果。指标的选择应包括基地条件、管理机制、人才培养、合作效果四个方面。

在基地条件维度，应该包括人员配备、基础设施与资金投入等内容。第一，人员配备应包括导师和管理人员两个主体。实践基地实行校内外双导师负责制或双师型导师负责制，应具有充足数量的联合培养导师，原则上联合培养导师数与实践环节学生数比例不小于30%~50%；同时，共建双方分别为基地配备了专职管理人员或协调员，具体负责实践基地日常运行、专业实践教学计划制定与实施、研究生在实践基地期间的管理、高校与企业之间的日常沟通联系等工作。因此，人员配备主要考查实践型导师与学生比例、实践型导师正高职称占比，以及基地研发团队人数和管理队伍人数。第二，基础设施。实践基地应满足运行的必要条件保障，拥有服务于研究生专业实践的充足空间和必要的设施，还要有良好的安全保障条件和措施，能合理地解决学生实践期间的餐饮、住宿、交通等生活需求；每年度可接纳的学生数应符合学校要求并且应具备较高的科研学术平台，以为研究生实践提供支持。因此，基础设施主要考查基地设施设备等教学条件、同时可接纳的学生规模、省部级以上科研平台和占本校该类型（领域）学生总数的比例等指标。第三，资金投入。实践基地的资金投入应满足实践基地运行所需经费，因此，主要考查实践基地单位年均投入经费和学校年均投入经费。

在管理机制维度，应该包括规章制度、组织机构与管理运行等内容。第一，规章制度。实践基地制度应设计合理、体制健全，内容覆盖安全保障、指导教师工作制度、实习实践考核和成绩评定、日常管理等各个方面，能体现前瞻性和长远计划，同时制度执行到位，保障基地日常工作运行顺畅，无重大责任事故或社会影响恶劣的事件发生。因此，规章制度主要考查基地的制度体系建设情况及其执行情况和联合培养导师评聘方式及标准完备程度。第二，组织机构。

实践基地组织框架应层次分明、科学合理，职责分工明晰、人员搭配合理，唯有此才能顺利高效地推进实践基地工作。因此，组织机构指标主要考查基地的机构设置情况及其管理情况。第三，管理运行。为促进实践基地工作的正常有序开展，基地共建双方应共商基地建设之事，定期进行交流沟通与总结。而研究生与导师的满意度亦是基地管理运行是否顺畅合理的重要体现。因此，管理运行主要考查定期交流情况、实践总结情况，以及学生和基地导师对基地管理的满意度。

在人才培养维度，应包括研究生入驻、实践指导与评估考核等内容。第一，研究生入驻。基地接纳的专业实践研究生人数及研究生在基地从事专业实践的有效时间是基地人才培养的重要表现，该指标主要考查研究生在基地的年均实践人数和人均实践时长。第二，实践指导。基地联合培养导师应积极参与研究生的录取复试、培养方案的制定、实践教学、学位论文撰写、论文评阅和答辩、实践基地实习的考核和评价等培养环节。培养方案设置应具有特色，课程设置应具有实践性和应用性。突破学科、专业课程体系限制，以行业从业需求为导向，设置模块化实践课程。企业联合培养导师应参与实践课程的开发、授课、实践教学教材的编写。开设的实践课程对研究生实习实践项目起到良好的指导作用；编写或出版专用的实习实践讲义、实践大纲、实践课程教材，并运用到实践教学中。除此之外，导师在指导研究生实践过程中应注意选择适当的方式方法，保持良好的态度。因此，实践指导这一指标主要考查实践型导师参与研究生人才培养方案的制订情况、开设案例类课程门数、参与编写教材册数，以及实践指导情况。第三，评估考核。实践基地应定期对研究生的实践情况进行考核并在实践结束前对学生实践情况（提交实践总结、毕业论文的完成情况等）进行考核。因此，评估考核主要包括基地实践过程考核情况和结果考核情况。

在合作效果维度，应包括学位论文、实践成果与就业情况等内容。第一，学位论文。主要考查研究生学位论文选题来自基地项目的比例及学位论文优秀率比例。第二，实践结果。主要考查基地科技竞赛获奖的学生数量及占比、申请专利的学生数量及占比、公开发表论文的学生数量及占比，以及基地导师合作科研项目及其效益、科研成果及其转化。第三，就业情况。考查研究生在基地就业比例和研究生就业与行业的相关度。

（二）采取多样化考核形式，注重考核评价结果的反馈

专业学位研究生教育实践基地管理委员会应加强对实践基地的管理，定期对实践基地建设工作进行考核。考核可分建设期考核和运行期考核两种形式。建设期考核在实践基地立项建设完成后进行，运行期考核在实践基地运行1~2年后进行。同时，要对基地进行合格性考核与等级考核，以确保基地建设的基本质量，并促进基地建设质量的提升。国家及各省市教育主管部门要定期对市级实践基地进行评估验收，并适时开展国家级、省市级实践基地遴选工作，积极推进示范性基地建设工作，发掘先进典型，及时总结并推广好的经验和做法，加强示范引导。

考核评价的目的在于以评促建，以评促改，切实落实专业学位研究生教育实践基地的育人工作，以提高专业学位研究生教育的培养质量。一方面，各基地需主动地根据考核结果进行反思，查缺补漏，实现自我提升；另一方面，各级管理部门应坚持正向激励与反向惩罚相结合的原则对待考评结果。例如，高校可对在实践基地建设和运行中做出突出成绩的培养单位和个人，给予表彰及奖励。对无实质运作或存在严重问题等情形、不能保证实践质量的基地，取消其实践基地资格和经费支持，必要时追回资助经费。又如，各省（区、市）主管部门可根据评估验收结果对省市级实践基地进行动态调整，通过评估的，可继续纳入市级实践基地进行管理，未通过评估的，视具体情况给予限期整改直至撤销资格等处理。

五、加大投入，完善政策扶持体系

投入是建设实践基地、提高人才培养质量的重要物质保证。各高校要高度重视案例教学和基地建设，科学规划、创造条件，加大经费和政策支持力度。

设立基地建设专项经费,为基地建设提供必要的条件保障。通过人才培养项目、实验室建设、联合科研攻关等途径加大对基地建设各方面的投入。各省级教育部门要加强组织领导,会同有关部门,统筹区域内基地建设,加强政策引导和经费支持,调动行业、企业的积极性,推动专业学位研究生教育与地方经济社会发展的紧密结合。鼓励有条件的地区,设立专项资金,支持本地区研究生培养单位的基地建设工作。

政策的扶持保障是专业学位研究生教育实践基地建设的重要条件与前提。国务院在《职业教育改革实施方案》中提出要"带动各级政府、企业和职业院校建设一批资源共享,集实践教学、社会培训、企业真实生产和社会技术服务于一体的高水平职业教育实训基地"。同时,国家还要求构建从中等职业教育、高等职业教育到应用型本科和应用型硕士的职业教育体系。由此可见,建设研究生教育实践基地是顺势而为,而这正是对当前专业学位研究生实践教育缺失的回应。该项变革的顺利开展需要国家政策予以扶持,需要相关的资源支撑与便利条件。首先,政府要以项目的形式支持兴建一批专业学位研究生教育实践基地,对其予以一定的资金支持,明确研究生教育实践基地建设的政策导向。其次,政府要厘清专业学位研究生教育实践基地建设的基本脉络与运行机制,明确主管部门及各部门、学校、行业企业等相互的协同关系,尤其是要注意激活和吸纳企业的力量形成基地共建、资源共享、责任共担的体制机制,形成良好的产教融合发展氛围。再次,政府亟须建立专业学位研究生职业资格准入机制,形成实践能力的培养导向,让教育实践基地成为不可缺少的培养载体,加大企业、高校对教育实践基地建设与使用的关注度。"对于专业学位研究生教育而言,职业准入制度能够吸引企业的关注,进而发挥主观能动性和增强合作热情;高校也能发挥教学与科研优势,推进课程体系与职业资格考试、专业学位教育与职业资格认证的有效衔接。"最后,国家应在法律体系中纳入教育实践基地建设与实施过程中的责权利,建立教育实践基地运行的长效机制。❶

---

❶ 杨玉 . 专业学位研究生教育实践基地建设的逻辑与出路——基于工程硕士生教育实践基地的研究 [J].
教育科学,2019,35(5):92-96.

参考文献

1. 著作

[1] 赫尔曼·哈肯.协同学 [M].凌复华,译.上海:上海译文出版社,1995:7-15.

[2] 谢治菊,郭宇.研究生教育质量保障机制研究 [M].北京:科学出版社,2017.

[3] 魏所康.培养模式论:学生创新精神培养与人才培养模式改革 [M].南京:东南大学出版社,2004.

[4] 胡玲琳.我国高校研究生培养模式研究从单一走向双元模式 [M].上海:复旦大学出版社,2010.

[5] 许红.中美研究生培养模式比较研究 [M].成都:四川大学出版社,2010.

[6] 易红郡.战后英国高等教育政策研究 [M].长沙:湖南师范大学出版社,2012:50.

[7] 张建功.中美专业学位研究生培养模式比较研究 [M].广州:华南理工大学出版社,2014.

[8] 郭跃,郝明君,万伦.学科建设与研究生教育新论 [M].重庆:重庆大学出版社,2012:124.

[9] 彭国甫.地方政府公共管理事业管理绩效评价研究 [M].长沙:湖南人民出版社,2004:160.

[10] 赵焕臣,等.层次分析法———一种简易的新决策方法 [M].北京:科学出版社,1986.

[11] 李海莲.校企合作模式下专业学位研究生的培养路径研究 [M].沈阳:辽宁大学出版社,2019:11-12.

2. 期刊论文

[1] 白列湖.协同论与管理协同理论 [J].甘肃社会科学,2007(5):228-230.

[2] 朱宏.高校创新人才培养模式的探索与实践 [J].高校教育管理,2008(3):6-11.

[3] 董泽芳.高校人才培养模式的概念界定与要素解析 [J].大学教育科学,2012(3):30-36.

[4] 邓光平.我国专业学位研究生培养模式改革的历史变迁与现实思考 [J].高等教育研究,

2019, 40（5）: 64-69.

[5] 王莉. 我国专业学位研究生教育政策的演进与发展趋势 [J]. 高等教育研究, 2021, 42（7）: 78-84.

[6] 杨茜, 汪霞. 改革开放 40 年我国专业学位研究生教育政策变迁与发展逻辑 [J]. 高教探索, 2021（3）: 60-65.

[7] 许玉清. 改革人才培养模式的实践与探索 [J]. 教育与职业, 2005（2）: 31-33.

[8] 李志义. 谈高水平大学如何构建本科培养模式 [J]. 中国高等教育, 2007（15-16）: 34-36.

[9] 李硕豪, 阎月勤. 高校培养模式刍议 [J]. 吉林教育科学, 2000（2）: 43-44.

[10] 蒲洁. 高校创新人才培养模式初探 [J]. 中国成人教育, 2006（9）: 46-47.

[11] 陈新忠, 董泽芳. 研究生培养模式的构成要素探析 [J]. 学位与研究生教育, 2009（11）: 4-7.

[12] 秦发兰, 胡承孝. 目标导向的研究生培养模式研究 [J]. 学位与研究生教育, 2014（1）: 50-54.

[13] 徐和清, 胡祖光. 人才培养模式及其绩效的实证研究 [J]. 高等工程教育研究, 2007（5）: 72-77.

[14] 瞿海东. 创新能力与研究生培养模式 [J]. 高等工程教育研究, 2002（5）: 58-59.

[15] 郑群. 关于人才培养模式的概念与构成 [J]. 河南师范大学学报（哲学社会科学版）, 2004（1）: 187-188.

[16] 曾诚, 张伟, 向东, 等. 关于研究型大学人才培养模式的构建 [J]. 教育评论, 2002（4）: 56-58.

[17] 刘亚敏, 姜秀勤. 专业学位研究生培养模式的系统分析 [J]. 研究生教育研究, 2016（6）: 80-85.

[18] 胡艺玲. 我国专业学位研究生培养模式政策文本量化分析——基于政策工具视角 [J]. 研究生教育研究, 2021（1）: 90-97.

[19] 耿有权, 彭维娜, 彭志越, 等. 全日制专业学位研究生培养模式运行状况的调查研究——基于全国 14 所重点高校问卷数据 [J]. 现代教育管理, 2012（1）: 103-108.

[20] 张秀峰, 白晓煌. 专业学位教育"专业性"实践与保障机制探究——来自美国的经验与反思 [J]. 中国高教研究, 2020（7）: 54-59, 92.

[21] 夏露，王旭升，郭华明 . 我国资源与环境专业学位研究生培养模式的优化建设 [J]. 安全与环境工程，2021，28（4）：110-114.

[22] 李伟，闫广芬 . 专业学位研究生培养模式的理论探析与实践转向——基于分类观的视角 [J]. 研究生教育研究，2021（5）：51-57.

[23] 吕静 . 职业教育与专业学位研究生教育同质性的逻辑及深化路径 [J]. 中国职业技术教育，2021（1）：22-27.

[24] 徐东波 . 我国专业学位研究生教育的本质属性、发展误区与变革路径 [J]. 现代教育管理，2020（10）：100-105.

[25] 姚志友，董维春 . 我国专业学位研究生教育改革路径探索——一个整体性教育的视角 [J]. 学位与研究生教育，2019（11）：7-13.

[26] 吴莹，袁新华，敬小军，等 . 学术型与专业学位研究生培养模式创新——以农科为例 [J]. 中国高校科技，2017（3）：49-51.

[27] 刘亚敏 . 我国专业学位研究生培养模式改革的价值取向 [J]. 研究生教育研究，2016（2）：1-5.

[28] 周险峰 . 教育硕士专业学位研究生培养的进展、问题及对策——基于二十四所培养高校的调查分析 [J]. 学位与研究生教育，2015（2）：36-40.

[29] 武晋，张宇，黄利非 . 应用型高校专业学位研究生培养质量的提升 [J]. 教育与职业，2020（3）：34-41.

[30] 曹雷，才德昊，张泰居 . 基于全过程与系统化思想的专业学位研究生培养研究 [J]. 黑龙江高教研究，2018（1）：99-102.

[31] 魏峻，姬红兵，高晓莉 . 关于工程类硕士专业学位研究生培养方案改革的思考和建议 [J]. 研究生教育研究，2018（3）：30-35.

[32] 张晓艳，彭芃，张金玉，等 . 基于全面质量管理的全日制专业学位研究生课程建设内部质量保障体系构建 [J]. 职业技术教育，2022，43（2）：53-57.

[33] 刘颂迪 . 云南省高校专业学位研究生培养模式分析及改革途径 [J]. 上海教育评估研究，2021，10（4）：52-56，62.

[34] 王亮，郭丛斌 . 教育博士专业学位研究生培养质量满意度研究——基于某综合性高校教

育博士研究生就读体验调查的实证分析 [J]. 学位与研究生教育，2020（4）：52-59.

[35] 张乐平，付晨晨，朱敏，等 . 全日制硕士专业学位研究生教育课程体系的独立性与实践性问题 [J]. 高等工程教育研究，2015（1）：161-167.

[36] 刘冰，闫智勇，潘海生 . 基于协同治理的专业学位研究生教育质量治理体系构建 [J]. 学位与研究生教育，2019，314（1）：56-63.

[37] 刘国靖，胡亚男 . 聚焦实践问题以横向课题牵引提升专业学位研究生培养质量 [J]. 研究生教育研究，2019（5）：65-69.

[38] 黄卫华，刘斌，章政 . 全日制专业学位研究生培养模式的调查研究——以就业需求为导向 [J]. 研究生教育研究，2014（5）：63-67.

[39] 王筱静 . 全日制专业学位研究生教育对师资队伍结构的挑战及对策研究 [J]. 学位与研究生教育，2014（3）：9-13.

[40] 刘克非，肖宏彬，易锦，等 . 校企合作模式下土木工程专业学位研究生培养评估研究 [J]. 教育与教学研究，2017，31（3）：25-30.

[41] 陈昊珏 . 审计硕士专业学位研究生培养体系研究——以南京审计大学为例 [J]. 扬州大学学报（高教研究版），2016，20（3）：67-70.

[42] 赵丁选，王敏，卢辉斌 . 多主体协同的工程专业学位研究生培养模式探索与实践 [J]. 学位与研究生教育，2021（12）：9-19.

[43] 花向红，许才军，邹进贵，等 . 测绘工程专业硕士产学研实践基地建设模式 [J]. 测绘地理信息，2017，42（6）：117-119.

[44] 徐伟，吴智慧，关惠元，等 . 工业设计工程专业学位研究生校企联合培养基地建设与实践——以南京林业大学为例 [J]. 高教学刊，2017（23）：76-79.

[45] 杨坪，姜涛，黄雨，等 . 基于三方共赢的专业学位基地联盟建设探索 [J]. 教育教学论坛，2017（10）：27-28.

[46] 马永红，张乐，高彦芳，等 . 我国工程硕士联合培养实践基地状况分析——基于 28 个工程硕士示范基地 [J]. 学位与研究生教育，2016（4）：7-11.

[47] 曾冬梅，薛文 . 专业学位研究生联合培养基地运作模式研究——以广西大学为例 [J]. 广西大学学报（哲学社会科学版），2015，37（5）：110-114.

[48] 赵东.林业院校全日制工程硕士实践基地建设模式的探讨 [J].中国林业教育,2013,31（4）：37-39.

[49] 陈小平,罗文标,曹蔚,等.全日制工程硕士研究生培养基地建设的思考与实践 [J].学位与研究生教育,2012（2）：46-49.

[50] 林桂娟,於朝梅,王恬.专业学位研究生实践基地建设模式研究 [J].中国农业教育,2012（1）：50-52,96.

[51] 胡喜生,邱荣祖,张正雄.研究生创新实践基地建设模式探讨 [J].长春理工大学学报,2012,7（5）：106-107.

[52] 刘莉,黄颖,邹云龙,等.图书情报专业学位研究生联合培养基地建设探析——以东北师范大学为例 [J].图书情报工作,2022,66（1）：83-88.

[53] 于立梅,谭敏华,冯卫华,等.校企联合培养研究生实践基地建设的探索 [J].河南化工,2020,37（6）：65-67.

[54] 陈翔,黄丽.基于SWOT-PEST分析的研究生联合培养基地运行现状及对策研究 [J].黑龙江畜牧兽医,2017（11）：255-258.

[55] 李静茹,胡玉才.专业学位研究生联合培养基地建设有效性探析 [J].教育教学论坛,2017（32）：49-51.

[56] 张弛,孙富强.全日制教育硕士专业学位研究生实践教学问题及对策研究 [J].学位与研究生教育,2014（10）：5-8.

[57] 杨玉.专业学位研究生教育实践基地建设的逻辑与出路——基于工程硕士生教育实践基地的研究 [J].教育科学,2019,35（5）：92-96.

[58] 李明磊,黄雨恒,周文辉,等.校外导师、实践基地与培养成效——基于2013—2017年专业学位硕士生调查的实证分析 [J].中国高教研究,2019（11）：97-102.

[59] 初旭新,黄玉容,杨庆.产学研联合培养研究生基地建设模式研究——基于北京工业大学污水处理研究生联合培养实践基地的分析 [J].学位与研究生教育,2018（10）：31-35.

[60] 陈小平,孙延明,曹蔚,等.全日制硕士专业学位研究生联合培养基地治理机制探析——基于利益相关者的视角 [J].学位与研究生教育,2015（8）：15-20.

[61] 李献斌,刘晓光.全日制专业学位研究生实践基地建设研究 [J].中国农业教育,2012（5）：

22-25.

[62] 郑金海，苏青.研究生联合培养基地建设的实践与思考 [J].江苏高教，2011（6）：90-91.

[63] 初庆东，王殿君.试论专业学位研究生教育实践基地的评价及建设对策 [J].教育现代化，2018，（21）：87-88，93.

[64] 李鹏.产学研联合培养研究生模式与策略 [J].继续教育研究，2015（10）：86-87.

[65] 杨玉.专业学位研究生教育实践基地建设及评价研究 [J].高等农业教育，2016（6）：98-101.

[66] 邓光平.我国专业学位研究生培养模式改革的历史变迁与现实思考 [J].高等教育研究，2019，40（5）：64-69.

[67] 王征.工程博士教育试点办学的基本探索与改革建议——基于浙江大学的案例分析 [J].学位与研究生教育，2016（2）：7-11.

[68] 张萍，温恒福.大学生学习质量四维管理模型的建构 [J].教育科学，2015（6）：41-46.

[69] 张炼.产学研合作教育的理论问题及在我国的实践 [J].职业技术教育，2002（34）：21-25.

[70] 高文波.全日制工程硕士研究生培养实践与探索 [J].中国电力教育，2012（34）：15-16.

[71] 马永红，张乐，高彦芳，等.我国工程硕士联合培养实践基地状况分析——基于 28 个工程硕士示范基地 [J].学位与研究生教育，2016（4）：7-11.

[72] 杜宁.校企联盟背景下的专业学位研究生实践能力培养研究 [J].现代教育管理，2018（3）：111-115.

[73] 龚玉霞，滕秀仪，塞尔沃.专业学位研究生培养模式创新研究 [J].黑龙江高教研究，2017（12）：104-107.

[74] 李平，吴月燕，李彩燕.专业学位研究生实践基地建设机制研究——以浙江万里学院生物工程领域为例 [J].浙江万里学院学报，2019（1）：108-112.

[75] 陈小平，孙延明，曹蔚，等.全日制硕士专业学位研究生联合培养基地治理机制探析——基于利益相关者视角 [J].学位与研究生教育，2015（8）：15-20.

[76] 邓光平.英国专业博士学位设置的政策分析 [J].中国高教研究，2005（11）：24-28.

[77] 张彩虹，李国杰.发达国家产学研合作模式的探析与启示 [J].高等农业教育，2010（2）：

82-85.

[78] 马永红，张飞龙.专业学位研究生教育发展国际趋势及启示 [J].北京航空航天大学学报

（社会科学版），2021，34（3）：142-150.

[79] 彭熙伟，徐瑾，廖晓钟.英国高等教育"三明治"教育模式及启示 [J].高教论坛，2013

（7）：126-129.

[80] 肖聪.澳大利亚专业学位设置与调整程序研究 [J].高教探索，2018（3）：55-62.

[81] 邓涛，孔凡琴.澳大利亚教育硕士专业学位教育的特色与启示 [J].外国教育研究，2010，

37（10）：39-44.

[82] 朴钟鹤.教育的革命：韩国智能教育战略探析 [J].教育科学，2012（4）：87-91.

[83] 张雷生，肖霞.韩国高水平大学研究生教育质量保障体系研究 [J].学位与研究生教育，

2010（12）：62-66.

[84] 张雷生，赵茜.产、学、研结合的韩国职教 [J].上海教育，2012（26）：42-43.

[85] 杨超，徐天伟.全日制专业硕士学位研究生"双导师制"建设的协同机制探索——基于

利益相关者的视角 [J].研究生教育研究，2018（2）：77-82.

[86] 孙阳春，王富荣.专业学位研究生教育质量评估的指标选取维度述评 [J].现代教育管理，

2010（12）：73-76.

[87] 于立梅，谭敏华，冯卫华，等.校企联合培养研究生实践基地建设的探索 [J].河南化工，

2020，37（6）：65-67.

[88] 晏辉.从权力社会到政治社会：可能性及其限度 [J].东北师大学报（哲学社会科学版），

2019（4）：48-57.

[89] 肖远军.CIPP 教育评价模式探析 [J].教育科学，2003（3）：42-45.

[90] 黄明东，陈越，姚宇华.教育政策效果评估指标体系构建研究——基于后实证主义方法

论的视角 [J].教育发展研究，2016，36（1）：1-6.

[91] 王红梅.社会治理如何实现多元协商共治 [J].人民论坛，2019（13）：90-91.

[92] 白列湖.协同论与管理协同理论 [J].甘肃社会科学，2007（5）：234-236.

[93] 王悦，冯秀娟，马齐爽.研究生创新基地建设的实践与探索——以北京航空航天大学为

例 [J].学位与研究生教育，2012（1）：16-20.

[94] 卢颖，赫国胜.校企政三方校外文科类实践教育基地模式的探索 [J]. 现代教育管理，2015（6）：92-97.

[95] 林莉萍.当前我国研究生教育价值博弈与优化策略 [J]. 现代教育管理，2018（6）：124-128.

[96] 马凤才，郭永霞.研究生实践基地的功能及其实现 [J]. 高等理科教育，2014（3）：31-34，52.

[97] 王莉.教育硕士专业学位研究生课程设置现状及改进策略 [J]. 高等农业教育，2014（10）：93-96.

[98] 王海峰，刘宇航，罗长富，李思经.基于科技创新人才培养的科研院所研究生培养机制思考 [J]. 高等农业教育，2015（2）：111-115.

3. 学位论文

[1] 徐程.中外合作办学研究生培养模式研究 [D]. 厦门：厦门大学，2014.

[2] 赵丽.关于我国研究生培养模式多样化的探讨 [D]. 曲阜：曲阜师范大学，2002.

[3] 范秋明.我国研究生培养模式发展研究 [D]. 武汉：中国地质大学，2008.

[4] 路萍.我国硕士研究生培养模式研究 [D]. 武汉：武汉理工大学，2006.

[5] 萧琳.高等教育学专业研究生培养模式探究 [D]. 长沙：湖南农业大学，2006.

[6] 廖文婕.我国专业学位研究生培养模式的系统结构研究 [D]. 广州：华南理工大学，2010.

[7] 肖国芳.产学研结合的研究生培养模式研究——以"交大宝钢"模式为例 [D]. 上海：上海交通大学，2007.

[8] 赖天恩.全日制工程硕士校外实践基地建设研究 [D]. 广州：华南理工大学，2018.

[9] 和春婷.教育专业学位研究生联合培养基地建设的问题研究——以云南省国家级联合培养基地建设的个案为例 [D]. 昆明：云南师范大学，2018.

[10] 傅芳.西欧大陆国家高等教育质量保障中的政府行为研究 [D]. 上海：华东师范大学，2006.

[11] 朱晓英.专业学位研究生教育实践基地评估指标体系构建及实证研究 [D]. 保定：河北大学，2020.

附录1 专业学位研究生教育
实践基地现状调查问卷

尊敬的受访者：

您好！

本次调查旨在了解专业学位研究生教育实践基地建设发展状况及所存在的不足之处，从而探索出解决方案。本调查问卷不记名、不公开，仅供教育研究之用，请在相应选项打"√"，在横线上填写相关内容。衷心感谢您的支持，您的积极参与及真实答卷将为这一研究做出重大贡献。祝您事业有成、万事如意！

"专业学位研究生教育实践基地质量评估研究"课题组

一、基本信息

1.您目前就读于：_____大学_____学院

2.您的性别：

3.您的年级：

4.您的学位类型是：

A.专业硕士 　　　 B.专业博士

5.您的专业学位类别是：（工程硕士/法律硕士/工程博士/教育博士等）

二、实践基地联合培养情况

6.您所在基地合作单位的类型：

A.国有企业　　　　B.三资企业　　　　C.民营企业

D.科研院所　　　　E.政府部门或事业单位

F.其他（请填写）＿＿＿＿＿＿＿＿＿＿＿＿

7.您在基地中接受联合培养的时间（或预计）累计为：

A.少于3个月　　B.6个月　　　　C.12个月

D.18个月　　　　E.24个月　　　　F.其他

8.对于基地的下列条件，请依照您的满意度作出评价（请在您的答案上打"√"）

类别	满意程度				
	非常满意	比较满意	一般满意	比较不满意	非常不满意
（1）基地的师资	5	4	3	2	1
（2）基地的实习（实验、研发等）条件	5	4	3	2	1
（3）基地的其他资源（包括硬件设施、信息资源等）	5	4	3	2	1
（4）基地的人际关系、组织氛围	5	4	3	2	1
（5）基地为研究生提供津贴的额度	5	4	3	2	1
（6）基地的交通便捷程度	5	4	3	2	1
（7）基地的就餐、住宿等生活条件	5	4	3	2	1

9.在基地实践期间，您是否获得了实践安全方面的教育：

A.是，由合作单位进行教育

B.是，由合作单位与高校共同进行教育

C.否

10.在基地实践期间，相关单位是否为您购买了保险：

A.由企业购买　　B.由高校购买　　　　C.个人自行购买

D.无保险　　　　E.不清楚

11. 您在基地从事的具体工作是（可多选）：

A. 研发　　　　　　B. 技术操作　　　　　　C. 产品设计

D. 营销策划　　　　E. 管理职能类工作　　　F. 跑腿、打杂等无关紧要的工作

G. 专业性、技术性不强的工作　　　　　　H. 其他（请填写）＿＿＿＿＿＿＿

12. 您在基地期间，参与的课题和研究项目总数量：

A. 无　　　　　　B. 1 项　　　　　　C. 2 项　　　　　　D. 3 项及以上

13.（1）您是否参与了您所在基地的核心技术研发或主要业务工作：

A. 是　　　　　　B. 否

（2）如果选择"否"，您认为以下哪些选项可能是影响您在基地参与核心技术研发或主要业务工作的主要因素（可多选）：

A. 知识产权保护

B. 商业机密

C. 自身能力不足

D. 所学专业与研发不对口

E. 时间问题（如培养周期与研发周期不一致）

F. 合作单位对联合培养不重视

G. 其他（请填写）＿＿＿＿＿＿＿＿＿＿＿

14.（1）您所在学校对专业学位研究生发表论文的数量要求是：

A. 无　　　B. 1 篇　　　C. 2 篇　　　D. 3 篇及以上

（2）如有，对发表论文的级别要求：

A. 核心及以上期刊　　　　　　B. 普通期刊

15. 您学位论文的开题时间，安排在以下哪个时间段：

A. 进入基地实践之前　　　B. 进入基地实践之后

16. 您学位论文的选题与专业实践的关系是：

A. 选题就是专业实践的内容

B. 选题是在专业实践基础上的扩充

C. 选题与专业实践无关

17.（1）在基地实践期间，您实际得到的指导主要来自（可多选）：

A. 校外导师　　　　　　　　　　B. 基地业务主管（非导师）

C. 一起工作的企业普通员工　　　D. 基地工作人员（非导师）

E. 校内导师　　　　　　　　　　F. 基本无人指导

G. 其他（请填写）＿＿＿＿＿＿＿＿＿＿＿

（2）您对上述所选人员指导效果的满意程度为：

A. 非常满意　　　　B. 比较满意　　　　　C. 一般

D. 不满意　　　　　E. 非常不满意

18. 整个培养过程中，校内导师对您指导的内容是（可多选）：

A. 培养计划制定　　B. 课程讲授　　　　C. 实践项目选题

D. 学位论文选题　　E. 科研中遇到的问题

F. 实践现场指导　　G. 学位论文撰写

H. 其他（请填写）＿＿＿＿＿＿＿＿

19. 当您在专业实践中遇到困难，需要校内导师的指导时：

A. 校内导师总能及时给予我指导

B. 校内导师很少给予我指导

C. 校内导师几乎不给予我指导

20.（1）通过校内导师的指导，您的收获有哪些（可多选）：

A. 增加了我的专业知识　　　　　B. 提高了我的理论素养

C. 培养了我的研发能力　　　　　D. 培养了我的科学思维

E. 提高了我的写作能力　　　　　F. 培养了我的治学态度

G. 增强了我的沟通能力　　　　　H. 增强了我的团队合作能力

I. 使我明确了职业规划　　　　　J. 增强了我发现问题的能力

K. 增强了我提出解决问题的思路或方案的能力

L. 增强了我将思路或方案付诸实践并取得创新性成果的能力

M. 基本无收获　　　　　　　　　N. 其他（请填写）＿＿＿＿＿＿＿＿＿＿

（2）请列出其中您收获最大的五项（在横线处填写序号即可）＿＿＿＿＿＿

21. 您的校外导师是如何确定的：

A. 自己联系　　　　　　B. 校内导师安排　　　　C. 学院统一安排

D. 校外实践基地安排　　E. 他人引荐

F. 其他（请填写）＿＿＿＿＿＿＿＿＿＿＿＿

22. 整个培养过程中，校外导师对您指导的内容是（可多选）：

A. 培养计划制定　　　　B. 课程讲授　　　　　　C. 实践项目选题

D. 学位论文选题　　　　E. 实践现场指导　　　　F. 专业实践中遇到的问题

G. 学位论文撰写　　　　H. 其他（请填写）＿＿＿＿＿＿＿＿＿＿

23. 当您在专业实践中遇到困难，需要校外导师的指导时：

A. 校外导师总能及时给予我指导

B. 校外导师很少给予我指导

C. 校外导师几乎不给予我指导

24.（1）通过校外导师的指导，您的收获有哪些（可多选）：

A. 增加了我的专业知识　　　　B. 增强了我的知识应用能力

C. 增强了我的专业技能　　　　D. 培养了我的研发能力

E. 增强了我的沟通能力　　　　F. 增强了我的组织领导能力

G. 增强了我的团队合作能力　　H. 增加了我的实践经验

I. 增强了我发现问题的能力

J. 增强了我提出解决问题的思路或方案的能力

K. 增强了我将思路或方案付诸实践并取得创新性成果的能力

L. 使我进一步明确了职业发展规划

M. 使我培养了职业人员的思维方式

N. 使我懂得了如何关注客户的需求

O. 使我获得了对行业和职业的认知

P. 使我获得了对工作中各种关系和文化的认知

Q. 使我对本行业或职业对社会的作用和责任有了新的认识

R. 基本无收获　　　　　　S. 其他（请填写）＿＿＿＿＿＿＿＿＿＿＿

（2）请列出其中您收获最大的五项（在横线处填写序号即可）＿＿＿＿＿＿

25.通过基地联合培养，您自身各方面提升效果如何（请在您的答案上打"√"）

类目	提升效果				
	提升非常小	提升较小	一般	提升较大	提升非常大
（1）专业知识	1	2	3	4	5
（2）知识应用能力	1	2	3	4	5
（3）专业技能	1	2	3	4	5
（4）研发能力	1	2	3	4	5
（5）写作能力	1	2	3	4	5
（6）沟通交流能力	1	2	3	4	5
（7）组织领导能力	1	2	3	4	5
（8）团队合作能力	1	2	3	4	5
（9）发现问题的能力	1	2	3	4	5
（10）提出解决问题思路或方案的能力	1	2	3	4	5
（11）将思路或方案付诸实践的能力	1	2	3	4	5
（12）治学态度	1	2	3	4	5
（13）对职业发展规划的明确程度	1	2	3	4	5
（14）职业人员式的思维方式	1	2	3	4	5
（15）对行业和职业的认知	1	2	3	4	5

26.您认为（或预计）基地联合培养对您就业的帮助：

A. 很大　　　　　　B. 比较大　　　　C. 一般

D. 比较小　　　　　E. 无帮助　　　　F. 不清楚

27.您每月从基地获得的实习津贴额度为：

A. 600 元以下　　　B. 600~1000 元

C. 1000~1500 元　　D. 1500~2000 元

E. 2000 元以上

28.您认为在基地联合培养中，学校方面存在哪些问题（请在您的答案上打"√"，选择"其他"项的，请在该选项后的横线上填写答案）：

类目	严重性程度				
	非常严重	比较严重	一般	问题比较轻	几乎不存在
（1）缺乏对研究生在实践安全、纪律等方面的教育	5	4	3	2	1
（2）未给研究生购买保险	5	4	3	2	1
（3）学校开设的课程与专业实践相脱节	5	4	3	2	1
（4）研究生到基地接受联合培养的时间安排缺乏灵活性	5	4	3	2	1
（5）缺乏对研究生在基地实践情况的管理、监督	5	4	3	2	1
（6）对研究生专业实践效果的评价方式不科学	5	4	3	2	1
（7）所选择的合作单位实力不强，不能为研究生提供良好的工作和研发条件	5	4	3	2	1
（8）其他（请填写）	5	4	3	2	1

29.您认为，校内导师方面存在哪些问题影响了基地联合培养的成效（请在您的答案上打"√"，选择"其他"项的，请在该选项后的横线上填写答案）：

存在问题	严重性程度				
	非常严重	比较严重	一般	问题比较轻	几乎不存在
（1）校内导师不愿意把研究生派到基地进行联合培养	5	4	3	2	1
（2）校内导师指导专业实践的能力不足	5	4	3	2	1
（3）校内导师不能保证充分的指导时间	5	4	3	2	1
（4）研究生在专业实践中遇到的问题得不到校内导师的有效帮助	5	4	3	2	1
（5）校内导师与校外导师缺乏沟通	5	4	3	2	1
（6）其他（请填写）＿＿＿＿＿＿	5	4	3	2	1

30.您认为，校外导师方面存在哪些问题影响了基地联合培养的成效（请将

每个小题的答案用亮色突出显示，或在您的答案上打"√"，选择"其他"项的，请在该选项后的横线上填写答案）：

存在问题	严重程度				
	非常严重	比较严重	一般	问题比较轻	几乎不存在
（1）校外导师缺乏指导研究生的热情	5	4	3	2	1
（2）校外导师指导方式不科学	5	4	3	2	1
（3）校外导师对实践项目指导不足	5	4	3	2	1
（4）校外导师对学位论文指导不足	5	4	3	2	1
（5）校外导师未保证充分的指导时间	5	4	3	2	1
（6）研究生在专业实践中遇到的问题得不到校外导师的有效帮助	5	4	3	2	1
（7）校外导师未真正参与指导研究生	5	4	3	2	1
（8）校外导师数量无法满足实际需求	5	4	3	2	1
（9）其他（请填写）＿＿＿＿＿	5	4	3	2	1

31. 您认为合作单位方面存在哪些问题影响了基地联合培养的成效（请将每个小题的答案用亮色突出显示，或在您的答案上打"√"，选择"其他"项的，请在该选项后的横线上填写答案）：

存在问题	严重性程度				
	非常严重	比较严重	一般	问题比较轻	几乎不存在
（1）合作单位缺乏合作积极性	5	4	3	2	1
（2）合作单位不允许研究生接触企业核心技术或业务	5	4	3	2	1
（3）合作单位对研究生缺乏必要的岗前培训	5	4	3	2	1
（4）基地为研究生提供的津贴水平低基地资源不足（包括师资、技术研发平台、硬件设施信息等）	5	4	3	2	1
（5）基地人际关系、组织氛围欠佳	5	4	3	2	1
（6）合作单位提供的就餐、住宿等生活条件差	5	4	3	2	1
（7）其他（请填写）＿＿＿＿＿	5	4	3	2	1

三、开放式问题

32. 为使基地取得更优的建设成效，您对联合培养单位有哪些期望？

33. 为使基地取得更优的建设成效，您对高校有哪些期望？

34. 为使基地取得更优的建设成效，您对校内导师和校外导师有哪些期望？

附录 2 "专业学位研究生教育实践基地质量评估指标体系"AHP 专家调查问卷

尊敬的专家：

　　您好，非常感谢您抽出宝贵的时间填写此问卷！本问卷旨在确定专业学位研究生教育实践基地质量评估指标体系权重系数，请根据您的理论知识与经验，按重要程度对所列指标进行评分。本调查问卷不记名、不公开，仅供教育研究之用。衷心感谢您的支持，您的积极参与及真实答卷将为这一研究做出重大贡献。祝您事业有成、万事如意！

　　　　　　　　　　　　　"专业学位研究生教育实践基地质量评估研究"课题组

一、专业学位研究生教育实践基地质量评估指标权重的确定

填写说明：此问卷的目的在于确定专业学位研究生教育实践基地质量评估指标体系中各指标之间相对权重。调查问卷根据层次分析法（AHP）的形式设计。这种方法是在同一个层次对影响因子的重要性进行两两比较。衡量尺度划分为 9 个等级，分别为：极端重要 9、十分重要 7、比较重要 5、稍微重要 3、同等重要 1。两个比较指标的重要程度在上述相邻的等级之间 2，4，6，8。稍微不重要 1/3、比较不重要 1/5、十分不重要 1/7、极端不重要 1/9。同一组因子之间要符合逻辑一致性，如：A>B，A<C，则 C>B 必须成立等，否则问卷无效。具体填表如下所示。

衡量尺度	含义
1	同等重要
3	稍微重要
5	比较重要
7	十分重要
9	极端重要
2，4，6，8	两个比较指标的重要程度在上述相邻的等级之间
1，1/2，1/3，…，1/9	两个比较指标之比为上述程度的相反数

二、A 指标与其他一级指标（B/C/D/E/F）的重要性比较的权重确定

指标	同样重要 1	稍微重要 3	明显重要 5	强烈重要 7	极端重要 9	稍不重要 1/3	明显不重要 1/5	强烈不重要 1/7	极端不重要 1/9	两等级之间 2，4，6，8
A/B			5							
A/C						1/3				
……										4
A/F				7						

三、一级指标重要性比较的权重确定

（一）基地条件（A1）与其他一级指标的重要性比较的权重确定

指标	同样重要 1	稍微重要 3	明显重要 5	强烈重要 7	极端重要 9	稍不重要 1/3	明显不重要 1/5	强烈不重要 1/7	极端不重要 1/9	两等级之间 2，4，6，8
基地条件（A1）/ 管理体制（A2）										
基地条件（A1）/ 人才培养（A3）										
基地条件（A1）/ 合作效果（A4）										

（二）管理体制（A2）与其他一级指标的重要性比较的权重确定

指标	同样重要 1	稍微重要 3	明显重要 5	强烈重要 7	极端重要 9	稍不重要 1/3	明显不重要 1/5	强烈不重要 1/7	极端不重要 1/9	两等级之间 2，4，6，8
管理体制（A2）/ 人才培养（A3）										
管理体制（A2）/ 合作效果（A4）										

（三）人才培养（A3）与其他一级指标的重要性比较的权重确定

指标	同样重要 1	稍微重要 3	明显重要 5	强烈重要 7	极端重要 9	稍不重要 1/3	明显不重要 1/5	强烈不重要 1/7	极端不重要 1/9	两等级之间 2，4，6，8
人才培养（A3）/ 合作效果（A4）										

四、二级指标重要性比较的权重确定（请将纵轴指标与横轴指标进行比较）

衡量尺度划分为 9 个等级，分别为：极端重要 9、十分重要 7、比较重要 5、稍微重要 3、同等重要 1；重要程度处于两等级之间 2，4，6，8；稍微不重要 1/3、比较不重要 1/5、十分不重要 1/7、极端不重要 1/9。具体填表如下。

指标	指标 A	指标 B	指标 C	指标 D
指标 A	1			
指标 B	若 B 比 A 比较重要则填—5	1	若 B 比 C 稍微不重要则填—1/3	若 B 与 D 处于十分重要和比较重要之间则填—6
指标 C			1	
指标 D				1

（一）基地条件（A1）的二级指标重要性比较的权重确定

指标	人员配备（B1）	基础设施（B2）	资金投入（B3）
人员配备（B1）	1		
基础设施（B2）		1	
资金投入（B3）			1

（二）管理体制（A2）的二级指标重要性比较的权重确定

指标	规章制度（B4）	组织机构（B5）	管理运行（B6）
规章制度（B4）	1		
组织机构（B5）		1	
管理运行（B6）			1

（三）人才培养（A3）的二级指标重要性比较的权重确定

指标	研究生入驻（B7）	实践指导（B8）	评估考核（B9）
研究生入驻（B7）	1		
实践指导（B8）		1	
评估考核（B9）			1

（四）合作效果（A3）的二级指标重要性比较的权重确定

指标	学位论文（B10）	实践成果（B11）	就业情况（B12）
学位论文（B10）	1		
实践成果（B11）		1	
就业情况（B12）			1

五、三级指标重要性比较的权重确定（请将纵轴指标与横轴指标进行比较）

（一）人员配备（B1）的三级指标重要性的权重确定

指标	实践型导师与学生比例（C1）	实践型导师正高职称占比（C2）	基地研发团队人数（C3）	基地管理队伍人数（C4）
实践型导师与学生比例（C1）	1			
实践型导师正高职称占比（C2）		1		
基地研发团队人数（C3）			1	
基地管理队伍人数（C4）				1

（二）基础设施（B2）的三级指标重要性的权重确定

指标	实践教学条件（C5）	省部级以上科研平台（C6）	同时可接纳的学生规模（C7）	占本校该类型（领域）学生总数的比例（C8）
实践教学条件（C5）	1			
省部级以上科研平台（C6）		1		
同时可接纳的学生规模（C7）			1	
占本校该类型（领域）学生总数的比例（C8）				1

（三）资金投入（B3）的三级指标重要性的权重确定

指标	实践基地单位投入经费（年均）（C9）	省部级以上科研平台（C6）
实践基地单位投入经费（年均）（C9）	1	
学校投入经费（年均）（C10）		1

（四）规章制度（B4）的三级指标重要性的权重确定

指标	制度体系建设情况（C11）	制度执行情况（C12）	联合培养导师评聘方式及标准完备程度（C13）
制度体系建设情况（C11）	1		
制度执行情况（C12）		1	
联合培养导师评聘方式及标准完备程度（C13）			1

（五）组织机构（B5）的三级指标重要性的权重确定

指标	机构设置情况（C13）	机构管理情况（C14）
机构设置情况（C14）	1	
机构管理情况（C15）		1

（六）管理运行（B6）的三级指标重要性的权重确定

指标	定期交流情况（C16）	实践总结情况（C17）	学生对基地管理的满意度（C18）	基地导师对基地管理的满意度（C19）
定期交流情况（C16）	1			
实践总结情况（C17）		1		
学生对基地管理的满意度（C18）			1	
基地导师对基地管理的满意（C19）				1

（七）研究生入驻（B7）的三级指标重要性的权重确定

指标	年均实践人数（C20）	人均实践时长（C21）
年均实践人数（C20）	1	
人均实践时长（C21）		1

（八）组织机构（B5）的三级指标重要性的权重确定

指标	实践型导师参与研究生人才培养方案的制定情况（C22）	实践型导师讲案例类课程门数／参与编写教材册数（C23）	实践型导师实践指导情况（C24）
实践型导师参与研究生人才培养方案的制定情况（C22）	1		
实践型导师讲案例类课程门数／参与编写教材册数（C23）		1	
实践型导师实践指导情况（C24）			1

（九）评估考核（B9）的三级指标重要性的权重确定

指标	实践过程考核情况（C25）	实践结果考核情况（C26）
实践过程考核情况（C25）	1	
实践结果考核情况（C26）		1

（十）学位论文（B10）的三级指标重要性的权重确定

指标	论文来自基地项目比例（C27）	学位论文优秀率比例（C28）
论文来自基地项目比例（C27）	1	
学位论文优秀率比例（C28）		1

（十一）实践成果（B11）的三级指标重要性的权重确定

指标	科技竞赛获奖的学生数量及占比（C29）	申请专利的学生数量及占比（C30）	公开发表论文的学生数量及占比（C31）	基地导师合作科研项目及其效益、科研成果及其转化（C32）
科技竞赛获奖的学生数量及占比（C29）	1			
申请专利的学生数量及占比（C30）		1		
公开发表论文的学生数量及占比（C31）			1	
基地导师合作科研项目及其效益、科研成果及其转化（C32）				1

（十二）就业情况（B12）的三级指标重要性的权重确定

指标	在基地就业比例（C33）	学生就业与行业相关比例（C34）
在基地就业比例（C33）	1	
学生就业与行业相关比例（C34）		1